금세기 한국 최고의 예언가 유화정 박사의

꿈풀이 백과

철학박사
심리학박사

柳和廷 著

오성출판사

머 리 말

　오랜 세월을 역학과 철학의 생활을 해오면서 "영(靈)의 타고난 내력, 사차원의 세계인 꿈에 대하여 많은 관심과 연구를 하게 되었다.
　충남 오서산에 있는 월정사에서 1백일 기도와 경문을 읽고, 관상학, 경서, 역학에 통달하였으며, 동양철학의 주역은 물론 풍수지리, 운명학 비법을 통달하면서 산사의 영이 육체와 합치되는 경지에 이르렀다.
　사람이면 속사정이 있고 이러한 사정을 다스리는 슬기가 필요하며 시대가 불안할수록 사람은 무엇엔가 기대하는 심리가 커진다.
　선사시대에는 수면시 나타나는 꿈이라는 일종의 영상을 그들의 육체와 분리되어 활동하는 영혼이라고 생각했지만, 과학이 발달하면서 꿈에 대한 정의나 풀이는 심리학적으로, 역학적으로, 철학적으로 다양하게 접근되고 있다. 꿈은 생물학적으로 대뇌의 잠재의식이 소뇌의 활동에 의하여 나타나는 현상이라 정의할 수 있다. 꿈은 현실과 상상이 상통하는 지점에서 꿈에 대한 해석이 가능하다.
　예부터 우리 조상들은 오랜세월 서로 꿈에 대한 정보를 교환하고 풀이하며 길몽과 흉몽으로 나누어 길몽일때는 단조로운 생활에 던져질 좋은 일을 기대하고, 흉몽으로 판단될 때는 평소보다 조심하는 태도를 취하며 보내기도 하였다. 현대인의 꿈도 길몽과 흉몽으로 나누어지며 꿈에 대한 풀이를 잘하여 길몽이나 흉몽을 예측하고 항상 준비하는 자세로 생활이 이루어졌으면 한다.
　꿈도 과거의 꿈과 미래의 꿈으로 구분되며, 하루전의 꿈이나 2, 3일 후의 꿈, 먼 옛날의 꿈, 먼 훗날의 꿈등을 꾸게 된다. 꿈을 정확하게 풀이하면 미래를 정확하게 예언할 수도 있으나 개중에는 잡꿈도 있으니 빨리 잊는 것이 좋다.

현대인의 꿈풀이 백과는 가나다 순으로 엮어 독자가 보다 알기쉽고 여러 상황을 찾기 쉬우며 꿈에 대한 하나의 사건이나 사물에 대하여 전체적 해석과 세목으로 나누어 다양하고 , 구체적으로 기술하였다. 또한 탄생과 관련하여 사람들의 관심거리가 되고 있는 태몽편은 부록편에 실었다.
  꿈에 자신을 얽매기보다는 자신이 무엇을 바라고, 무엇을 하고, 어떠한 처지에 있는가, 자신에 대한 관심의 계기로 작용했으면 한다.
  오래전부터 청탁된 원고를 너무도 바쁘고 분주한 생활로 인해 뒤늦게 완성하였으나 쾌히 출판에 나서 준 오성출판사 김중영 사장님께 깊이 감사를 드린다.
  마지막으로 이 책이 독자 제위의 꿈에 대하여 좋은 꿈풀이 백과가 되었으면 한다.

영등포 당산동에서
유화정

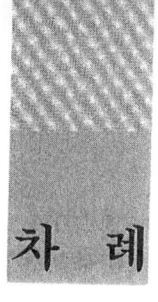

차 례

가구/8 가방/11 가수/12 가위·바위·보를 하는꿈/14 가족/14 간수/18 강/19 강당/22 강도/23 개/24 거북/27 거울/28 거품/29 건강/30 견학/34 결혼/34 경기장/37 경례/39 경작/39 경찰/41 계곡/42 계단/43 계산/45 고기/46 고양이/47 고향/48 곡물/49 곤충/52 공격/56 공룡/57 공부/59 공원/61 공작/62 과녁/63 과일/63 꽃/67 꽃꽂이/69 과자/70 관/70 관광여행/72 광장/73 교과서/73 교실/74 구두/75 구름/76 군인/78 균열/79 그네/80 그릇/80 그림/81 금고/82 기둥/83 기린/84 기쁨/84 기차/85 길/87 꾸지람/89

나무/90 나체/92 낙하/94 낚시/95 냄비/96 냄새/97 넓적다리/97 넥타이/98 노래/99 농가/100 눈(目)/102 눈(雪)/104

다리(足)/106 다리(橋)/107 다방/108 달걀/109 달/110 달리기/111 담/111 담배/112 땀/113 답안지/113 대나무/114 대변/115 덧문/116 도둑/117 도망/118 도박/119 도보/120 독수리/121 돈/122 돈지갑/124 돗자리/124 동생/125 돼지/125 드라이브/127 등산/128

마시다/129 마차/129 말/130 맹수/131 멀리/132 모임/133 모자/134 목/135 목욕/137 문/138 물/138 물고기/140 미끄러지다/145

바늘/146 바지/147 반지/147 밧줄/148 방/149 방향/150 빵·떡/151 배/152 뱀/155 벌레/159 별/159 벽장/161 변기/162 병원/163 보석/164 보트/166 보튼(단추)/166 부상/167 부엌/168 불/169 비/173 비행/174 빈집/178 빛/179

사막/181 사진/181 사죄하다/182 산/183 살인/185 상가/186 상복/187 새/187 새벽/191 색채/191 샘/193 생각/195 서커스/197 선물/197 선생님/199 성교/200 세탁/203 셔츠/204 소/205 소리/209 소변/210 소파/212 손/213 손가락/215 손님/216 손수건/216 수도/217 수염/217 수영/218 술/219 숲/220 스님/222 스커트/223 스토브/224 스파이/224 승강기/225 시계/225 시체/226 시합/228 시험/228 식사/229 신/230 신문기자/232 신사복/233 신체장애자/233 실업자/234 심장/234 싸움/235

악기/238 악수/240 악한/241 안개/242 안경/243 안내/244 애완동물/244 야채/245 약/247 어깨/249 어린애/250 어머니/251 얼굴/252 여행/254 예술/255 연극/258 연못/259 연주회/261 영화/262 영화배우/263 예절/264 오락/266 옥상/268 올라가다/269 옷/270 요리/275 용/278 우물/281 우편/283 운동/284 운전수/286 웃음/286 울다/287 원숭이/289 유령/290 음식/291 의자/295 이불/295 이사/297 이층/298 인사/298 인형/299 입/300 잎/302

자동차/304 자물쇠/308 자살/308 자전거/309 작은새/309 장갑/311 장례식/312 재봉틀/313 전쟁/314 전염병/314 전화/316 절/317 조개/318 종교/319 죽음/323 쥐/326 지도/327 지붕/328 지팡이(스틱)/329 지하실/330 짊어지다/330 집/331

창/338 창녀/338 채소/339 책/340 천둥/341 천정/343 철책/345 촛불/345 총포/346 춤/347 치아/348 친구/348

카메라/350 칼/350 커튼/352 코/353 키스/354

타는것/356 타올/357 태양/357 털/358 텔레비젼/360

파티/361 팔/361 편지/362 포켓/363 폭풍/364 피/365

하늘/368 하수구/370 하인/370 해안/371 혁대/371 형무소/372 호랑이/372 홍수/374 화살/375 화장/376 화재/377 희로애락/377

부록 · 태몽

ㄱ

가구(家具)

집의 모습이 나타나는 꿈은 사람의 몸 전체를 뜻하는 꿈으로서 방의 각 부분은 신체의 각 부분을 뜻한다. 또한 가구가 나타나는 꿈에서 방은 몸 전체로 비유되고 가구는 신체의 일부로 표현된다.

1. 장롱
1) 장롱문을 열어 놓는 꿈은
   장롱문을 열어 놓으면 문물의 개방, 개업, 등용 등의 일이 있게 된다.
2) 화려한 장롱이 집안에 가득 찬 꿈은
   많은 협조자와 협조 기관을 얻게 되고 살림과 결혼 생활이 윤택하게 된다.
3) 장롱에 물건을 넣어 두는 꿈은
   장롱에 물건을 넣어 두면 어느 기관이나 사업장에 재물 등을 위탁하거나 보존하는 일이 생긴다.
4) 장롱에서 물건을 꺼내는 꿈은
   장롱에서 물건을 꺼내면 직무, 명예, 사업, 권세에 좋은 일이 생긴다.

2. 책상
1) 책상 앞에 앉는 꿈은
   책상 앞에 걸상을 끌어다 앉으면 어떤 부서나 직책, 지위가 결정된다.

2) 책상을 떠나는 꿈은
  책상을 떠나게 되면 직무, 사업, 직위 등에서 떠나게 된다.
3) 책상에서 일하는 꿈은
  책상에서 집무를 하게 되면 자신의 일과 사업에 최선을 다해 수행하거나 공부에 열중한다.
4) 새로운 책상에 앉는 꿈은
  새 책상에 앉으면 직책, 권리, 지위 등이 새로이 주어지고, 헌 책상에 앉게 되면 지위가 강등되거나 견책을 받게 된다.
5) 넓은 책상에 앉는 꿈은
  책상면이 다른 사람보다 넓으면 그 부서에서 책임자 또는 우두머리가 된다.
6) 남의 책상에 앉는 꿈은
  남의 책상에 앉거나 자신의 책상을 찾은 경우 취직, 입학, 출마 등의 일이 이루어진다.

3. 걸상과 소파

1) 자기 의자에 앉지 못하는 꿈은
  자신의 의자에 앉지 못하게 되면 취직, 입학, 권리 등의 일에 문제가 생기고 뺏기기도 한다.
2) 용상에 앉는 꿈은
  용상에 앉는 꿈은 그 사람에게 최고의 지위를 가져다 준다.
3) 하늘에서 내려온 용상에 앉는 꿈은
  하늘에서 용상이 내려오고 시녀가 내려오는 꿈은 최고의 명예와 많은 추종자, 제자들이 생기는 꿈이다.
4) 소파에 앉아 누구를 기다리는 꿈은
  소파에 앉아 누구를 기다리게 되면 좋은 일이나 집, 협조자를 얻게 된다.
5) 공원 벤취에 앉아 있는 꿈은

공공 단체나 군대, 기관에서 직책이나 부서에 한동안 머무름을 뜻한다.

4. 돗자리
1) 돗자리를 깔고 노는 꿈은
   이 꿈은 사랑하는 사람을 만나거나 섹스에 대한 동경심을 나타낸다.
2) 돗자리를 새로 사는 꿈은
   새 돗자리를 구입하게 되면 현숙한 부인을 만나서 행복한 살림을 꾸리게 된다.

5. 기타
1) 가구를 집안에 들여 놓는 꿈은
   재산이 들어오는 꿈이다. 새로운 사람을 만나고 지위, 신분이 상승하며 많은 사람들로부터 선망의 대상이 된다.
2) 가구를 집밖으로 들어내는 꿈은
   불길하다. 이는 멀지않아 집안이나 친척 중에 세상을 뜨거나 중병을 앓거나 하게 된다.
3) 자기가 방을 새롭게 꾸미거나 정리하는 꿈은
   혼담이 성사되거나 아니면 가정부나 일하는 사람을 들이게 된다. 그러나 침대 같은 것이 문밖에 나가면 아내에게 불길한 일이 생긴다.
4) 병풍이 둘러져 있으면
   주변 사람이 큰 병을 얻게 되고, 포개진 병풍을 보면 장사를 하여 이익을 보게 된다.
5) 새로 지은 집에 이사짐을 들이면
   사업이 융성하고 원하는 일도 잘 풀린다.
6) 이사간다 하여 짐을 밖으로 내놓거나 차에 실으면

사업의 전환, 청탁, 이전 등의 새로운 환경이 조성된다.

가방

　가방은 사물을 넣는다는 뜻을 지니고 있어 여성을 상징하기도 하고 항상 가지고 다니면서 잊기가 쉬운 것이기 때문에 이를 임무나 사무, 공부 같은 것에 비유하여 표현하기도 한다. 특히 가방에 서류 같은 것이 들어있는 꿈은 더욱 그 뜻을 강조하는 것이 된다.

1. 가방에 관련된 꿈
1) 가방을 잃어버리거나 가방이 없어진 꿈은
　　이성 관계나 직장 또는 공부 같은 것에 싫증을 낸다는 뜻이다.
2) 가방 속에 문서가 수북이 쌓인 꿈은
　　하고 있는 일이 계획대로 잘 추진된다.
3) 우체부가 들고 오는 가방이 열려 있으면
　　계속해서 편지 또는 소식을 접하게 된다.
4) 무거운 책가방을 방에다 놓고 나오는 꿈은
　　근심과 걱정이 해소된다.
5) 가방 속을 조사해서 아무것도 잡히지 않는 꿈은
　　자기 자신의 중심을 잃지 않고 있다는 것을 확인하고 안심하는 것을 뜻한다.
6) 가방 속을 들여다 보는 꿈은
　　구설수가 있다는 뜻이다.
7) 바늘로 가방을 꿰매는 꿈은
　　길하고 장사가 잘되는 꿈이다.

2. 손가방이나 핸드백
1) 손가방이나 핸드백을 지닌 꿈은

가정, 직장, 협조자, 기관, 사업체, 자금 출처 또는 고달픈 일거리 등을 상징한다.

3. 옷장이나 트렁크
1) 옷장이나 트렁크에 여러 가지 옷을 챙겨 넣거나 접어서 쌓아놓으면 사업, 생활 등을 정리할 일이 있게 된다.

가수(歌手)

자기 자신이 가지고 있는 매력을 두려운 수치심을 가지고 표현하는 것이 아니고 아주 당당하게 표현하며 주장하고 타인을 매혹시키고 싶다는 소망을 뜻한다. 유명한 가수가 되는 꿈은 수치심이 강한 사람이나 걱정을 깊이 하는 사람이 흔히 꾸는 꿈이다.

1. 길몽
1) 대중 앞에서 노래를 부르는 꿈은
   자기의 사상을 피력하거나 선전, 호소를 하여 많은 사람들을 따르게 할 일이 있다.
2) 혼자 노래하면
   어떤 사상 또는 연정을 피력해서 상대방을 따르게 할 일이 생긴다.
3) 산 정상에서 상쾌한 기분으로 노래하면
   자기 선전을 할 일이 생기거나 권세와 명예를 떨치게 된다.
4) 가수가 되어 노래하고 청중으로부터 열렬한 박수 갈채를 받으면
   연설을 하거나 독창 및 특기를 공개하고 칭찬을 받는다.
5) 국내외의 유명한 가수나 음악가와 같이 길을 가거나 데이트를 하면
   인기 직업을 갖거나 인기 작품을 쓰고, 음반을 사다가 유명한 가

수의 노래를 듣게도 된다.
6) 피리 불고 장구 치는 꿈은
   기쁜 일이 많고 대길하다.

2. 흉몽

1) 노래를 하는데 반주가 안 맞거나 가사를 잊어 제대로 부르지 못한 꿈은
   어떤 청원이나 선전 등이 개인이나 단체에 의해서 승인되지 않는다.
2) 낮은 언덕 아래에서 노래하면
   부모상을 입어 곡할 일이 있게 된다.
3) 상대방이 노래하는 것을 들으면
   남이 자기에게 어떤 호소를 하거나 자기 선전으로 불쾌한 체험을 하게 되고, 백주에 놀아나거나 슬픈 일에 동정할 일이 생긴다.
4) 손뼉을 치고 노래하면
   병과 재물을 잃게 된다.

3. 기타

1) 가수는
   실제 인물, 전도사, 선전원 등의 동일시이고, 문학 작품, 선전, 광고물, 라디오, 텔레비젼 등을 상징한다.
2) 노래를 부르면
   감정 호소, 사상, 명성, 선전 등의 일과 관계한다.
3) 천지가 진동하면서 울려 퍼지는 소리를 들은 꿈은
   사회적으로 지위가 높아지고 소문에 시달리게 된다.
4) 반주에 맞추어 노래하면
   단체의 대변자 노릇을 할 일이 생긴다.

가위, 바위, 보를 하는 꿈

자신이 하려고 하는 부도덕한 일, 또는 자신이 있는 일에 대해서 결심하고 단행하기 위한 실마리를 잡으려고 하는 것을 의미한다. 가위, 바위, 보를 해서 지면 할 수 없는 것처럼 자신의 행동에 대해 외부로부터 필연성을 부여하려는 까닭이다. 이것에 대해서 가위, 바위, 보의 승부가 좀처럼 결정이 나지 않고 자신이 가위를 내면 상대도 따라서 가위, 주먹을 내면 주먹을 낸다는 상태로서 결국 웃으면서 몇 번이나 계속되는 꿈은 결단을 망설이는 표현이다.

1) 가위, 바위, 보를 하면
지혜, 기능, 논쟁 등으로 상대방과 대결하거나 경쟁적인 일에 성공할 일과 관계한다.

가족(家族)

가족은 실제의 인물이거나 동일시되는 인물을 상징한다. 직장의 상사나 동료를 상징하고 사업과 연관된 사항을 표현하기도 한다. 부모는 실제의 부모이거나 백부, 백모, 숙부, 숙모, 친구의 부모, 직장의 상사 등 존경의 대상이 되는 인물과 동일시된다. 형제 자매도 실제의 인물이거나 또는 동료 사업자, 친구, 애인을 상징한다. 아내는 실제의 인물이나 친구, 사업과 연관된 일거리 같은 것을 상징한다.

1. 부모
1) 아버지는
실제의 아버지, 아버지에 준하는 백부나 삼촌, 선생님, 친구의 아버지, 직장 상사, 존경의 대상, 어떤 일의 동일시 또는 상징물이다.
2) 어머니는
   실제의 어머니, 어머니에 준하는 친밀한 대상, 누나, 은인, 스승, 협조자, 상관, 호주 등의 동일시 또는 상징물이다.
3) 어머니란 관념의 비유는
   대지, 고향, 위대한 사업, 요람지, 어떤 일 등을 상징한다.

2. 부부

1) 부부는
   실제 인물 또는 부모, 선생, 자식, 누이동생, 남자 등과 동일시되며 애착을 갖는 일거리의 상징이다.
2) 부부가 싸우는 꿈은
   병이 날 징조이고, 부인과 동행을 하면 재물을 잃는다. 다만 부인과 같이 앉아 있으면 길몽이다. 그리고 남의 부인을 품으면 경사가 생긴다고 한다.
3) 자기 부인이 다른 사람에게 시집가는 꿈은
   처가 죽거나 병이 들고, 처자가 모여서 울고 있으면 고생하거나 가난해진다.
4) 부인이 남자가 된 꿈은
   길몽이나,
   남편이 돌로 되어 보이는 꿈은
   남편에게 두 마음이 있다는 징조이다.

3. 기타

   1) 길몽
① 죽은 조상이 꿈속에 나타나거나 죽는 꿈은
   과거에 한 번 달성했던 일이 다시 성취된다.
② 주변 사람들 중에서 평소 자신에게 도움을 준 사람을 본 꿈은

자신에게 협조적으로 도와줄 사람이 나타나게 된다.
③ 근친 상간을 했는데 떳떳하게 행동했던 꿈은
　　　가까운 사람이 어떤 일거리를 가지고 찾아오게 된다.
④ 낮에 못다한 연애를 꿈속에서 계속하는 꿈은
　　　다른 사람과 상관없이 자기 소신껏 일해도 좋은 결과를 얻게 된다.
⑤ 문 밖에서 죽은 애인이 자기를 부르면
　　　가까운 시일 안에 진행중인 혼담이 성사된다.
⑥ 꿈에서 아이를 밴 여자를 보거나 임신부가 아닌 다른 부인이 아이를 낳는 것을 보면
　　　만사가 뜻대로 잘된다.
⑦ 돌아가신 아버지를 보는 꿈은
　　　좋은 일이 생길 수이다.
⑧ 부모, 형제가 한자리에 모여 앉아 연회하는 꿈은
　　　집안이 화합하고 매사가 잘되며 또한 먼 곳에서 좋은 소식이 온다.

　　2) 흉몽
① 객지 생활을 하는 사람에게 집안 식구가 함께 다 보이는 꿈은
　　　집안에 어떤 걱정이 생긴다는 것보다 직장에 연관되는 일과 관계가 깊다고 보아야 한다.
② 고향에 있는 부모나 또는 작고한 부모가 자주 꿈에 보이면
　　　병을 앓거나 구설수가 생긴다.
③ 조상의 누가 자기를 보고 빙그레 웃으면
　　　직장의 상사로부터 불쾌한 일을 당한다.
④ 평소에 자기에게 피해를 입혔던 사람이 나타나면
　　　대체로 비협조적이거나 방해하는 인물과 상관하게 된다.
⑤ 직장인의 꿈에 할아버지 또는 아버지 등이 노한 얼굴을 하고 바라보

면
　　직장의 상사로부터 책망을 당할 일이 발생한다.
⑥ 삼촌집에서 친구집으로 가는 꿈은
　　직장을 다른 곳으로 옮긴다.
⑦ 짝사랑에 빠졌던 여자가 자기 품에 안기는 꿈은
　　동업자와 일을 착수하나 뜻대로 해결되지 않는다.

　　3) 기타
① 별거중인 가족과 함께 있는 꿈은
　　일반적으로 직장 또는 일을 부탁한 어떤 기관의 내부사람들을 만나게 된다.
② 자기의 또 하나의 모습이 희미하게 인식되는 것은
　　자기의 작품, 일, 작품의 이미지, 작품 속의 인물 성격 등을 잘 알 수 없게 될 때의 표상이다.
③ 자기의 신체 일부만 볼 수 있을 때, 즉 걷어올린 종아리, 편지를 들고 있는 손, 깎은 뒷머리, 연극 배우인 자기와 구경하는 또 하나의 자기는 부모, 형제, 자매, 부부, 자식 등과 관계있다.
④ 거울에 비친 자기의 모습은
　　신상 변화를 외부에 반영시키는 것이지만 대체로 동일시 인물을 가까운 시일 안에 만나게 된다.
⑤ 형과 오빠는
　　실제 인물, 즉 아버지, 남편, 애인, 직장 상사, 친척의 동일시이거나 애착을 가지는 일 등의 상징이다.
⑥ 외사촌은
　　동업자, 동지 등의 동일시로 자주 표현된다. 때로는 친형제를 사촌이란 먼 거리에 놓고 비유하기도 한다.
⑦ 처가집은
　　실제의 처가집 아니면 거래처 또는 자기 일을 부탁한 곳을 상징

한다.
⑧ 애인은
　실제 인물 또는 새로 사귀는 남녀이거나 남편, 아내, 친구의 동일시이고, 사업체, 일, 작품, 책 등의 상징이다.
⑨ 조상과 고인이 된 부모는
　집안 운세나 가문과 상관있는, 살아 있는 집안의 실권자인 웃어른시, 또는 직장이나 어느 기관의 협조자, 과거에 은혜롭던 사람 등의 동일시이다.

간수(看守)

　자신의 사회적, 도덕적 양심을 뜻한다. 정신 병원이나 형무소의 간수가 되어서 정신병 환자나 범죄자를 쫓기도 하고 붙잡기도 하는 꿈을 꾸는 것은 자신의 양심에 대립되어 고민하고 있는 것을 의미한다. 여기서 정신병 환자나 범죄자는 자신이 가지고 있는 나쁜 생각이나 나쁜 습관을 의미한다.

1. 길몽
1) 교도관은
　실제 인물, 경찰관, 법관, 지도자, 장교, 심사관의 동일시이고 법규나 양심을 상징하기도 한다.

2. 흉몽
1) 죄수복을 입으면
　병원에 입원하거나 자기의 일 또는 작품이 심사 대상이 된다.
2) 수녀원에 들어가면
　학교, 회사, 교도소 등에 갈 일이 생기거나, 작품이나 일이 당국에서 심사 과정을 거치게 된다.

3. 기타
1) 도망한 죄수를 붙잡아 묶었지만 또 도망가지는 않을까 하는 걱정으로 참을 수가 없는 꿈은
   당신의 양심이 과히 강하지 않은 것을 뜻한다.
2) 죄수는
   수녀, 군인, 환자, 학생 등의 동일시이고 심사 과정을 거치는 일이나 작품을 상징한다.

강(江)

강은 경계의 뜻이다. 특히 성적 욕망과 도덕적 양심과의 사이를 가로막고 있는 경계를 표현하는 데 강을 건너가는 꿈은 강한 성적 욕망과 모험심을 내포하고 있음을 의미한다. 대체로 강 저쪽은 미지의 지역이고 위험하기 때문에 건너가지를 못한다. 강물을 건너가는 꿈은 이와 같이 경계한다는 뜻으로 보고 있다.

1. 길몽
1) 강물에 빠졌다가 밖으로 나오는 꿈은
   길몽이다.
2) 강물이 도도히 흐르는 강가에서 탐스러운 꽃 한송이를 꺾으면
   대하 소설이나 큰 학술 서적을 저술해서 유명해진다.
3) 강물이 맑은 꿈을 보면
   자신이 하고 있는 일에 만족을 느낀다는 징후이다.
4) 강물에서 손발을 씻는 꿈은
   어떤 단체에 자기가 소원하고 갈망하던 일이 순조롭게 잘 풀린다는 표현이다.

5) 배를 타고 강을 건너 가는 꿈은
   관직이나 좋은 스승을 만나며,
   강에서 고기를 잡는 꿈은
   좋은 주인을 만난다고 한다.
6) 강물이 양양하게 흘러가는 꿈은
   혼담이 잘 된다.
7) 강물이 넘치도록 흐르는 것은
   술이 생기며 장수할 징조이다.
8) 홍수나 바닷물이 집으로 밀려 들어오면
   부자가 된다.
9) 바닷물이 점점 밀려나가는 것을 보면
   외세 또는 강대 세력, 기존 사상 등의 억제에서 점차 벗어난다.
10) 냇물, 강물, 호수에서 손발을 씻으면
    사회, 회사, 집단, 학원 등에서 소원이 성취된다.
11) 강물이나 바다 위를 평지에서처럼 유유히 걸어가면
    어떤 사회적 사업 기반 또는 외국 시장 등에서 크게 성공한다.
12) 거북이가 바다에서 강으로 오르는 꿈은
    국영 기업에서 하던 일이 개인 기업으로 전환되어 크게 성공한다.
13) 계곡의 흐르는 물 가운데에 서 있는 사람을 보면
    자기의 작품이나 논문 같은 것을 누군가가 인정해 준다.
14) 진달래꽃이 만발한 산 아래에 물살이 세게 흐르는 꿈은
    어떤 잡지사에 자기의 작품을 출품할 일이 생긴다.
15) 맑은 물이 개간한 땅의 중앙을 흐르는 꿈은
    어떤 문화 사업이나 교화 사업이 여의하게 잘 수행된다는 뜻이다.

2. 흉몽

1) 강물에 빠졌다가 나오지 못하고 허우적거리는 꿈은
   흉몽이다.
2) 강물에서 손발을 씻는데 오히려 기름 같은 것이 묻어 씻기 어려우면
   애써 일하지만 성과를 얻지 못하거나, 직장에서 벗어나려 하지만 벗어나지 못함을 의미한다.
3) 강물이 거꾸로 흐르는 꿈은
   자기의 주장을 여러 곳에서 부정하고 반발한다는 예시이기도 하다.
4) 강물이 얼어붙어 있는 꿈은
   사업에 애로가 많고 운전 자금이 정체되거나 동결된다는 표상이다.
5) 강물이 말라 버리는 꿈은
   가난해질 징조이다.
6) 물결이 두 갈래로 갈라지는 꿈은
   신앙이나 사업이 방향을 상실하거나 두 개의 방향으로 나누어 갈라지게 된다.
7) 흐르는 물이 갑자기 폭포로 변해서 요란한 소리를 내는 꿈은
   어떤 작품을 발표하여 많은 사람들의 입에 오르내리게 된다.
8) 해일이 나서 들과 산을 덮으면
   사회적 재난을 당하거나 거대한 재물이 자기에게 들어온다든지 둘 중의 하나이다.
9) 바다나 강물의 파도가 심하게 일어나면
   가정이나 사업체에 환란이 생긴다.
10) 물통을 던지나 물은 없고 그릇만 굴러나온 꿈은
    동업자에게 사기를 당하거나 실속이 없어 일을 포기하게 된다.

3. 기타
1) 파도가 부딪히는 바위에 선 꿈은
    여러 사람과 시비 거리가 생겨 말다툼을 하게 된다.
2) 알몸으로 강물 가운데서 헤엄치는 꿈은
    모든 일이 순조롭게 잘 풀린다. 꿈속에서 헤엄치는 속도는 현실 속에서 일의 진행 과정을 의미한다. 따라서 헤엄이 잘 쳐지면 현실의 일도 순조롭게 잘 진행된다.
    그러나 헤엄을 치는 속도가 느리거나 허우적거리는 꿈은
    현실에서도 일을 진행하는데 무리가 따르고 어려움이 있게 된다.
3) 폭포가 장막처럼 쏟아진 꿈은
    어떤 초청 강의나 인터뷰한 내용이 매스컴을 통해 전달된다.
4) 사막에서 오아시스를 만난 꿈은
    어려운 난관에 처해있는 일이 고통에서 벗어난다.
5) 호수가 보라색으로 변한 꿈은
    어떤 기관에서 자기에게 여러 방면으로 도움을 많이 준다.
6) 바다 한가운데 무덤이 있는 꿈은
    어떤 회사가 해외에 영향을 주는 일을 관계하거나 세일즈맨이 많이 종사한다.
7) 동물이 물 속으로 자취를 감춘 것은
    어떤 일을 마치거나 사람이 갑자기 사라진 것을 뜻한다.

강당(講堂)

강당에서 이야기를 듣는 것 같은 꿈은 자신이 무엇인가 비밀을 품고 있다는 것을 암시하고 있다. 그리고 그 비밀이 노출되기 쉽고, 타인에게 누설되기 쉬운 것에 자신의 고민이 있다는 의미이다.

1. 길몽
1) 창고에 곡식이 가득 차면
   사업이 번창하고, 혼담이 성사된다.
2) 창고를 짓거나 창고를 설치하는 꿈은
   상인에게는 영업이 잘되고, 예능인은 이름이 널리 퍼지며 부자는 더욱 부자가 된다.

2. 기타
1) 절은
   교회와 비슷한 해석이 가능하며 학원, 연구원, 수도원, 교회, 기관, 회사, 교도소, 정신 병원 등을 상징하기도 한다.
2) 학교 강당은
   큰 집단 병영, 교회, 재판소, 국회 등의 비유이기도 하다.
3) 교회는
   조직체, 학교, 군대, 교도소, 종교, 철학, 심리학 등의 학문적 성과나 서적을 상징한다.

강도(強盜)

자신이 가지고 있는 반도덕적인 욕망을 표시한다. 강도와 격투를 하는 꿈은 자신의 양심과 성적 욕정의 갈등에 고민하고 있는 것을 뜻한다. 격투를 해도 조금도 무섭지 않은 꿈은 자신에게는 정말로 이 욕정을 억제하려는 마음이 없는 것을 표시하고 있다. 또 강도가 무서워서 격투도 할 수 없는 꿈은 자신의 성욕이 강해서 억제하지 못할 정도인 것을 의미하고 있는 것이다.

1. 길몽
1) 강도를 처치한 꿈은
   곤란하고 쉽게 해결되지 않던 일이 풀리기 시작하는 징조로 본다.
2) 담을 뚫고 도둑이 든 꿈은
   자신의 일을 열심히 도와줄 동업자나 배우자를 만나 결속하게 된다.

2. 흉몽
1) 강도가 무서워 도망친 꿈은
   계획한 일이나 좋은 여건을 놓치고 좌절하게 된다.
2) 강도를 보고 두려워하는 꿈은
   어렵고 힘든 일에 직면한다.
3) 강도에게 목을 졸리면
   집안과 친척이 불행하게 된다.
   부인이 이 꿈을 꾸면
   귀금속을 도난당할 징조이다.

3. 기타
1) 강도에게 여러 번 시달리는 처녀의 꿈은
   여러 군데에서 혼담이 들어오지만 썩 마음에 드는 곳이 별로 없다.
2) 강도에게 살해되거나 상처를 입은 꿈은
   자기 일이 제3자에 의해서 해결되거나 평가를 받게 된다.

개〔犬〕

개는 법관, 경찰관, 경비원, 신문 기자, 저술가, 유지, 감시원,

심복, 간부, 스파이, 천박한 사람 등의 동일시이며 직권, 재물, 부정, 전염병, 방해물 등을 상징한다.

1. 길몽

1) 남의 집 문간에 매어 있는 개에게 물리는 꿈은
   관청에 취직을 하거나 자기의 일이 어떤 기관에서 성사가 된다.
2) 개가 높은 건물 위에 오르거나 공중을 나는 것을 보면
   높은 관직에 오르거나 추진하고자 하는 일에 행운을 가져오는 대길한 꿈이다.
3) 개가 하늘로 올라가는 꿈은
   복록(福祿)을 누리게 되고,
   개를 앉아서 부르는 꿈은
   술과 음식이 생긴다고 한다.
4) 집을 나갔던 개가 다시 돌아오면
   한때 소식이 없던 사람이 찾아오며 일거리가 생긴다.
5) 개를 죽이면
   어려운 일을 성사시킬 수 있으며 빚을 갚거나 시험에 합격한다.
6) 값이 비싼 애완용 개를 사오는 꿈은
   좋은 학과에 입학을 한다.
7) 개를 잡아서 먹는 꿈은
   사업 자금을 마련하여 사업을 벌이게 된다.
8) 개가 교미하는 것을 보면
   사업상 동업할 일이 있거나 어떤 계약이 성립된다.

2. 흉몽

1) 들개나 천박하게 생긴 개가 자기를 따라오거나 집으로 오면
   방랑자 또는 무의탁자를 만나거나 유행성 전염병에 걸린다.
2) 개가 사나워 어떤 집에 못 들어가면

관청의 경비원에게 출입을 저지당하거나 일에 방해를 받아 방문이 난처해진다.
3) 자기 집 개를 귀엽다고 쓰다듬으면
    집안 식구나 고용인이 속썩이는 일이 생긴다.
4) 개가 사나운 기세로 물려고 덤비거나 떼를 지어 덤비면
    신변에 위험을 느끼는 벅찬 일에 직면하거나 남의 시비를 받는다.
5) 개가 두 발로 서서 움직이는 꿈은
    아는 사람이 자기를 인신 공격하거나 구타할 일에 직면한다.
6) 개가 귀여워 쓰다듬어 준 꿈은
    가까운 친척이 큰 실수를 저지르게 된다.
7) 개가 서로 싸우면
    서로 헐뜯고 비난하는 와중에 휘말리거나 병으로 고생을 한다.
8) 남의 집 개가 자기 집 개에게 가까이 다가오는 꿈은
    정보를 얻거나, 여자의 경우 간통하려는 치한이 나타나기도 한다.
9) 자기집 개가 남의 집 개들과 놀면
    식구 중에 누가 어느 집단에 가입하거나 무뢰한들과 공모를 하게 된다.

3. 기타
1) 개가 손을 물고 놓지 않는 꿈은
    자신의 능력이나 작품이 어떤 기관에서 심사받을 일이 생긴다.
2) 개와 고양이가 서로 싸우는 것을 본 꿈은
    두 사람이 세력 다툼을 벌이게 된다.
3) 해질 무렵에 개가 달리는 것을 보면
    취재를 다니거나 바쁘게 활동할 일들이 발생한다.
4) 개를 뒤쫓는 꿈은

어떤 기관에 청탁한 일이 중개인을 통하여 성사된다.

거북[龜]

거북은 부귀한 사람, 협조자, 권력자, 협조 기관, 승리, 행운, 큰 재물 등을 상징한다. 거북을 타거나 접촉하는 태몽을 꾸면 태아가 장차 정당 당수나 통치자, 기관장 등으로 부귀를 누리고 세력이 당당한 사람이 됨을 예시한다.

1. 길몽
1) 거북이 뱃길을 인도해 주거나 거북을 따라가면
    기관이나 협조자로부터 커다란 도움을 받게 된다.
2) 거북의 목을 쳐서 피가 흐르는 것을 보면
    큰 기관으로부터 돈을 얻거나 큰 사업으로 성공한다.
3) 거북의 목을 잡으면
    단체의 우두머리나 수석, 주도권 장악 등과 관계되는 일이 이루어진다.
4) 거북을 죽인 꿈은
    장애물 없이 일이 성사된다.
5) 거북이 거처하고 있는 곳에 들어간 꿈은
    부귀 영화를 누린다.
6) 거북의 목덜미를 잡은 꿈은
    소속되어 있는 집단의 일이 풀리게 된다.
7) 거북이 집이나 우물 속으로 들어가는 꿈은
    부자가 될 징조이다.
8) 거북이 바다에서 뭍으로 올라오면
    명예 또는 커다란 권세가 주어진다.
9) 자라가 거북으로 변해서 옆에 있으면

소자본으로 큰 돈을 벌거나 막대한 재산이 생기고 직위가 높아진다.

2. 흉몽
1) 거북을 쫓아가다가 잡지 못한 꿈은
   치밀한 계획을 세우지만 뜻과 같이 잘 이루어지지 않는다.
2) 거북이 목을 움츠리는 것을 보면
   의뢰한 일이 쉽사리 성사되지 않는다.
3) 거북이 물이 없는 우물에 들어가면
   영어의 신세가 된다.

거울〔鏡〕

거울 속에 자신의 모습을 비추는 꿈은 자신에 대한 사랑 또는 동성애의 경향이 있다. 자신의 육체적인 매력에 대하여 자랑을 하기도 하고 동성의 육체에 도취되기도 하는 것을 표시한다. 자기를 아름답게 보이고 싶다고 할 때에는 미인이 거울 속에 있는 꿈을 꾸기도 한다. 거울은 협조자, 협조 기관, 소식통, 텔레비전, 중개인, 중계소, 애인, 방도, 신분, 신분증, 마음, 영감 등을 상징한다. 거울에 비친 자기는 중계소, 매개물, 소식통을 통해 반영되는 어떤 사람이나 일의 동일시이다.

1. 길몽
1) 거울에 아무것도 비쳐지지 않는 꿈은
   먼 곳에서 반가운 소식이 온다.
2) 오색 찬란한 옷을 입고 거울을 본 꿈은
   동업자, 반가운 사람 등을 만난다.
3) 거울을 얻거나 상대방에게서 받으면

배우자의 일에 관한 방도를 얻거나 신분, 지위 등이 높아진다.
4) 거울을 얻고 결혼하거나 아기를 낳으면
　도량이 넓고 사교술이 능하며 세상에 감화를 줄 배우자나 자손을 얻는다.

2. 흉몽
1) 자신의 얼굴을 거울에 비추어 보니 검게 보인 꿈은
　반갑지 않은 사람을 만나 기분이 불쾌해진다.
2) 거울이 떨어지거나 저절로 깨진 꿈은
　가깝게 지내던 사람과 멀어지게 된다.
3) 자기의 포켓용 거울을 상대방이 가지고 놀면
　누가 배우자를 희롱하거나 자기의 증명서를 빼앗을 일과 상관있다.
4) 벽거울이 움직이면
　배우자가 변심할 것을 뜻하고,
　거울이 방안을 지나가면
　배우자가 정부를 두게 될지도 모른다.

3. 기타
1) 거울을 보면서 화장을 하는 꿈은
　자기 이외에 다른 사람의 마음까지 움직이게 된다.
2) 거울에 자기 얼굴을 여러 번 비추어 보면
　똑같은 사람이 여러 번 찾아온다.

거품〔泡〕

　거품은 자신의 성적 지위가 타인에게 알려지는 것을 불안하게 생각하고 있음을 표시한다. 비누로 몸을 씻기도 하고 상의

를 세탁하기도 하는 꿈은 그 마찰 운동이 비슷하기 때문에 자위 행위를 뜻하며, 이를 사람들이 보는 것은 아닌가 하는 두려움을 뜻하고 있다.

1) 물이나 그밖에 유류를 끓여서 거품이 넘쳐 나오는 꿈을 꾸면
  큰 재물이 생길 수이다.
2) 거품으로 몸을 씻는 꿈은
  모든 악이 사라질 수이다.

건강(健康)

건강 진단이나 진찰의 꿈은 자신의 결점을 숨기려 하는 것을 의미한다. 이러한 것은 의사로부터 진찰을 받아도 자신의 결점은 발견하지 못할 것이라고 말하고 싶은 까닭이다. 물론 꿈을 꾸고 있는 자신은 자신의 결점을 잘 알고 있다. 또 보이고 싶지 않은 것이나 부끄러운 일을 반대로 보여 주고 싶다는 기분을 나타낼 때도 있다.

1. 길몽
1) 얼굴에 종기가 많이 나 보이는 꿈은
  재물을 얻고 번창한다.
2) 환자가 건강해졌다고 생각하면
  육체적인 건강이 아니라 정신적인 일의 건전함, 자신만만함 등의 좋은 일과 관계된다.
3) 병자가 어떤 신령적인 존재에게 절을 하는 꿈은
  병이 곧 치유된다.
4) 입원하려는 사람이 신령적인 존재의 안내를 받거나 또는 지도를 받는 꿈은
  좋은 의사를 만나 곧 병이 완치된다.

5) 임금이 내리는 사약을 먹고 죽는 꿈은
   어떤 일이 성사되어 최고의 명예나 권리를 획득하는 대길할 꿈이다.
6) 신체의 한 부위를 수술하는데 통증이 전혀 없는 꿈은
   계획하는 사업에 하자가 없음을 뜻한다.
7) 간호원의 간호를 받는 꿈은
   협조자의 도움으로 어떤 계획을 추진하게 된다.
8) 병석에 있으면서 간호를 받는 꿈은
   자기의 일거리나 작품을 남이 도와주게 된다.
9) 환자가 치유되어 건강해지는 꿈은
   일에 대한 소원, 계획, 작품, 연구 등을 성취하게 되며 일과 연관성이 있다.
10) 약국에서 약을 사오는 꿈은
    사업의 대책이 마련되거나 어떤 약속이 이루어진다.
11) 상자 속에 가득한 약병을 얻은 꿈은
    어떤 단체에서 이탈하게 되고 사업의 재정비를 하게 된다.
12) 콧물이 자꾸 나온 꿈은
    자기 주장을 남에게 강력히 내세운다.
13) 폭약이라고 여겨지는 약을 받아 먹는 꿈은
    자기의 실력을 충분히 발휘할 수 있는 직장을 얻게 된다.
14) 움직일 수 없는 환자의 방에 햇빛이 내려 쪼이는 꿈은
    병이 치료된다는 징조이다.

2. 흉몽

1) 산모가 출산을 하려고 진통을 겪는 꿈은
   새로 시작한 일이 여러 가지로 많은 어려움을 겪는다.
2) 약병이 사방에 흩어져 있는 꿈은
   학문적 자료를 구하거나 생계비 유지를 위해서 애쓴다.

3) 가슴에 병이 든 꿈은
   어떤 일에 대해서 사전 검토를 하고 마음에 상처를 받게 되는 일이 있다.
4) 음식을 먹었는데 체해서 배가 아픈 꿈은
   어떤 책임 있는 일을 맡았으나 그 일이 벅차게 느껴진다.
5) 사육한 짐승이 아픈 꿈은
   작품이 잘못되었거나 일거리를 처리하지 못하고 오랫동안 붙들고 있게 된다.
6) 병자가 통곡하는 꿈은
   병이 낫기가 힘들다.
7) 사치스러운 옷을 입으면
   죽게 된다.
8) 환자가 뛰어 달아나는 꿈은
   사망할 징조이다.
9) 육체적인 통증을 느끼면
   심적 고통이나 사업, 업적, 이력 등에 진통을 겪는다.
10) 다리에 통증을 느끼고 잘 걷지 못하는 꿈은
    하는 일이 어려운 처지에 놓이게 된다.
11) 병에 걸려 앓아 눕는 꿈은
    자기의 일거리나 작품에 어떤 미진함을 예시한다.
12) 헌재 움직일 수 없는 중환지기 큰절을 받는 꿈은
    그 병이 더욱 악화된다는 징조이다.
13) 병을 치료하다가 중단하거나 도중에 잠이 깨는 꿈은
    하는 일에 어려움이 따른다.

3. 기타
1) 전신에 열이 불덩어리같이 뜨거운 꿈은
   학문적인 연구에 몰두하거나 신앙 생활을 충실하게 한다.

2) 콩팥에 병이 들었으니 어떻게 하면 되느냐고 문의한 꿈은
   어떤 일을 시작하는데 그 일에 대해서 상의해 올 사람이 있다.
3) 집에 문둥병 환자가 찾아온 꿈은
   선전하거나 전도하는 사람이 자기를 찾아온다.
4) 의사가 약을 처방해서 준 꿈은
   어떤 기관에서 임무를 부여받거나 업무 처리에 시정을 요하는 지시를 받는다.
5) 정신 분석학적 치료나 심리 요법을 행한 꿈은
   자기의 복잡한 심정을 남에게 털어놓고 이야기를 한다.
6) 수술 도중에 몸이 뻐근한 느낌을 받은 꿈은
   상대방이 자기에게 깊은 관심을 보이고 도움을 준다.
7) 병원에 입원해야 하는 진찰카드를 받은 꿈은
   그 기간 동안에 어떤 단체에서 일을 하거나 일거리를 보관하게 된다.
8) 진찰실에 누워 있는 꿈은
   웃어른이 명령하는 대로 복종하게 된다.
9) 머리를 수술받는 꿈은
   남에게 자신을 평가받거나, 자신의 사상을 신중하게 털어놓는다.
10) 자기 병세를 의사에게 자세히 설명한 꿈은
    자기 일에 관하여 남에게 여러모로 이야기를 한다.
11) 정신과 또는 내과는
    회사의 내근 관계 부서를,
    정형 외과나 외과는
    외근 관계 부서를,
    그리고 산부인과는
    연구실 또는 기획실 등을 상징한다.
12) 주사기, 메스, 침, 전기 치료기 및 기타 치료 도구는
    어떤 일의 심사, 검토, 수정 등을 하기 위한 방도, 자원, 능력 등

을 상징한다.

견학(見學)

　견학을 하는 것은 누구나가 가지고 있는 성적 호기심을 표현한 것이다. 연구나 공부의 꿈과 같이 지적인 탐구를 하고 있는 상대로 보여지게 하려는 성적인 의미를 내면에 깔고 있는 것이다. 자신보다 나이 많은 사람들과 섞이어서 견학 여행을 가는 꿈은 이제 자신은 무엇을 보아도 괜찮다고 하는 주장인 것이다.

1) 산과 숲을 다니는 꿈은
　모든 일이 길하고 만사가 뜻대로 된다는 징조이다.
2) 한 군데 있지를 못하고 이곳저곳으로 옮겨다니는 꿈은
　부모 친척과 불화가 생기기 쉽다는 뜻이다.

결혼(結婚)

　사회적인 책임을 의미한다. 현실에서는 결혼이라는 것을 생각하지도 않았던 사람과 꿈속에서 결혼하려고 생각하기도 하고 꼭 결혼하지 않으면 안 되기도 하는 것은 자신에게는 보살펴 주지 않으면 안 될 사람이 있기 때문이다. 이는 그 사람에게 책임을 느끼고 있기 때문이다. 또 상대가 누구인지 잘 모르면서 결혼식을 거행하려고 하는 꿈은 사회적으로 책임을 질 것인가 안 질 것인가를 결정짓지 못하는 것을 뜻한다. 예를 들어 어느 회사에 취직을 할까 말까 갈피를 못 잡는 형태이기 때문이다. 그리고 부모가 권유하는 결혼을 반대하는 꿈은 강요당하는 책임을 지고 싶지 않다는 것을 뜻하며 부모에 대한 반항이나 불만이 싹튼다는 것을 상징한다.

1. 길몽
1) 자신의 결혼식에 신랑이 다른 여자와 서 있으면
   계약 관계에서 자기 일이 성사됨을 본다.
2) 한 장소에서 여러 쌍이 결혼하는 것을 보면
   어떤 회담이 여러 차례 열리게 되는 것을 보게 된다.
3) 결혼식장에 들어갔는데 하객이 없으면
   입학, 취직 등이 이루어진다.
4) 웨딩드레스를 입고 결혼식장으로 들어가면
   신분이 새로워지거나 입학, 취직, 면담, 신규 사업 등이 이루어진다.
5) 자기가 신랑과 나란히 서면
   어떤 일을 책임질 사람이 나타나거나 계약 상대자와 일이 잘 추진된다.
6) 길을 걸으면
   여러 번 결혼한다.
7) 아이들을 낳으면
   여러 차례 사업을 바꾸고 사업 성과 또한 많게 된다.
8) 부인이 몹시 검은 남자와 결합하는 꿈은
   재물과 명예를 얻을 징조다.
9) 신부가 웃는 얼굴을 보이는 꿈은
   친한 친구가 찾아올 징조이다.

2. 흉몽
1) 남자가 음탕한 여자와 결혼하는 꿈은
   병을 얻을 징조이다.
2) 자기 부인이 다른 사람에게 시집가는 꿈은
   자기 부인이 죽거나 병이 들게 된다.

3) 남자가 피부가 검은 부인과 결혼하는 꿈은
   병을 얻게 된다.
4) 깡마르고 주근깨가 있는 부인과 결혼을 하면
   빈궁해질 징조이다.

3. 기타
1) 결혼식장에 나가기 전에 드레스를 입고 자기의 모습을 거울에 비추어 보는 꿈은
   평소 존경하던 반가운 사람을 만나게 된다.
2) 결혼 선물을 교환하면
   어떤 약속의 이행을 의미한다.
3) 드레스를 입고 결혼식장에 입장하는 꿈은
   직장을 옮기는 등 자신과 관련된 크나큰 변화가 있게 된다.
4) 결혼식에 참석한 부모는
   협조자이며,
   많은 내빈은
   계약, 결사, 집회의 당사자들을 상징한다.
5) 결혼식장은
   계약, 집회, 상봉, 사업, 이전 등의 일과 관계한다.
6) 신랑, 신부는
   계약자나 상봉자 또는 일 등을 상징한다.
7) 결혼하는 꿈은
   실제로 체험되는 경우도 간혹 있으나 대체로 방문, 상봉, 탐지 등의 일과 관계있다.

경기장(競技場)

여성의 육체를 생각하거나 자신의 성적 능력에 대해서 생각하는 것이다. 경기장 안에 세로로 라인이 그려진 모양은 여성의 성기의 상징이다. 또 경기장에서 경기를 관람하거나 경기의 우열을 끝까지 지켜보는 것은 남성에 있어서 자기의 연인이나 아내의 육체적인 매력을 감상하며 평가하는 것을 뜻한다. 단순히 운동장이나 체조장이라는 것보다도 관객이 구경하고 있거나 관중에게 보인다고 하는 의미가 강하게 표현되고 있는 것이다.

1. 길몽

1) 경기장에서 체조를 하는 것을 본 꿈은
   사업이나 학문적 발표 등에 잘 호응해 줄 사람들을 보게 된다.
2) 마라톤을 하며 꼴찌로 달리면
   하는 일이 순리대로 풀리며 안전하다.
3) 야구 경기에서 자기 편 선수가 홈런을 때리면
   어떤 일을 해도 장애가 없이 잘 해결된다.
4) 마라톤에서 일등으로 들어오면
   진급이나 사업에서 승리하고 명예를 얻는다.
5) 외국 팀과 축구 시합을 해서 우리가 이기는 꿈은
   자기의 주장이 어떤 어려움에서도 목적을 달성한다.
6) 메달, 우승컵, 상금, 우승기를 타면
   어려운 난관을 극복하고 소원이나 계획을 이룬다.
7) 남이 넘겨준 릴레이 바통을 받아 뛰는 꿈은
   사업이나 단체의 일을 인수받아 잘 운영해 나간다.
8) 관중석에 관람자가 없는 꿈은
   복잡한 문제를 어려움 없이 해결하고 스스로 판단한다.

9) 자신이 찬 공이 경기장 밖으로 멀리 날아가면
   자신의 능력을 발휘하여 성공을 하거나 공로를 치하받는다.
10) 구기 종목에서 골을 넣어 승리하는 꿈은
    사업, 학문, 논쟁 등에서 승리하거나 성공을 거둔다.
11) 배구 경기에서 상대편으로 공을 넘기는 꿈은
    자신에게 부과된 임무를 다한다.
12) 자신의 구령에 맞춰 사람들이 체조를 하면
    자신의 지도력을 발휘하거나 많은 사람이 협조를 하게 된다.
13) 우승을 하여 많은 사람 앞에서 상을 받으면
    사회적으로 유망한 회사에 취직을 하거나 전근을 가게 된다.
14) 날아오는 빈 병을 깨뜨리면
    야구 경기에서 홈런을 날릴 수도 있다.

2. 흉몽

1) 경기장에 관중이 많이 모이면
   자신의 일이 남에 의해서 방해를 받거나 난관에 부딪힌다.
2) 검도나 펜싱을 하는 꿈은
   남과 논쟁을 벌이게 된다.
3) 운동 경기에서 선두로 나서게 되면
   사업이나 자신의 계획이 실패하기 쉽고, 마음이 불안하다.
4) 공을 서로 주고 받는 꿈은
   어떤 시비 거리로 상대방과 마음이 엇갈린다.
5) 공을 상대편 코트로 공격하지 못하면
   패배 의식을 지니고 일에 대한 불안감을 느낀다.

3. 기타

1) 운동 경기의 꿈은
   정신적 갈등, 사업의 성패, 이데올로기의 선택, 전쟁의 전망 등을 상징한다.
2) 운동장, 야구장, 체육관, 유도장 등은
   사건 현장, 기관, 사업장, 신문이나 잡지 지면을 상징한다.
3) 구기에 필요한 도구 일체는
   일에 대한 방도나 능력, 협조자, 세력 등을 상징한다.

경례(敬禮)

경례를 하는 것은 일반적으로는 자신이 부동 자세를 취하고 있기 때문에 성적으로 흥분하고 있는 상태를 표시하는 것이다. 성적인 의미 뿐만 아니라, 자신이 살아가는 방법이나 능력에 관해서 자신만만해 하고 있다는 것도 표시한다. 자신이 경례하는 상대처럼 그런 인물이 되고 싶은, 혹은 될 수 있다는 자신감을 뜻하고 있다.

1) 불상에게 절을 하면
   힘이 있는 사람에게 청원할 일이 있고, 그 소원이 성취된다.
2) 명산 대찰에 참배하는 것은
   자손이 번창하고 대길할 꿈이다.
3) 금불상을 얻게 되면
   명예, 권리, 사회에 기여할 수 있는 사업체나 재물 등을 얻게 된다.

경작(耕作)

보통 땅을 갈고 씨를 뿌리는 것은 새로운 분야를 개척하고 싶고 자신을 제약하고 있는 굴레를 부수고 싶은 욕망을 뜻한다. 또한 성적으로는 처녀에 대한 동경심을 의미한다. 괭이나 쟁기가 강조되는 꿈은 남성의 성기를 상징하고 새로운 것을 창조하고 싶어하는 의미를 지닌다.

1. 길몽
1) 농사를 지으면
   재물을 얻고 대길하다.
2) 자기가 손수 벼를 심으면
   출세를 할 수 있는 꿈이다.
3) 전답이 황폐해 있는 것은
   자신에게 행운이 찾아오는 꿈이다.
4) 여럿이 논밭에서 일 하는 것을 보는 꿈은
   여러 사람을 고용하여 사업을 하거나, 어느 기관의 도움을 얻어 일이 성취된다.
5) 논에 물이 많은 것은
   환경, 여건, 사상 등이 만족스러운 상태를 나타낸다.
6) 밭이랑에 구덩이를 만들면
   여러 분야의 사업 또는 학문 연구에 좋은 방도가 생긴다.

2. 흉몽
1) 물이 없는 논을 보면
   재정 결핍이나 사상의 고갈 등을 의미한다.

3. 기타
1) 씨앗은
   인적 자원, 물질적 자원, 자본금을 상징한다.
2) 농사짓는 과정은
   계획한 일의 성패 여부와 작품의 창작 과정 등을 비유한다.
3) 논과 밭은
   사업 기반, 세력 판도 등을 상징한다.

4) 상대방의 논밭은
   사업장 또는 회사, 학교 등의 사업 부서나 자기 사업장을 비유한다.

경찰(警察)

경찰이나 법관 등은 사회적, 도덕적인 양심을 의미한다. 현실에서 경찰은 우리들을 도와주기도 하지만 꿈속에서는 그렇지가 않다. 이것은 본인이 범인이나 악당으로 표현이 되기 때문이다. 일반적으로 나이 많은 경관은 보수적인 도덕을, 나이 젊은 경관은 새로운 도덕을 의미한다.

1. 길몽
1) 검문소에서 경관에게 신분증을 제시하는 꿈은
   자신의 신분을 자랑으로 내세울 수 있는 좋은 일이 생긴다.

2. 흉몽
1) 남을 살해하고 경관에게 쫓겨다니는 꿈은
   입사 시험, 논문, 고시 등에서 낙방한다.
2) 경찰이 총을 겨누고 공포에 떠는 꿈은
   불안하고 공포에 직면하는 상황이 된다.
3) 경찰이 집을 포위하는 꿈은
   청탁한 일이 성사 직전에 있거나 위험한 사건이 발생한다.
4) 경찰이 자기 도장을 찍어가면
   가정에 화근이 생긴다.

3. 기타

1) 검문소에서 검문을 당하는 꿈은
   이력서, 계획서, 진찰권, 명함 등을 관계 당국에 제시할 일이 있다.
2) 사복 형사가 집 안을 수색하면
   남에게 여러 가지 질의 응답을 받게 된다.
3) 호출장이나 영장 같은 것을 경찰이 보내면
   당첨, 취직, 체포, 입원 등의 통지서가 온다.
4) 수갑을 찬 채 끌려가는 꿈은
   취업, 질병, 죽음, 일의 성사 등을 나타낸다.

계곡(溪谷)

계곡은 완충지대, 접경, 타기관, 타국 및 다른 세력권 사이를 뜻하거나 어느 기관을 상징한다. 또한 산으로 둘러싸인 계곡, 양쪽에 나무가 무성한 계곡 따위는 여성 성기의 상징이기도 하다.

1. 길몽

1) 깊은 산중에서 신령적인 존재가 내려오는 꿈은
   위대한 학사나 협조사, 기관장 등과 상관하게 된다.
2) 깊은 산중에서 자신을 안내하는 미인을 만나는 꿈은
   출세를 할 징조이다.
3) 산 속에서 보물을 줍는 꿈은
   출세를 할 꿈이며, 반드시 복록(福祿)이 있다.

2. 흉몽
1) 산 속에서 신발을 잃어버리는 꿈은
   자신의 직위를 상실하거나 자기 작품이나 일이 회사에서 보류된 채 발표되지 않는다.

3. 기타
1) 산 속을 헤매는 꿈은
   탐색, 연구, 직무 수행 등의 일과 관계한다.

계단(階段)

계단이라는 것은 어느 목표를 향해 오르는 것을 뜻한다. 자신의 일이나 성적 흥분에 관한 것을 의미한다. 계단을 오를 때 호흡이나 심장의 고동이 고르지 못한 것은 흥분을 표시하는 것이다. 계단을 내려오는 것은 자신감의 상실이나 불안을 내포하고 있는 것이다.

1. 길몽
1) 계단을 오르기가 차츰 편해지는 꿈은
   일의 진도나 진급이 시간이 갈수록 수월해지고 편해짐을 뜻한다.
2) 낮은 곳에서 오르는 꿈은
   지위, 위치, 소원, 생활 형편 등이 향상된다.
3) 사다리를 오르는 꿈은
   지위가 올라가고 출세할 징조이다.
4) 댓돌 위에 오르면
   높은 직위에 올라 고귀해진다.
5) 까마득하게 보이는 돌계단을 오르는 꿈은

자기가 쌓았던 업적이 발표되거나 그로 인한 표창장 등을 받게 된다.
6) 크고 호화로운 저택의 마루에 올라서면
  휴직을 하거나 진급이 되고 남들이 자신을 고귀한 인품의 소유자라고 평가해 준다.
7) 산 정상에 오르면
  무난히 자기의 소원이 달성되고 권리나 명예를 얻는다.
8) 나무, 풀 등을 휘어잡고 산에 오르는 꿈은
  협조자에 의해서 일이 성취된다.
9) 학생이 담 위에 올라가는 꿈은
  시험에 응시했으면 합격을 하고, 일반인에게는 좋은 소식이 들어온다.

2. 흉몽
1) 계단에서 미끄러지는 꿈은
  진급, 진학 등에서 낙오된다.
2) 산정, 언덕, 절벽 등에 오르기 힘든 꿈은
  목적, 소원 등을 달성하는 데 고통과 위험이 따르고, 생활고에 직면하게 된다.
3) 홀로 옥상이나 지붕에 오르면
  은퇴를 하거나 외로운 처지에 놓인다.
4) 사다리가 공중에 뻗은 꿈은
  치명적인 병세와 관계하거나 허망한 계획만 세운다.
5) 일곱 계단을 내려오는 꿈은
  7년 동안 사업이 부진하거나 불행을 겪게 된다.
6) 천천히 계단을 내려오는 꿈은
  진행 중이던 일이 역행하거나 위법적인 일을 저지르게 된다.
7) 사다리를 올라갔다가 내려오지 못하는 꿈은

직장을 옮기려던 계획이 수포로 돌아가거나 진행 중이던 일이 중단된다.

3. 기타
1) 자신이 지하실로 들어가는 것은
   암거래를 하거나 비밀 단체 등에 가입 유혹을 받는다.
2) 사다리를 벽에 세워 놓으면
   진급, 진학 등과 관계한다.
3) 고정시킨 장대에 기어오르면
   권력층 사람에게 매달려 도움을 청한다.

계산(計算)

계산을 한다는 것은 손익을 따지는 것이다. 자신이 추구하는 욕망과 기분을 양심의 저울에 달아 보는 것을 뜻한다. 수를 세거나 계산기를 만지작거리는 것도 계산을 하는 것과 큰 차이가 없다.

1. 길몽
1) 구슬이나 재물을 세는 꿈은
   행운이 오고 재수가 좋은 꿈이다.
2) 물건 값을 지불하는 꿈은
   물건 값과 동일한 시일이 지난 후에 이득이 생기거나 취업을 하게 된다.
3) 손님에게 물건을 판 꿈은
   어떤 사람에게 자기 일을 맡기고 그 성과를 기대할 일이 있게 된다.

2. 흉몽

1) 집이나 소를 팔면
   사업체를 잃거나 배우자와 이별하게 된다.
2) 품삯을 받지 못하는 꿈은
   정신적, 육체적 고통을 받는다.

3. 기타

1) 누가 주판이나 계산기를 들고 방으로 들어오면
   자신의 일에 동조자가 생기거나 금전 관계로 자기를 찾아오는 사람이 있다.
2) 머릿속에 어떤 숫자가 나타나면
   그 숫자와 관계되는 일을 체험하게 된다.
3) 계산하는 꿈은
   자신이 구상하는 사업을 계획하거나 사람의 심리를 파악하려고 한다.
4) 손님에게 물건을 팔았다고 생각하는 꿈은
   어떤 사람에게 신분, 명예, 애정 등을 바쳐서 도울 일이 생기게 된다.

고기〔肉〕

고기는 보통 육체를 연상시키는 것으로 성적 욕망을 나타낸다. 고기를 굽거나 먹는 것은 성욕을 뜻한다. 또한 고기는 소유의 대상으로써 재물이나 자신의 권리를 뜻하기도 한다.

1) 소를 잡아 고기를 먹으면
   곧 재물을 얻을 징조이다.

2) 닭이나 오리 등을 잡아 먹는 꿈은
   만사가 길하며 병자라면 완쾌된다.
3) 많은 사람이 쇠고기를 자르는 꿈은
   어떤 물건을 가지고 서로 나누어 가지려다 시비가 생긴다.

고양이

고양이는 일반적으로 여성을 뜻한다. 개와 대조될 때는 특히 그렇다. 상황에 따라 어머니를 뜻하기도 하고, 시누이나 시부모, 연인을 뜻하기도 한다. 고양이가 무서운 얼굴을 하고 있으면, 자신이 그 여성에게 증오나 질투를 느끼고 있다는 것이 된다.

1. 길몽
1) 고양이를 죽이는 꿈은
   모든 일이 순조롭게 이루어진다.
2) 고양이의 눈이 반짝이면
   창작품이라든가 학설 등이 사람들에게 감동을 준다.
3) 고양이가 쥐를 잡으면
   경찰관인 경우 범인을 잡아 공을 세우거나 재물을 얻게 된다.
4) 고양이가 고기를 먹는 꿈은
   도둑맞은 물건을 회수하게 된다.

2. 흉몽
1) 고양이가 집을 나가는 꿈은
   데리고 있는 사람을 해고시키거나 물건을 분실한다.
2) 고양이와 개가 함께 있으면
   성격이 안 맞는 사람과 가까이 있어야 할 일이 생긴다.

3) 닭장을 들여다보는 고양이를 보면
자기 집 재산에 손해를 끼칠 사람이 나타난다.
4) 고양이와 개가 싸우는 꿈은
세력 다툼을 하거나 공박하는 일에 관련된다.
5) 산 고양이가 달아나는 것을 보면
어떤 일이 미궁에 빠지게 된다.
6) 검은 고양이를 보면
두렵고 불길한 사건을 체험한다.
7) 고양이가 담에서 내려다보면
별거 중인 배우자가 자신을 감시한다.

3. 기타
1) 고양이가 말을 하는 꿈은
어떤 사람과 동일시하는 것이다.
2) 고양이를 만지거나 안으면
여자나 아이를 안을 일이 생긴다.
3) 호랑이라고 생각했으나 그것이 고양이이면
가치가 있다고 생각한 물건이 가치가 없는 것으로 밝혀진다.

고향(故鄕)

고향이라는 것은 언제나 자신을 감싸주는 곳이다. 그것은 편안하고 안정된 곳을 갈망하는 잠재 의식의 표출이다. 귀찮은 업무나 환경을 벗어나서 혼자 휴식을 취하고 싶은 마음이 꿈을 통하여 표출된 것이다. 한편 고향은 여성의 자궁을 의미하기도 한다.

1. 길몽

1) 고향의 전답이나 가옥이 황폐한 꿈은
   뜻밖의 행운이 찾아오는 아주 길한 꿈이다.
2) 고향이나 집으로 걸어가는 꿈은
   일의 진행에서 종결, 성공, 달성, 완성 등을 뜻한다.
3) 고향의 집에서 부모님께 큰절을 하는 꿈은
   직장의 상사에게 어떤 청원을 올리거나 학교 당국으로부터 입학을 허락받는다.

2. 기타

1) 한 번 와본 적이 있는 곳을 다시 찾는 꿈은
   자기가 기억하고 잘 알려진 장소, 혹은 두번째로 체험할 일을 예시한다.
2) 고향집까지 거리가 멀면
   성공하기까지 아직 많은 시일이 남았음을 의미한다.
3) 들판에서 노는 꿈은
   직장이나 사업장 등에서 경기, 시험, 사업, 직무 등의 수행을 의미한다.

곡물(穀物)

곡물은 남성의 정액을 상징한다. 이는 가마니나 부대 자루에 넣어진 곡물은 조그만 구멍을 통해서 흘러나오기가 쉽고, 흐르면 자루의 크기도 변해진다. 그래서 정액에 비유하는 것이다. 밥을 입에 가득 넣고 먹는 것은 입이 여성의 성기를 상징하기 때문에 성적인 욕망의 표현이다.

1. 길몽

1) 들판에 쌀이 수북이 쌓이면
   부지런하고 검소하게 생활하여 많은 재물을 모은다.
2) 쌀가마가 집안에 쌓이면
   재물이 생기거나 사업이 번창한다.
3) 우마차로 볏단을 실어 놓거나 몰래 갖다 놓는 꿈은
   재물이 생기거나 좋은 아이디어를 개발한다.
4) 탈곡을 서둘러서 하면
   결혼이 성사되며 신문 기자와 같은 직업을 갖는다.
5) 부처님이나 고관에게 밥을 지어 대접하는 꿈은
   고시에 합격하거나 문예 작품 등이 현상 모집에 당선된다.
6) 쌀이 눈이 내리듯 하늘에서 쏟아지는 꿈은
   많은 재물을 얻거나 횡재한다.
7) 곡식의 이삭을 줍는 꿈은
   정신적 혹은 물질적인 자본을 얻거나 일에 대한 성과를 얻는다.
8) 창고에 곡식이 가득 차 보이는 꿈은
   사업이 번창하거나 아니면 혼담이 성사되고, 소송 등에서 승소할 수 있게 된다.

2. 흉몽

1) 잡곡밥이나 보리밥을 지어 먹으면
   시험, 응모, 사업 등에서 실패한다.
2) 팥이나 콩을 휘저어 놓은 꿈은
   집안에 화근이 생긴다.
3) 콩깍지가 많이 쌓인 꿈은
   고용인을 두거나 빚을 얻게 된다.
4) 밖으로 볏가마를 실어 내는 꿈은

재물의 손실을 의미하며 가족 또는 직장에서 직원의 감원을 의미한다.
5) 쌀을 입안 가득 무는 꿈은
　집안에 근심 걱정이 생긴다.
6) 누가 콩이나 팥을 그릇에 넣고 젓는 꿈은
　남과 다투거나 시끄러운 일이 생긴다.
7) 마당에 고추를 널어 말리는 꿈은
　싸움, 시비, 창피를 당할 일이 생긴다.
8) 삶은 콩, 콩깍지, 여물 등을 소에게 먹이는 꿈은
　집안 식구 중의 누군가에게 해가 미친다.
9) 팥이 쌓여 있는 꿈은
　집이 차츰 기울고 가족이 흩어진다.
10) 콩이나 보리를 보는 꿈은
　자손에게 불길한 일이 생길 징조이다.

3. 기타
1) 곡식을 말이나 저울로 달아 보는 꿈은
　서로 협의해야 하는 일이 생긴다.
2) 여러 곡식이 자라는 밭에 수수가 익어가는 꿈은
　자기 자신을 내세워 세인의 이목을 한몸에 받고 싶어한다.
3) 곡식의 이삭을 얻는 꿈은
　여러 방면으로 도움을 받아 자본이 생긴다.
4) 알곡과 쭉정이를 가리면
　공적인 것과 사적인 것을 구분할 일이 생긴다.
5) 쌀을 남에게 조금 나누어 주면
　불안했던 마음이 안정된다.
6) 벼가 무르익으면
　일이 성숙기에 접어든 것을 나타낸다.

7) 창고에 있던 벼가 쌀이나 해바라기씨로 변한 것은
   좋은 책을 읽고 많은 지식을 얻는다.
8) 수수나 조처럼 씨앗이 많이 달린 것을 본 꿈은
   규모가 큰 사업을 하거나 학문 연구 등을 하게 된다.
9) 호박이나 오이 구덩이에 인분 또는 퇴비를 넣는 꿈은
   사업 자금의 투자 또는 학문 연구에 몰두하게 된다.
10) 곡식을 마당에 널어 놓은 꿈은
    작품이나 사업의 성과를 공개할 일이 생긴다.
11) 벼를 찧는 꿈은
    사업에 대한 성과, 교양, 훈련, 도서, 출판 등의 일과 관계하게 된다.

곤충(昆蟲)

곤충이 나타나는 꿈은 라이벌에 대한 증오의 표현이다. 평소에 애벌레나 곤충을 싫어하는 사람이 꿈속에서 그것을 죽이려고 하는 것은 지극히 당연하다고 생각한다. 그러나 그것은 자기의 연적이나 부모의 사랑을 빼앗으려는 형제, 사업적인 라이벌 등을 제거하고 싶다는 욕망의 표현인 것이다. 또한 결혼할 여성이 바람기가 있는 것에 대한 고민을 뜻하기도 한다.

1. 길몽

1) 지네에게 물리면
   돈을 융자받을 일이 생긴다.
2) 큰 벌레를 물고 가는 개미를 본 꿈은
   여러 사람이 자기 사업을 도와준다.
3) 누에나 벌레가 고치를 만들면
   집회, 결사 등의 일이 순조롭게 추진된다.

4) 나비나 잠자리가 알을 까는 꿈은
   사업가는 이차적인 사업을 추진하여 성사시키게 된다.
5) 꽃에 나비나 벌이 앉는 꿈은
   상봉, 연애, 약혼 등이 성립된다.
6) 자신이 큰 나비가 되는 꿈은
   훌륭한 작품을 발표하여 많은 칭찬을 받을 일이 생긴다.
7) 큰 말벌을 손으로 잡는 꿈은
   어떤 계약을 성립하게 된다.
8) 천정의 많은 파리를 죽이거나 쫓으면
   부모의 병환이나 사업상의 애로 사항이 해소된다.
9) 떼지어 날고 있는 고추 잠자리를 보면
   귀한 여성을 만나 경사를 맞게 된다.
10) 누에를 많이 사육하는 꿈은
    많은 재물이 생기게 된다.
11) 벌통에 꿀이 많이 들어 있는 것을 본 꿈은
    막대한 사업 자금이 생기게 될 징조이다.
12) 수많은 벌들이 나무 위에 있는 벌집에 드나드는 꿈은
    큰 기업을 경영하여 많은 종업원을 거느리게 된다.
13) 계곡에서 빨간 나비가 나는 것을 본 꿈은
    정치나 공직에 진출하게 된다.
14) 여러 마리의 나비가 떼지어 나는 꿈은
    집안에 경사스러운 일이 생긴다.
15) 벌떼가 공중에서 난무하는 꿈은
    자기 선전이나 사상의 전파가 잘된다.
16) 거미가 먹이를 감고 있는 것을 보면
    재물이 생기거나 심복을 얻는다.
17) 양쪽 다리에 거머리가 붙으면
    많은 재물을 얻어 인력을 필요로 할 일이 생긴다.

18) 송충이가 부엌에서 따라다니는 꿈은
    자손이 착하고 정직한 사람으로 부모님에게 효도한다.
19) 바퀴벌레를 잡아 자루에 넣으면
    정보를 수집하거나 어느 단체의 중임을 맡게 된다.

2. 흉몽

1) 많은 꿀벌이 달아나면
   주위에 있는 사물이 흩어진다.
2) 파리가 몸에 붙어서 떨어지지 않으면
   어떤 장애물로 인해 시달림을 받게 된다.
3) 자기에게 벌이 달려드는 것은
   다른 사람으로 인해 시달림을 받거나 근심이 생긴다.
4) 빈대 때문에 잠을 못 자는 것은
   장애 요인이 되는 사람 때문에 세웠던 계획을 변경한다.
5) 송충이가 몸에 달라붙는 것은
   큰 화를 면치 못한다.
6) 거미가 자신에게 덤비는 꿈은
   사람에게 시달림을 받거나 화를 면치 못한다.
7) 개미집을 헐면
   가정에 화근이 생긴다.
8) 여러 곳에 거미줄이 엉켜 있으면
   사업이 전개된다.
9) 거미줄이 방구석이나 천정에 엉켜 있으면
   머리가 아프거나 운세가 막힌다.
10) 험한 곳에 달팽이가 오르는 꿈은
    하고 있는 일이 고비를 겪는다.
11) 반딧불을 보면
    일이 잘되는 것 같으면서 제대로 풀리지가 않는다.

12) 거미줄에 매달린 거미를 보면
    누군가가 자기의 일에 관련하여 계교를 부리고 있다.
13) 호랑나비가 어깨나 치마에 앉으면
    난봉꾼과 상관할 일이 생긴다.
14) 이가 몸을 물면
    어떤 일로 근심 걱정이 생긴다.
15) 벗어 놓은 옷에 이가 가득하면
    집안 식구에게 우환이 따르게 된다.
16) 벼룩이 방바닥에 튄 것을 놓치면
    도둑을 놓치는 일과 관계있다.
17) 벌에게 쏘이면
    병고에 시달리게 된다.

3. 기타

1) 파리떼가 길거리를 날아다니는 꿈은
   유인물 또는 책자를 발간하여 세상에 전할 일과 관계하게 된다.
2) 곤충을 거미줄에서 떼주면
   어려움에 처한 사람을 구해주게 된다.
3) 딱정벌레가 양쪽 다리에 많이 붙어 있는 것은
   세일즈맨이나 보험 가입 신청서나 증권 등에 관한 일로 사람이 찾아온다.
4) 굼벵이, 구더기 등의 유충과 관련된 꿈은
   그 수효에 따라 일이나 작품 등에 관계한다.
5) 곤충이 교미하는 광경을 보면
   일의 성과나 결연 또는 연합 등에 관계되는 일을 보거나 행하게 된다.
6) 곤충을 채집하여 표본을 만들면
   소설의 소재나 학설 등을 수집해서 책을 편찬하거나, 연구 성과를 얻게 된다.

공격(攻擊)

　싸움이나 전쟁 등의 꿈에서 자신의 편이 상대를 공격하는 경우는 자신이 현실에서 가지는 공포나 불안을 속이려 하고 있는 것을 뜻한다. 동료들을 공격하는 것은 자신의 실패나 결점을 들키지 않을까 하는 따위의 걱정을 나타내는 것이다. 역으로 상대로부터 공격을 받으면 아무리 도망하려고 해도 다리가 생각대로 움직여지지 않고 안달하게 되는데, 이것은 사실은 도망가지 않은 상태로 공격당하고 싶다는 것을 암시하기도 한다.

1. 길몽
1) 계획을 세우고 상대방을 공격하는 꿈은
　어떤 일을 성사시키려고 노력하면 그 노력에 비례해서 이득이 생기게 되고 이성 문제도 원활한 상태를 유지할 수 있다.
2) 싸움, 경쟁, 전쟁 등에서 승리하면
　일에 대한 성공이나 소원 충족, 만족을 체험한다.

2. 흉몽
1) 칼로 상대방을 찔렀는데 죽지 않고 자기를 쫓아오면
　목표 달성에 돌입한 사업이 좌절되어 오랫동안 심한 고통에 시달리게 된다.
2) 누군가 자신을 공격하려 하는데 몹시 두려움을 느끼는 것은
　잘못이 없는데도 몰매를 맞게 되거나 여러 사람들로부터 공박을 당하게 되는 일이 생긴다.

3. 기타
1) 혼자서 방어하거나 혼자서 공격하는 꿈은
   누구의 도움도 없이 혼자서 처리해야 할 일이 생겨 심한 외로움을 느낀다.
2) 꿈속에서의 공격심과 공격 성향은
   인간 본성을 나타내는 것이 아니라 일에 대한 욕구, 의지적인 노력이나 애착 등을 상징적으로 나타낸다.

공룡(恐龍)

공룡 따위의 원시 시대의 동물은 모친을 상징한다. 원시 시대로 되돌아가려고 하는 것은 모친의 태내로 되돌아 가려는 욕구를 의미하는 것이다. 공룡에게 쫓겨 삼켜지는 꿈은 아무리 무서운 것이라고 느끼더라도 모친에 대한 공포심을 뜻하는 것은 아니다. 모친에게 보호받고 싶고 모친에게 의지하고 싶다는 의미로서 자신이 의탁하고 싶어하는 마음이 강하다는 것을 상징한다. 그러나 공룡에게서 도망가거나 공룡을 약올리는 행동은 자신이 독립심이 싹트고 있다는 것을 의미한다.

1. 길몽
1) 용을 두 팔로 안고 있으면
   일거리가 많이 들어오고 뜻밖의 사람을 만나게 된다.
2) 용이 바다에서 승천하는 것을 보면
   사회적 기반으로 성공할 발판을 마련한다.
3) 용을 타고 하늘을 날게 되면
   권세가 이루어지며, 소원 성취, 시험 합격 등이 이루어진다.
4) 하늘을 나는 용이 말을 하거나 울면

세상에 소문을 낼 업적을 남기거나 일이 생긴다.
5) 용이 불을 뿜어 몸이 뜨겁게 느껴지면
   권력자의 힘을 얻어 자신이 하고자 하는 일이 성취된다.
6) 용을 타고 산으로 들어가는 꿈은
   학업, 사업 등이 크게 이루어지거나 관직에 오르게 된다.
7) 자기가 용이 되는 꿈은
   어떤 세력을 잡거나 명성을 떨치게 된다.
8) 덤버드는 용을 칼 같은 무기로 죽이는 꿈은
   장애물을 제거하고 대업을 완수하게 된다.
9) 용이 대문으로 들어오는 꿈은
   귀인이 집에 오거나 관청에 취직하여 부귀를 얻게 된다.
10) 다른 물체가 용으로 변하는 꿈은
    작품, 일, 사업 등이 크게 성취되어 일신이 부귀해진다.
11) 불난 집에서 용이 하늘로 올라가는 꿈은
    사업이 융성해지거나 세상에 과시할 일이 생긴다.

2. 흉몽

1) 울 안에서 헤매는 용을 보면
   자손이 초년에는 발전이 있으나 중도에 장애물이 생겨 빛을 못 본다.
2) 용이 날아 시야에서 완전히 사라지는 꿈은
   협조자, 권세, 명예, 일 등이 한때는 알려지나 차츰 사라져 간다.
3) 두 마리의 용이 마주보고 접근하는 꿈은
   두 개의 세력 단체가 반목하여 싸운다.

3. 기타

1) 용의 문장이나 조각을 본 꿈은
   저명 인사, 위인에 관한 기사를 읽거나 희귀한 물건 또는 서적 등을 대하게 된다.
2) 꼬리가 여러 개 달린 용은
    여러 산하 단체를 가지는 기업체 또는 재주가 뛰어난 사람을 상징한다.
3) 공중에서 용이 담배를 피우면
    단체, 기관, 매스컴을 통해서 자신의 활동을 알리며 사회 풍조를 쇄신할 일이 생긴다.
4) 짐승이나 사람의 모습으로 변한 용이 도전을 하면
    사업을 하는데 어려운 고비를 여러 번 겪은 다음에 일이 성취된다.
5) 물 속에서 잠자는 용을 본 꿈은
    어느 기관에서 보류되어 있는 일 또는 작품 등과 관계하거나, 희귀한 금은 보화를 보게 된다.
6) 용이 사람을 물어 죽이는 꿈은
    강대 세력에 의해서 일이 성취되거나 어떤 사람의 파산을 보게 된다.
7) 용을 해치거나 붙잡아 꼼짝 못하게 하는 꿈은
    자기 성장을 위해 노력하거나 벅찬 과업을 성취시키기 위해 분투하게 된다.
8) 용이 공중에서 떨어지면
    지위, 권세, 명령 따위가 몰락하거나 벅찬 일이 성사되기도 한다.
9) 하늘로 올라가는 용의 꼬리를 잡았다 놓치면
    저해나 만류를 뿌리치고 출세할 사람과 관계하게 된다.

공부(工夫)

공부하는 것에 관한 꿈은 지식을 쌓고 싶은 욕망을 나타낸다. 숙제를 받고 곤란하게 되는 꿈은 자신이 남모르게 쌓아 두었던 성에 관한 지식이 폭로되지 않을까 하는 두려움을 가지고 있는 것을 뜻한다. 또 성에 대한 호기심을 지나치게 가지고 있지 않은가 하는 반성도 있다.

1. 길몽
1) 필기 도구를 손에 쥐고 있는 꿈은
  어떤 일의 방도나 계획이 성립된다.
2) 필기구를 소중하게 생각하면
  계획을 한 일이 결실을 맺게 된다.
3) 애인에게 시를 낭독해 주면
  애인에게 자신의 사랑을 다시 한번 확인시켜 주게 된다.

2. 흉몽
1) 남에게 필기구를 건네 주면
  자기에게 돌아올 몫의 일거리를 누군가가 가로채 가는 일이 생긴다.
2) 글씨를 쓰거나 작문을 하면
  자신의 모든 것을 남김없이 남에게 보여 줄 일이 생긴다.
3) 글을 지어 감독관에게 바친 꿈은
  자신의 신원 조회를 받게 되거나 힘있는 사람에게 협조를 구하게 된다.
4) 자기의 필체에 대하여 좋은 평가를 받지 못하면
  정부 당국의 지시대로 따르지 않았을 때 큰 화를 당하게 된다.

3. 기타
1) 칠판에 그림을 그려놓고 사람들에게 그리라고 하면
  부하 직원이나 자신을 따르는 사람들에게 어떤 일을 따로따로 떼어 시키게 된다.

2) 눈으로만 책을 읽으면
　평소 존경하던 사람이 시키는 일을 아무런 불평없이 하게 된다.
3) 그림을 열심히 그리는 꿈은
　어떤 사람의 내면을 깊숙히 관찰하게 되거나 자신의 운명을 되돌아보게 된다.
4) 상대방이 글씨를 잘 써서 보여 주면
　상대방이 자기 의사를 명백히 하거나 애정 같은 것을 표시하게 된다.

공원(公園)

　공원은 사람들이 편안히 즐겁게 논다는 의미에서 해방을 뜻한다. 그러나 대부분 공원에는 쾌락과는 반대인 사물이 잘 등장한다. 즉 칠판처럼 교육을 상징하는 것이나, 도덕적 권위의 상징인 부친 등이 등장한다. 이것은 자신이 쾌락에 잠기는 일이 어느 정도 다른 힘에 의해서 제약을 받고 있다는 것을 뜻한다. 그러나 이러한 사물은 나이가 먹어 갈수록 등장 횟수가 적어지고 마음에 두지 않게 된다.

1. 길몽
1) 공원이나 뜰 앞에 대나무가 난 꿈은
　대길하고 만사가 유리하게 이루어진다.

2. 흉몽
1) 꿈에 공원에서 느티나무를 보면
　친구나 동업자와 다투는 일이 생긴다.

3. 기타
1) 명산 고적을 유람하게 되면
   오랫동안 만나지 못한 친구를 만나거나 고향의 소식을 듣는다.

공작(工作)

어떠한 재료를 가지고 무엇을 만드는 꿈은 여성의 경우에는 여성답게 되고 싶다라든가, 결혼하고 싶다라든가, 임신을 하고 싶다라는 욕망을 뜻한다. 남성의 경우에는 연인을 가지고 싶다라는 욕망의 표현이다.

1. 길몽
1) 이어진 끈을 푸는 꿈은
   오랫동안 지속된 인연, 근심, 걱정, 사업의 어려움 등이 해소된다.
2) 실, 머리카락, 끈 등을 풀면
   어려운 일이 해결되고 근심이 사라진다.
3) 축대나 둑을 쌓는 꿈은
   작업 진도에 비례해서 사업의 진전도 있게 된다.

2. 흉몽
1) 실타래 등이 풀지 못할 정도로 뒤엉켜 있으면
   여러 가지 걱정거리가 한꺼번에 엉켜 헤쳐나갈 길이 막막하다.
2) 차곡차곡 쌓여 있는 물건을 옮기는 꿈은
   이사를 하거나 인사 이동을 체험하게 된다.
3) 쌓아 놓은 물건을 허무는 꿈은
   소비, 소멸, 제거 등의 일과 관계한다.

과녁

활이나 사격의 과녁은 그 형태나 쓰임이 화살이나 탄환을 맞아 곧 파괴되는 따위를 의미하기 때문에 여성의 성기를 상징하는 경우가 많다. 과녁을 겨누어서 쏘는 꿈은 성적인 욕망의 표현이다. 이것은 목표를 향해 투구 연습을 하는 것과 유사하다.

1. 길몽
1) 활을 쏘아 달을 맞추는 꿈은
   전쟁을 하면 반드시 이기고, 공격하면 반드시 이긴다.
2) 뱀이나 용을 화살로 쏘아 맞추는 꿈은
   대길하며 만사가 형통한다.

2. 기타
1) 내가 남을 활로 쏘는 꿈은
   자신이 먼 길을 가게 된다.
2) 남이 자신을 쏘는 꿈은
   먼 곳에서 사람이 찾아온다.

과일〔果〕

잘 익은 과일, 둥근 모양의 과일, 갈라지는 과일 등은 여성을 상징한다. 그리고 과일을 나무에서 따는 꿈은 성적 욕망의 표현이고, 과일이 썩어 있다던가 이상한 맛을 내는 꿈은 성병에 대한 두려움을 암시한다.

1. 길몽
1) 달밤에 배꽃이 활짝 핀 나무 아래서 노는 꿈은
   반가운 사람을 만나 경사스러운 일이 있게 된다.
2) 과일이 주렁주렁 열려 있는 꿈은
   상당한 재물이 있음을 나타내고,
   그 과일을 따오면
   그 수만큼 수익이 생긴다.
3) 잘 익은 복숭아를 얻는 꿈은
   남녀 교제가 자연스럽게 이루어지고, 학생은 학업 성적이 올라간다.
4) 뽕잎이 저절로 떨어진 꿈은
   재물을 손해보게 되나,
   뽕잎을 바구니에 담아오면
   사업 자금이 생긴다.
5) 나무 밑에 떨어진 상수리를 줍는 꿈은
   여러 방면으로 많은 재물을 얻는다.
6) 여러 개의 배나무를 단계적으로 심으면
   순리대로 사업이 이루어진다.
7) 탐스러운 포도를 따는 꿈은
   입학이니 기타의 시험에 행운이 따른다.
8) 건삼이나 수삼을 캐오는 꿈은
   많은 재물이 생긴다.
9) 과일 나무에 올라가 과일을 따먹는 꿈은
   입학, 취직, 진급 등의 일과 관계가 있다.
10) 방 안에 심은 과일 나무에서 과일이 주렁주렁 열리는 꿈은
    일거리, 연구 자료, 혼담, 상거래 등에서 큰 성과를 얻는다.
11) 잘 익은 참외나 수박을 보면

일에 대한 성과나 작품에 좋은 평가를 얻는다.
12) 밤송이가 누렇게 벌어진 것을 보면
    사업, 작품, 결혼 따위가 곧 이루어진다.
13) 뽕나무 열매(오디)를 따먹는 꿈은
    잉태, 성교, 입학 등이 뜻대로 이루어진다.
14) 연시를 따먹거나 사먹으면
    맡고 있는 일이 쉽게 풀리고 자기에게 이득이 있다.
15) 붉은 대추를 많이 따오면
    재물이 생기고 여러 가지로 사업 성과가 나타난다.
16) 죽순을 꺾어오면
    사업 성과, 작품 발표 등의 일을 보게 된다.
17) 죽순이 갑자기 크게 자라면
    하고 있는 일이 자기 뜻대로 이루어진다.
18) 한 개뿐인 과일을 먹으면
    여자를 만나거나 고시에 합격한다.
19) 은행잎이 많이 쌓인 것을 보거나 은행을 소유하면
    돈을 얻거나 작품 성과를 얻는다.
20) 과일을 통째로 삼키면
    권리, 명예 등을 얻는다.
21) 감나무에 오르거나 감을 먹으면
    일을 단계적으로 차근차근 진행해 나간다.

2. 흉몽

1) 쪼개진 과일을 얻으면
   불확실한 사업에 손을 대게 된다.
2) 전신주에 달린 과일을 남이 따서 버리면
   계약이 해약되거나 사람이 행방 불명이 된다.
3) 오이 덩굴에 오이가 열려 있으면

아내에게 좋지 못한 일이 생긴다.
4) 꽃은 졌는데 열매가 열리지 않으면
  하는 일에 발전이 없거나 궁지에 몰리게 된다.
5) 익지 않은 풋과일을 어른이 주면
  제대, 퇴직, 불합격 등에 연관된 일이 발생한다.
6) 떨어진 밤을 먹거나 호주머니에 넣는 꿈은
  다른 사람과 사소한 일로 다투게 된다.
7) 깨진 과일을 얻고 혼담이 오가는 꿈은
  혼사가 파기되거나 불행이 다가온다.
8) 떨어진 연시를 주워 먹으면
  남에게 무시를 당할 일이 생긴다.
9) 대나무 숲을 헤매면
  일에 몰두하거나 마음이 안정되지 않고 항상 불안하다.
10) 금이 간 과일을 얻으면
  신체상의 일부가 다치게 된다.

3. 기타

1) 누런 과일과 푸른 과일을 몰래 훔치면
  제3자를 통해서 혼담이 이루어진다.
2) 앵도과에 속하는 작은 열매의 꿈은
  재물, 키스, 일의 성과 등을 나타낸다.
3) 꽃이 달린 채 떨어진 풋감을 줍는 꿈은
  연구 자료를 수집하거나 자본을 구한다.
4) 배나무 꽃이 만발하여 달빛에 빛나면
  좋은 작품을 써서 여러 사람에게 지식을 제공해 준다.
5) 곶감 꽂이에서 곶감을 한 개씩 빼먹으면
  마무리 단계에 있는 일을 맡게 된다.
6) 복숭아나 살구꽃이 만발한 곳을 걸으면

자신을 내세우거나 남녀가 관계를 맺는다.
7) 감을 차에 싣고 나르는 꿈은
   책을 시판할 것을 예시한다.
8) 과수원을 보거나 걷는 꿈은
   독서, 대화, 상담, 연애 등의 일과 관계가 있다.
9) 은행나무는
   훌륭한 인재, 은행, 기타 기관, 사업체 등을 상징한다.

꽃〔花〕

꽃에 대한 꿈은 일반적으로 경사스러운 일, 영광, 애정, 명예 등을 나타낸다. 또한 꽃은 여성을 상징하는 것으로도 나타난다. 대개 꽃을 사용하는 일이 경사와 관련된 일이기에 꿈 속에 나타난 꽃은 길몽일 경우가 많다. 또한 피어 있는 꽃은 일반적으로 자신의 개화, 즉 성적인 성숙에 대한 욕망을 뜻하기도 한다.

1. 길몽

1) 벼랑에 핀 꽃을 본 꿈은
   어려운 고비에서 입학, 취직 등이 이루어진다.
2) 만발한 꽃나무 밑을 걷는 꿈은
   업적, 성과, 대화, 독서 등으로 기쁜 일이 생긴다.
3) 조화(造花)는
   명예, 표창, 업적 등을 상징한다.
4) 높은 산에 꽃이 만발한 꿈은
   국가나 사회적인 일로 명예를 얻는다.
5) 꽃봉오리에서 소녀가 나와 하늘로 오르는 꿈은
   어떤 작품의 이미지로 인해서 사람에게 감명을 주게 된다.
6) 향기로운 꽃의 향기를 맡는 꿈은

일거리에 대한 세인의 평가가 좋게 나온다.
7) 산이나 들에 꽃이 만발한 꿈은
   어느 기관이나 사업장, 회사 등에서 취직, 전근, 출판 기타의 일로 명예로워진다.
8) 고목에 핀 꽃을 얻는 꿈은
   학자의 연구 성과를 인수하여 성공하거나 남의 사업을 인수받아 그것을 발판으로 대성한다.
9) 스님이 옥반에 꽃을 담아 주면
   사회, 기관, 학원 등에서 자신을 인정해 준다.
10) 꽃나무를 뿌리째 캐내면
    계약, 투자, 증권 등이 이루어진다.
11) 꽃 속에 자기가 묻혀 있으면
    좋은 사람을 만나거나 행복한 결혼 생활을 한다.
12) 겨울에 꽃이 만발한 것은
    개척적인 일이나 계층 사업의 성공으로 명성을 떨친다.
13) 정원이나 마당에 꽃이 만발한 꿈은
    자기 사업상 또는 기타의 일로 경사로워진다.

2. 흉몽

1) 꽃이 시드는 꿈은
   단체나 개인의 세력이 몰락함을 나타낸다.
2) 꽃이 나무에서 떨어지는 꿈은
   생명의 단절, 질병, 사업의 실패 등을 나타낸다.

3. 기타

1) 꽃을 씹어 먹으면
   사람들과의 만남이 자연스럽게 맺어진다.
2) 여러 가지 색으로 된 꽃을 보면

일의 다양성이나 내용의 풍부함을 나타낸다.
3) 생전 처음 보는 꽃을 발견하거나 꺾는 꿈은
발견, 발명, 창작, 개척 등의 일과 관계하게 된다.

꽃꽂이

꽃꽂이에 쓰이는 줄기는 남성을 상징하고, 꽃병은 여성을 상징한다. 남성의 상징과 여성의 상징이 동시에 나타나는 경우는 종종 있다. 이것은 이른바 성적인 공상으로, 구체적인 의미는 꿈 전체의 문맥에 의해서 결정되는 것이다. 일반적으로는 현실에 있어서 이성과의 접촉이 부족한 것을 꿈을 통해서 충족한다고 생각할 수 있다.

1. 길몽
1) 꽃을 보거나 꺾는 장소가 유난히 돋보이면
이것이 태몽이면 사회적으로 기반을 튼튼히 잡을 자손을 얻는다.
2) 여러 가지 꽃을 함께 꺾어드는 꿈은
성과, 학설, 수집 등의 일과 관계하게 된다.

2. 흉몽
1) 꽃을 꺾는 속도가 느리면
일의 처리가 늦어지고 어떤 장애가 나타난다.
2) 이끼가 낀 우물이나 연못을 보면
일을 방해하는 여건이 조성되어 그것을 제거하는 데 힘이 든다.

3. 기타
1) 꽃 표본을 보면
정신적, 물질적인 업적을 남기거나 식물 도감 등을 보게 된다.

과자(菓子)

과자의 모양에 따라 남성의 성기를 상징하기도 하고 여성의 성기를 상징하기도 한다. 꿈속에서 아이스바 같은 것을 먹을 경우 그것은 성적인 욕망의 표출인 것이다. 또 과자를 손님에게 대접하려고 내놓는 것은 손님에게 보이려고 하는 매력으로써 유혹의 상징이다.

1. 길몽
1) 사탕이나 과자를 먹는 꿈은
   소원을 충족시킬 일과 관계한다.
2) 빵에 쨈이나 크림을 발라 먹는 꿈은
   어떤 일을 훌륭하게 마무리한다.
3) 떡을 먹는 꿈은
   구하는 바를 얻게 된다.
4) 만두를 보기만 하고 먹지 못하는 꿈은
   좋은 일이 생기며 재수가 좋다.

2. 흉몽
1) 꿀이나 엿을 먹으면
   불길하고 매사가 뜻과 같이 되지 않는다.
2) 떡을 불에 구워 먹는 꿈은
   약속이 깨지고 흉하다.

관(棺)

관이 나타내는 것은 자신이 자살하려는 허황된 공상을 뜻한다. 관에 대한 꿈은 죽음으로 항의하고 반항하는 생각이 깊다.

1. 길몽
1) 관 속에 있던 시체가 마당에 놓여 있는 꿈은
   사업상의 어떤 일이 성사되어 재물이 생기거나 훗날 막대한 재물을 얻게 된다.
2) 유리관에 든 시체를 본 꿈은
   간접적인 경로를 통하여 재물이나 일의 성과를 얻게 된다.
3) 자식이나 조카의 죽은 시체를 관 속에 넣고 보는 꿈은
   애착을 가지고 성사시킨 작품이나 일거리를 세상에 공개하여 크게 만족하고 기뻐한다.
4) 관 속의 시체가 부패하여 냄새가 고약하면
   반드시 재물을 얻는 길몽이다.
5) 무덤이 갈라지거나 그 속에서 관이 저절로 나오는 꿈은
   재운이 열린다.

2. 흉몽
1) 시체가 없는 빈 관을 들고 있는 꿈은
   부부간에 이혼을 전제로 한 상의를 하거나 누구에게 사기를 당해 큰 손해를 입게 된다.
2) 본인이나 타인이 산 채로 관 속에 들어가면
   서로가 다투고 소송을 하는 일이 있다.

3. 기타
1) 관을 넣고 무덤을 만드는 광경을 보는 꿈은
   중요한 물건을 보관할 금고 등을 사들이거나 자기 혼자만의 비밀로 간직해야 할 일이 생긴다.
2) 관 속의 시체가 뼈만 남은 것을 보면
   자기 작품의 내용이나 자신의 프로필 등이 매스컴에 오르내리게

된다.
3) 관 뚜껑이 열려 그 속의 시체가 보이면
성취된 일이 세상에 공개된다.

관광 여행(觀光旅行)

사람의 눈을 피하지 않고 자신의 욕망을 모두 발산시키고 싶다는 것을 말한다. 여행의 경우는 긴장의 완화와 해방감이 강한 것이기에 미혼자나 자제심이 강한 사람의 경우는 일반적으로 관광 안내서는 보이기는 하지만 실제로 여행하는 장면은 나타나기가 어렵다.

1. 길몽
1) 여행 도중 우여곡절이 많은 꿈은
평소 원하던 것이 이루어지거나 사업체가 크게 번창한다.
2) 차를 타고 여행을 하면
관직을 가지고 있으면 승진한다.

2. 기타
1) 수학 여행을 하는 꿈은
단체의 일원으로 어떤 일에 종사하게 된다.
2) 애인과 함께 차로 드라이브를 하는 꿈은
혼담이나 결혼 생활이 원만하고 그가 누군가라면 사업 상 의논할 일이 생긴다.
3) 관광 버스를 타면
견학, 탐방, 연구, 작품 수집 등의 일과 관계한다.

광장(廣場)

광장은 자신의 위치를 확보하고 싶다는 뜻을 표현하고 있다. 가족 사이에서는 언제나 어린애 취급을 받고 싶지 않다든가 회사에서 자신의 존재 가치나 직위를 확보하려고 하는 기분을 뜻한다.

1) 넓은 들에 큰 나무가 홀로 서 있는 꿈은
   사업하는데 고독하고 근심이 많을 징조이다.
   이 나무에 올라가게 되면
   더욱 구설수가 따르게 된다.
2) 넓은 광장에 홀로 서 있는 꿈은
   먼 길을 갈 징조이다.

교과서(敎科書)

교과서나 참고서는 책의 일반적인 상징이고 지적인 호기심을 표시하는 것이다. 그러나 지식에 대한 자신의 태도에는 상당한 불신감이 있을지도 모른다. 서적은 정신, 스승, 교리, 진리, 지침, 방도 등을 상징하고, 서적 내용과 문구는 사상이나 예언 형식을 암시하며, 실제의 서적 또는 다른 서적의 비유이기도 하다.

1. 길몽
1) 친구나 애인에게 책을 빌린 꿈은
   애정, 우정, 약속 등의 일이 성립된다.
2) 책을 얻는 꿈은
   진리, 방도, 학문, 계시 등과 관계있다.

2. 흉몽

1) 책을 찢거나 던지는 꿈은
   선생님에게 반항하거나 상대방을 학대하며 학문을 포기한다.
2) 책을 소리내지 않고 읽는 꿈은
   상관의 지시에 복종할 일이 있게 된다.
3) 자기의 수기를 자신이 읽으면
   반성할 일이 생긴다.

3. 기타

1) 상대방이 읽는 책을 어깨너머로 보는 꿈은
   상대방의 마음을 살피거나 그 사람의 비밀을 알려고 한다.
2) 상대방에게 책의 문구를 읽게 하는 꿈은
   상대방과 의견이 일치되고 그의 뜻에 따르게 된다.
3) 책을 얻거나 많은 책을 가지면
   학문 연구에 종사하는 후계자를 얻게 된다.

교실(敎室)

선생님나 칠판, 교단은 사회적인 규정이나 도덕, 약속을 상징한다. 교실은 그런 것을 가르치는 장소이다. 그래서 교실은 앞쪽일수록 그것이 잘 들리고 뒷쪽일수록 불확실하게 들린다. 도덕심이 강한 사람일수록 앞쪽에 자리하고, 뒤에 앉을수록 도덕심이 조금 적다고 할 수 있다. 그러나 앞쪽에 앉은 사람은 자주성이 부족하고 뒤에 앉은 사람은 자주성과 모험심이 강하다고 볼 수 있다.

1) 교실에서 강의를 듣는 꿈은

직장에서 상사로부터 책망을 듣는다.
2) 교실 뒤에 앉는 꿈은
   윗사람의 영향을 벗어나 자유분방한 일을 한다.
3) 교실에서 강의받은 내용은
   잡지사에 제출한 작품의 편집 내용과 관계한다.

구두〔靴〕

　구두를 신는 것은 사회적으로 인정하는 이성에 대한 성적 욕망을 뜻한다. 또 구두는 자신의 것이 아닌 다른 사람의 것은 신기 힘들기 때문에 자신의 배우자를 뜻하기도 한다. 특히 빨간 구두를 신는 꿈은 약혼자 혹은 부인에게 애정을 기울이고 있는 것을 표현한다.

1. 길몽
1) 새로운 신발이나 구두를 구입하는 꿈은
   입학 또는 취직이 이루어진다.
2) 신발을 얻는 꿈은
   자수 성가를 해서 세인의 이목을 받는다.
3) 신을 벗고 마루에 오르는 꿈은
   직장에서 한동안 일하거나 승진한다.
4) 신령적인 존재가 준 신을 신으면
   　위대한 학자나 지도자, 권력의 후계자가 된다.
5) 여러 켤레의 고무신을 물에서 꺼내는 꿈은
   하나의 밑천을 들여 여러 가지 소득을 얻거나 이자를 받게 된다.

2. 흉몽
1) 남이 내 신을 신는 꿈은

처첩이 간통을 하게 된다.
2) 자기의 신발을 찾지 못하는 꿈은
   직장, 배우자, 집, 사업, 작품, 신분증을 잃어버릴 일이 생긴다.
3) 다 떨어진 신을 신으면
   직업, 사업, 동업자 등이 무력해지거나 질병이 생긴다.
4) 신고 있던 신을 잃어버리면
   직장, 재물, 부동산 등 자신이 의지하던 곳에서 화근이 생긴다.
5) 새 신이 딱 맞지 않으면
   하고 있는 일이 마음에 들지 않거나 불안하다.
6) 고무신을 씻어 보자기에 싸놓으면
   여자는 남편과 자식을 떼어놓고 한동안 헤어져 살게 된다.

3. 기타
1) 구두 두 켤레가 소포로 온 꿈은
   여권이 나올 것을 예시한다.
2) 짚신을 신으면
   일꾼, 부하, 가정부, 집 등을 얻는다.

구름〔雲〕

구름은 자신이 하고 있는 일이 무엇인가 위험한 결과를 초래할 징조를 나타낸다.

1. 길몽
1) 구름을 타고 다니는 꿈은
   기관이나 단체를 지휘하는 신분이 되어 사업이나 운세가 대길하다.
2) 하늘의 구름이 서서히 노란색으로 변하면

  　　명예로운 일과 재물을 한꺼번에 얻게 된다.
3) 오색 구름을 보는 꿈은
  　　모든 사람들이 부러워하고 긍정적인 생각으로 받아들일 사업을 벌인다.
4) 저녁 노을을 보면
  　　인생 말년에 큰 업적을 남길 사람과 관계한다.
5) 하늘이 밝아오며 구름이 개면
  　　장수할 징조이다.
6) 구름이나 안개가 몸을 감싸는 꿈은
  　　대길하여 하는 모든 일이 순조롭게 된다.
7) 검은 구름에서 수많은 번개가 치는 꿈은
  　　어떤 회사가 여러 번의 광고를 하게 되거나 자기에 대해 좋은 소문이 생긴다.

　　　2. 흉몽
1) 맑은 하늘에 구름이 덮혀 갑자기 어두워지는 꿈은
  　　나라에 큰 혼란이 일어나 시끄러워지게 된다.
2) 구름이 별을 가리는 꿈은
  　　반드시 자신에게 가해자가 나타날 징조이다.
3) 검은 구름이 자기 집을 덮으면
  　　집에 우환이 생기게 된다.

　　　3. 기타
1) 꿈속에서 흰구름은
  　　소박하고 후덕하며 불순하지 않은 집단, 세력을 상징한다.
2) 꿈속에서 붉은 구름은
  　　종교, 문학, 철학 등 사상의 매개체로 상징된다.

군인(軍人)

꿈속에 군인이 나타나는 것은 실제의 군인 또는 그 일원의 인물과 동일시된다. 또한 경찰, 학생, 승려, 직공 등과도 동일시되며 법규, 시책, 선전문, 책자 기타의 일을 상징한다.

1. 길몽

1) 학생이 장교나 하사관이 되는 꿈은
  수석을 하거나 또는 회장이 되며, 일반이 장교가 되면 득세를 하거나 단체의 장이 된다.
2) 전사자의 유골을 군인이 가지고 오면
  하고 있는 일이 뜻대로 성취되어 세인의 주목을 받는다.
3) 군인이 아닌 자신이 완전무장을 하고 있으면
  어떤 단체에서 주도권을 잡아 자신이 이끌어간다.
4) 적병을 차례로 총살하는 꿈은
  관청 일이나 계획한 일이 침체되어 있을 때 그 일이 달성된다.
5) 장교가 견장을 다는 꿈은
  상을 받거나 진급 또는 명예가 주어진다.
6) 행진하는 군인을 본 꿈은
  전략, 정책, 사상, 선전 등의 일이 잘 추진된다.
7) 사령관에게 훈장을 받으면
  명예가 주어지고 자신이 하고자 하는 일을 남이 치하한다.

2. 흉몽

1) 적병에게 쫓기는 꿈은
  병에 걸리거나 추구하는 일이 달성되지 않는다.
2) 군인이 모자를 잃어버리면

강등 면직을 당하고, 무기를 잃어버리면 협조자 또는 방도를 찾지 못해서 고민한다.
3) 군복을 입고 적의 진영을 돌아다니는 꿈은
사업, 일거리, 작품 등이 어떤 기관에서 심사를 받게 된다.

균열(龜裂)

자신이 현실에서 정신적으로 커다란 충격을 받고 파국적인 심리 상태가 되었다는 상징적인 표현이다. 눈앞에서 별안간 땅이 갈라지거나 자신이 서 있는 곳의 바닥이 갈라지는 것은 자신이 현실에서 당한 파국적인 충격의 소산이다.

1. 길몽
1) 몸이 저절로 흙으로 들어가는 꿈은
평상시의 모든 일이 잘된다.
무덤이 갈라지면
백사가 대길할 징조이다.
2) 땅을 파서 몸을 묻는 꿈은
재산이 늘어나고 저축이 된다.

2. 흉몽
1) 땅이 갈라지고 그 속으로 몸이 빠지는 꿈은
자신이나 자신의 주위에서 불길한 일이 일어날 징조이다.
2) 집이 가라앉는 꿈은
어머니가 주로 좋지 않을 징조이다.

그네

그네를 타는 것은 공중에 매달려 다리가 땅에 닿지 않는 것, 또는 일진 일퇴의 조금도 진척이 없는 상태를 뜻한다. 병이 회복되지 않거나 성적이 잘 오르지 않는 상황을 암시한다.

1) 허공에서 그네를 타는 꿈은
   마음이 안정되지 않고 조심할 일이 생기며, 반드시 불길한 일이 생길 징조이다.
2) 그네를 타거나 계단을 오르내리는 꿈은
   증권을 샀을 경우 시세가 오르락 내리락한다.
3) 그네 또는 시소를 타면
   어떤 소송 사건의 일승 일패를 암시한다.

그릇〔器〕

그릇은 물건을 담거나 받는 용기로서 이는 여성의 상징이 된다. 찬장이라든가 벽장처럼 큰 것으로부터 작은 항아리 혹은 양복의 호주머니, 핸드백 등도 모두 같은 상징이다.

1. 길몽
1) 쟁반을 보는 꿈은
   재산이 늘어날 징조이다.
2) 솥에 끓이는 물건이 넘치는 꿈은
   재물이 생기는 길몽이다.
3) 남에게 물통을 받는 꿈은
   전답이 늘어나는 길몽이다.
4) 화로나 화저를 본 꿈은

자신이 의논하던 일이 성사된다.
5) 수저를 보면
   식구가 늘어나는 징조이다.

2. 흉몽
1) 구리쇠로 만든 냄비를 보는 꿈은
   자신에게 구설수가 생기게 된다.
2) 술잔이나 소반, 냄비가 깨지는 꿈은
   만사에 조심해야 하고, 근신해야 하는 불길한 꿈이다.
3) 물통에 물이 없으면
   손해 볼 일이 생기니 조심하고 근신해야 한다.

그림〔畵〕

그림은 마음의 상태를 표현하는 것이다. 색이 강렬한 그림은 자신의 감정이 격앙되어 있고, 스케치나 수묵화처럼 색이 없는 그림은 사회적으로 압박을 받는 감정을 억제하고 있는 자신을 상징한다. 인물화의 경우는 평소 자신이 의식하고 있는 인물 중의 하나이다.

1. 길몽
1) 오색 찬연한 그림을 얻는 꿈은
   큰 재물을 얻을 징조이다.
2) 그림을 사오면
   서적이나 상장, 학위증 같은 것을 받거나 명예를 얻는다.

2. 흉몽
1) 그림을 잘못 그리는 꿈은

좋지 못한 곳으로 발령을 받게 된다.
2) 그림이 자기 뜻대로 그려지지 않으면
계획이나 소원이 이루어지지 않는다.

3. 기타
1) 그림을 다른 사람이 보내오는 꿈은
서적, 청첩장, 편지, 경고장 등을 받게 된다.
2) 춘화도를 보게 되면
심리학 서적이나 철학적인 서적을 읽게 된다.
3) 여러 가지 그림이 담긴 사진첩을 보면
어떠한 사건이나 사람을 추적하게 된다.
4) 추상화를 그리면
어떤 계획을 추진해 나간다.

금고(金庫)

금고는 여성을 뜻하기도 하고, 애정을 뜻하기도 한다. 만일 화재가 났을 때 금고를 가지고 갈팡질팡하는 자신의 모습은 자신의 애정에 지나치게 불을 붙이고 싶지 않고 애정을 소중하게 간직하고 싶다는 표현인 것이다.

1. 길몽
1) 금고를 집에 들여오면
자본주가 생기게 된다.
2) 금고가 열려 있으면
물질적으로 재물이 생기거나 정신적으로 학문 등을 통해서 진리를 깨닫는다.
3) 금고를 자신이 열게 되면

소원하던 일이 이루어진다.

2. 흉몽
1) 돈궤를 잠그는 꿈은
   자금의 동결, 사업 중지, 청탁 불능 등의 일이 생긴다.
2) 집안의 금고 다이얼을 돌리는 꿈은
   부모에게 돈을 달라고 간청하는 일이 생긴다.

3. 기타
1) 보석이나 금화를 금고에 넣는 꿈은
   어느 기관에 재산을 위탁하거나 생계가 마련된다.
2) 금고는
   은행, 금융 기관, 학교, 기업주, 전주 등을 상징한다.

기둥〔柱〕

기둥은 생긴 모양 때문에 남성의 성기를 상징한다. 그러나 한편으로는 집안이나 건물을 받치는 역할을 하기 때문에 자신의 역할이나 가치관을 나타내기도 한다.

1. 길몽
1) 전봇대를 수리하는 꿈은
   가업이 번창하고 재물이 들어올 징조이다.

2. 흉몽
1) 기둥에 장식을 하고 제사를 지내는 꿈은
   집안에 상사가 있을 징조이다.
2) 기둥이 넘어지면

집안 사람이 병이 생기거나 고생을 하게 된다.

3. 기타
1) 기둥에 오르게 되면
   강자의 비위를 맞추며 도움을 청할 일이 생긴다.

기린(麒麟)

목이 길고 그 움직임이 남성의 성기와 비슷하기에 남성기를 상징하는 경우가 많다.
그리고 기린은 재주와 지혜가 뛰어난 사람, 부귀한 사람, 일, 재물, 명예, 작품 등을 상징하는 경우도 있다.

1) 기린이 새싹을 먹으면
   사업, 취직에 좋은 소식이 있게 된다.
2) 기린의 목을 잘라 죽이면
   기쁜 소식이 전해지고, 어렵던 일이 성사된다.
3) 기린이 도망치는 꿈은
   사업체나 재물, 작품이 소멸된다.

기쁨

상대방을 기쁘게 하는 것은 결국 자신이 그 사람에게 품고 있는 질투심이나 시기심을 감추려는 반대적인 표현이다.

1. 길몽
1) 어떤 경우라도 자신이 기쁘게 되는 꿈은
   평상시 자신에게 즐거운 일이 생기게 된다.

2) 상대방이 자신을 반기는 꿈은
   교제나 미팅에서 기쁜 일을 체험한다.
3) 상대방과 활짝 웃으면
   상대방과 의사 소통이 잘되며 자신의 이야기를 잘 들어준다.

2. 흉몽

1) 상대방의 언행으로 불쾌해지면
   현실에서 좋아하지 않는 사람을 만나 불만이 생긴다.
2) 상대방을 위로하면
   남에게 지배를 당하거나 근심 걱정이 생긴다.
3) 정체 불명의 웃음 소리를 들으면
   여러 사람에게 비웃음을 당할 일이 생긴다.
4) 서로 마주보고 울면
   사소한 일로 시비를 벌여 서로 다투게 되는 일이 생긴다.

기차(汽車)

기차는 일반적으로 여자의 자궁을 상징한다. 그래서 기차에 동물이 타고 있으면 임신하고 있음을 의미하고 열차가 멈추지 못했다든가 역을 그냥 지나치고 말았다든가 하는 꿈은 멘스가 없어졌다는 것을 의미한다.

1. 길몽

1) 기적 소리가 요란한 꿈은
   단체, 조직 또는 사업에서 개가를 올린다.
2) 기차의 불빛이 자신을 비추면
   어떤 단체에서 자기 일을 빛내 주거나 기용할 일이 생긴다.
3) 철길을 여러개 지나거나 기차 밑을 지나면

어려운 난관을 지혜롭게 잘 극복해 나간다.
4) 헤드라이트가 환히 비치는 차를 타고 터널 속을 지나는 꿈은
   관운이나 사업운, 학문의 길이 열린다.
5) 기차가 달리는 꿈은
   사업체, 행정 업무 등이 잘 이루어진다.
6) 기차로 여행을 하는 꿈은
   직장 또는 단체 생활이 잘 운영된다.
7) 기차가 산이나 허공을 레일 없이 달리는 꿈은
   자기나 단체, 조직이 자유로이 운용되고 세상에 높이 과시된다는 징조이다.
8) 기차에 치여 죽는 꿈은
   정치적인 일, 작품 등이 어느 기관이나 언론, 출판 기관에 의해 성취된다.

2. 흉몽

1) 기차를 놓쳐 타지 못하는 꿈은
   현상 모집, 응모, 취직, 입학 등이 좌절된다.
2) 여행 도중 하차를 하게 되면
   하고 있는 일이나 사업, 직장 생활 또는 학업을 중도에 중단하게 된다.
3) 대합실에서 기차를 기다리면
   계획한 일들이 상당한 기간 동안 보류되거나 기다리게 된다.
4) 기차가 폭파되거나 전복되면
   어떤 기관의 기능이 마비되거나 사업 갱신이 있게 된다.
5) 나무가 듬성듬성 있는 사이로 검은 기차가 멈추어 있거나 달리는 꿈은
   방비가 소홀한 틈을 타 범죄 집단이 침범할 징조이다.

3. 기타

1) 꿈속에서 철로는

　　정치 노선, 사업 노선, 사업 기반이나 일의 과정과 난관, 기성 관념 등을 상징한다.

2) 차 안을 들여다보고 타지 않으면

　　청탁한 기관, 청혼자 등에 대해서 내부 사정만 알아보고 인연을 맺지 않는다.

길 [道]

　　길은 성장, 성숙, 발달 과정을 의미한다. 흙탕길에 자동차가 빠져 있는 꿈은 성교의 공상이라 한다. 전진하는 길이 좁기도 하고 어둡기도 하며 울퉁불퉁하면 현실에 제약이 많은 욕망을 꿈속에서 충족하려고 하는 것을 의미한다.

1. 길몽

1) 길을 포장하고 있는 것을 보는 꿈은

　　사업 기반을 닦거나 일에 착수하게 된다.

2) 집 마당에서부터 큰 도로가 나 있으면

　　여러 방면으로 모든 일이 순리대로 풀린다.

3) 길이 환히 트이면

　　운세가 대길하거나 사업 전망이 밝음을 상징한다.

4) 이정표 앞에 서는 꿈은

　　조력자, 지도자, 안내자를 만나게 된다.

5) 길을 가다가 차에 치여 죽는 사람을 보면

　　경영하는 사업이 어떤 기관, 회사, 권력자 등의 도움을 받아 성사된다.

6) 탄탄대로를 걷는 꿈은

사업과 자신의 일이 잘 추진되고 운세가 트인다.
7) 일반인이 가마를 타고 길을 가는 꿈은
   벼슬을 하거나 직장에서 승진을 하게 된다.
8) 앞 사람을 따라 길을 가면
   상대방이 자기 의사를 잘 따라주고 동업자, 동지 등이 자신의 일을 잘 도와준다.

2. 흉몽

1) 거리에서 물건을 줍는 꿈은
   일을 하는 도중에 방해물이 생겨 여러 번 고비를 겪게 된다.
2) 길이 질어 자주 빠지면
   병에 걸리거나 생활고에 시달리게 된다.
3) 암흑 속에서 길을 찾아 헤매면
   하고 있는 모든 일들이 암담해지고 미개척 분야에 종사하게 된다.
4) 가던 길을 도중에서 멈추게 되면
   자기가 소원한 일이나 계획한 것을 중도에 포기하게 된다.
5) 눈앞의 길이 움직이듯 구불거리거나 나부끼는 꿈은
   자기의 정당성을 남 앞에서 주장하지만 뜻대로 이루어지지 않는다.
6) 남의 자전거 앞에 타고 길을 가면
   강요에 못이겨 사업을 추진하게 된다.
7) 좁고 험한 길을 걸으면
   사업이 잘 풀리지 않고 한동안 운세가 침체된다.
8) 아이나 짐을 지고 길을 가면
   사업이나 자신이 하는 일에 고통이 따르게 된다.
9) 길을 찾아 공중으로 날아오르는 꿈은
   불안, 걱정, 근심할 일이 생긴다.

10) 큰 길에서 작은 길로 접어들면
    사업, 정치 및 기타의 운세가 사양길로 접어든 것을 의미한다.

3. 기타

1) 호수를 중심으로 길이 여러 갈래로 뻗은 꿈은
   많은 지식을 갖고 있는 사람과 서로 이야기를 주고 받는다.
2) 어스름한 밤에 길을 걷게 되면
   생소한 일을 접하거나 처음 만나는 사람과 대화를 나누게 된다.
3) 산모퉁이로 꺾여진 길은
   전환기, 연도의 바뀜 등과 상관한다.

꾸지람

자신의 양심에서 우러나오는 소리에 귀를 기울이는 것이다. 무엇인가 자신이 하고 있는 것에 대해 모친이 꾸중을 하는 것은 그때 하고 있었던 일을 자신이 별로 내키지 않고 있다는 것을 말한다.

1) 남에게 모욕을 당하는 꿈은
   평상시에 재수가 좋은 일이 생긴다.
2) 남을 욕하거나 남에게 꾸중을 들으면
   대길하며 하는 일이 잘 이루어진다.

ㄴ

나무〔木〕

나무의 줄기는 몸체를 뜻하고, 가지는 신체의 일부를 의미한다. 잎이 무성한 나무는 젊음과 건강을 암시하고, 시들은 나무와 꺾여진 나무는 쇠약한 몸과 피로를 상징한다. 그러나 나무가 반드시 몸만을 상징하는 것은 아니다. 나무에 오르거나, 뱀이 나무를 감고 있는 것 등은 나무가 특별한 의미를 지니지 않고 다만 나무에 오른다는 것이 주제가 된다.

1. 길몽

1) 강 한가운데 나무가 우뚝 서 있는 꿈은
   중개자를 통해서 자신의 사업이 이루어진다.
2) 단풍나무를 지붕 위에 옮겨다 심으면
   자신이 소원하는 것이 이루어진다.
3) 정원에 나무를 옮겨다 심으면
   자리를 옮기거나 좋은 사람을 만난다.
4) 나무를 베고 숲을 개간한 꿈은
   묵은 것을 버리고 새로운 것을 개척한다.
5) 무덤 위에 나무가 서 있는 꿈은
   어느 기관의 협조를 얻어 업적을 남기거나 신분이 고귀해지는 일과 상관한다.
6) 방바닥에 뿌리를 둔 거목이 천정을 뚫고 밖으로 뻗는 꿈은
   큰 기업이나 작품 또는 일에서 소망을 이루어 사회적으로 널리 알려지는 것과 상관한다.
7) 죽은 나무가 소생하는 꿈은

부진하던 사업이 다시 번창하며 생명, 사업, 부귀, 영화 등이 활기를 되찾는다.
8) 큰 나무 밑에 서거나 앉는 꿈은
   큰 기관이나 회사 또는 협조자의 도움으로 신분이 고귀해진다.
9) 소나무에 오르는 꿈은
   취직, 입학 등이 이루어지고 소송 중인 사람은 승소한다.
10) 나뭇가지에 매달려 강을 건너는 꿈은
    어느 기관에 의해서 출세하거나 난관을 극복할 수 있다.
11) 나무를 베어 마차나 트럭으로 운반하는 꿈은
    인재나 재물 등을 얻는다.
12) 묘목을 심고 그 묘목이 부쩍 자라는 꿈은
    사업을 시작하게 되며, 조속한 시일 내에 사업 성과를 얻게 된다.
13) 백양목이 빽빽한 곳을 지나는 꿈은
    사업이 융성하고 국방 태세가 완벽함을 의미한다.
14) 큰 고목 위를 평지처럼 걷거나 뛰는 꿈은
    일이 순조롭게 이루어지고, 여러 산하 기관에서 자기 능력을 마음껏 발휘할 수 있게 된다.

2. 흉몽

1) 나뭇가지가 부러지는 꿈은
   일신이 상하거나 의지하는 사람이 요절한다.
2) 매달린 나뭇가지나 딛고 있던 나뭇가지 부러지는 꿈은
   수하자 또는 사업 기반 등을 잃거나 부모가 돌아가시거나 의지하는 기관에서 떨어져 나간다.
3) 나무가 부분적으로 죽어 있는 꿈은
   사업이 부진하거나 질병 또는 세력의 일부를 상실한다.
4) 큰 나무가 뿌리째 쓰러져 있는 꿈은

큰 인재가 정가에서 은퇴하는 것을 보게 되거나 사업체가 운영 난에 빠진다.
5) 쓰러지는 나무를 부축하는 꿈은
   기울어지는 운세를 힘을 다해 보호할 일이 생긴다.
6) 우물에 뽕나무가 나 있는 꿈은
   모든 일이 제대로 진행되지 않으며, 건강이 나빠진다.
7) 뜰 앞에 서 있는 나무가 앙상하면
   집안에 좋지 못한 일이 발생한다는 징후이다.
8) 자신이 대나무 숲을 조심스레 걷는 꿈은
   자신에게 좋지 못한 소문이 퍼진다는 것을 의미한다.

3. 기타
1) 높은 나무에 앉아 있는 새를 보는 꿈은
   미혼자는 혼담이 오간다.
2) 나무에 사람이 올라가 있는 것을 보면
   어떤 기관에서 사업, 작품 등에 관해서 상의할 일이 있음을 통보해 온다.
3) 여성이 버들가지를 꺾어 든 꿈은
   떠돌아 다니는 사람을 만나게 된다.
4) 소나무 가지에 무궁화 꽃이 피어 있으면
   남녀의 애정 문제를 묘사한 것이다.
5) 나무뿌리나 풀뿌리를 잡고 위를 오르는 꿈은
   협조자를 물색하여 의지하게 된다.

나체(裸體)

나체가 되는 것은 의지, 신분, 협조자, 위험, 공포, 노출, 폭로, 유혹, 과시 등의 일과 관련된다.

1. 길몽

1) 옷을 말쑥하게 차려 입고 있는 꿈은
   하는 일 모두가 순조로워서 거리낄 것이 없다.
2) 옷을 벗은 채로 꼿꼿이 서서 대소변을 보면서도 조금도 부끄럽지 않은 꿈은
   자기만이 간직하고 있던 좋지 않은 비밀을 누구에게 털어놓고 후련한 마음을 갖게 된다.
3) 나체인 자기 모습에 매혹되는 꿈은
   신분이 돋보이게 되거나 배우자, 형제 등에 의해서 귀하게 대접받는다.

2. 흉몽

1) 나체를 부끄럽게 생각하는 꿈은
   자신의 신상 문제나 비밀이 탄로가 나지 않기를 바라거나 창피 당할 일과 관련한다.
2) 나체를 가릴 수 없어 당황한 꿈은
   자기 신분이나 사업의 성패에 관하여 협조자나 동조자, 대책 등이 없어 고심하게 된다.
3) 상반신을 벗고 일을 하면
   무슨 일을 하든 윗사람으로부터 협조를 받지 못한다.
4) 하반신을 벗고 일을 하면
   무슨 일을 하든 아랫사람에게 협조를 받지 못한다.
5) 거울을 앞에 놓고 옷을 모두 벗는 꿈은
   몹시 반가운 사람을 만나 그 사람으로부터 신세 한탄을 듣는다.
6) 옷의 일부를 벗거나 헤쳐 몸의 일부를 드러내는 꿈은

의지할 곳의 일부가 결여되거나 신분의 보장이 결여된다.
7) 속옷만 입고 일을 하는 꿈은
고독하게 되거나 신분 보장이 결여된다.
8) 나체 쇼를 구경하는 꿈은
남이 싸우는 일을 직접 보거나 지상을 통해서 보게 되며, 작품 선정의 일과도 관계가 있다.

3. 기타
1) 성교시의 나체는
상대방에게 아무것도 감추거나 비밀로 하지 않고 공개적으로 일을 추진한다.
2) 화가 앞에서 알몸인 채로 모델이 되면
철학에 관계된 사람에게 자신의 운세를 상담할 일이 생긴다.
3) 목욕을 하는 꿈은
수영을 하거나 실제로 몸을 씻는 일이 생긴다.

낙하(落下)

떨어지는 꿈은 불안감이나 무력감으로부터 벗어나고자 하는 소망의 표현이다. 어떤 중요한 것을 잃어버리지나 않을까 하는 불안이라든지 제아무리 정성을 쏟고 노력해 보아도 아무런 보상을 받을 수 없다는 무력감 같은 것이 꿈을 통해서 나타나는 것이다. 그리고 사랑하는 사람과 헤어지고 싶지 않다거나 명성이나 재산을 잃고 싶지 않다는 바램, 아무리 열심히 작품을 써도 고작해야 원고료도 못 받는 동인지 정도에나 기재될 뿐 아무도 알아주지 않는 것에 대한 실망감 등의 표현이다.

1. 길몽

1) 높은 허공에서 떨어져 머리가 깨어져 죽는 꿈은
   어렵기만 하던 사업이 풀리기 시작하고 좋은 아이디어가 가미된 새로운 사업 계획을 세우게 된다.
2) 고의로 아래로 뛰어내리며 통쾌한 체험을 하는 것은
   소원 충족을 가져올 일과 상부에서 하부로 시달하는 일이 성취 된다.
3) 고층 건물에서 뛰어내려 구조되는 꿈은
   실직 상태에서 복직되거나 여러 사람의 추대를 받게 된다.

2. 흉몽
1) 높은 곳에서 떨어지는 꿈은
   힘겹게 쌓았던 명예가 일시에 떨어지거나 신상에 커다란 변화가 온다.
2) 높은 곳에서 떨어져 부상을 당하면
   자신에게 막강한 타격을 줄 실수를 저지르게 되고 그로 인해 큰 손해를 입게 된다.
3) 계단을 올라가다 넘어져서 데굴데굴 구르면
   여러 사람과 경쟁하는 모든 일에서 뒤떨어지게 되고 하는 사업도 진전이 없다.
4) 높은 곳에서 떨어지다가 도중에서 깨어난 꿈은
   사랑하던 사람과 헤어지게 되거나 희망이 사라지고 질병 등 육체적인 시달림을 받게 된다.

낚시〔釣〕

낚시질에 따라 다니는 낚시대나 고기는 남성을 상징하고 강이나 연못은 여성을 상징한다. 이러한 낚시질은 성행위에 대한 원망을 상징하고 있다. 흥미있는 만큼 잘 낚여지는 꿈은 왕

성한 성적 욕망과 그 충족을 바라는 기분을 뜻한다.

1. 길몽
1) 낚시질을 해서 싱싱한 물고기를 낚는 꿈은
   계획하고 있는 일이 성사된다.
2) 낚시질을 해서 물고기를 잡으면
   지혜나 계교로 돈을 벌거나 사람 또는 일을 얻게 된다.
3) 낚시도구를 얻으면
   돈을 버는 수단이나 사람을 구하는 방법이 생긴다.
4) 낚시줄이 길게 늘어져 있으면
   계획한 일을 착수하면 결과가 빠른 시일에 나타난다.

냄비

냄비나 솥은 여성의 성기를 상징한다. 냄비를 불에 걸고 부글부글 끓이는 것은 성적인 흥분 상태를 표현하는 것이다. 냄비를 불에 걸자마자 불이 꺼져 버렸다 하는 꿈은 성적인 몽상을 하고 있는데 좀처럼 높은 흥분 상태에 도달할 수 없는 것을 뜻한다.

1. 길몽
1) 솥이나 냄비를 얻는 꿈은
   재물을 얻을 징조이다.
2) 냄비나 솥에 끓이는 물건이 넘치면
   큰 재물을 얻을 징조이다.
3) 솥 밑에 불을 때는 꿈은
   명성이 높아지고 지위가 오른다.

2. 흉몽
1) 구리쇠로 만든 냄비를 보는 꿈은
   구설수가 있다.
2) 냄비가 깨지는 꿈은
   집안에 가족이 다치거나 죽는 일이 생긴다.
3) 절구 안에 밥을 지으면
   처첩이 죽는 일이 생긴다.

냄새

냄새나 연기를 맡는 것은 자신에 대한 소문이 퍼지는 것을 두려워하는 것을 의미한다. 음식에서 악취가 나기도 하고 상자나 자루에 넣어 둔 과일이나 물건이 썩기도 하는 것은 자신이 타인에게 알려서는 안 되는 것을 감추려고 하는 것의 상징이다.

1. 길몽
1) 시체 썩는 냄새를 맡는 꿈은
   어떤 일이 성사되어 재물을 얻게 된다.
2) 송장 썩은 물이 냇물처럼 흐르는 꿈은
   막대한 돈을 벌거나 작품으로 사상적 감화를 받는다.

넓적다리

넓적다리는 풍만한 허벅지가 합쳐진 모양에 의해서 여성의 성기를 상징한다. 화살이 넓적다리를 꿰뚫는 꿈은 성교의 간접적인 표현이다.

1. 길몽
1) 허벅지에 총탄을 맞는 처녀의 꿈은
   혼담이 이루어질 징조이다.
2) 학생이 허벅지에 총알을 맞으면
   입학 시험 등 각종 시험에 합격하게 된다.
3) 유부녀가 허벅지에 총알을 맞으면
   임신을 하게 된다.

2. 흉몽
1) 허벅지에 총탄이 박히는 꿈은
   상대방 세력의 침투로 굴복하거나 경쟁자에게 져서 승복하고 그의 뜻에 따르게 된다.

넥타이

넥타이는 남성의 성기를 상징한다. 보통 남성이 착용하는 것으로 되어 있고 몸의 중앙에 매달려 있다는 것으로 남성의 성기로 상징된다.

1) 목 윗부분을 장식하는 꿈은
   사업이 번창하고 하는 일이 잘 이루어진다.
2) 애인이 목에 넥타이를 매주는 꿈은
   상대방 남성이 자기의 뜻을 잘 받아주도록 노력할 일이 있게 된다.

노래〔歌〕

1. 길몽

1) 상쾌한 기분으로 산 위에서 노래를 하는 꿈은
자기를 남에게 과시하거나 권세와 명예를 얻을 징조이다.
2) 노랫소리가 계속해서 들리면
어떤 소문이나 작품이 계속해서 널리 알려진다.

2. 흉몽

1) 상대방이 춤추며 노래하는 꿈은
상대방이 자기에게 공박하고 시비할 일이 생기게 된다.
2) 타인의 노래를 듣는 꿈은
백주에 놀아나거나 슬픈 일에 동정할 일이 생긴다.
3) 낮은 언덕 밑에서 노래를 하는 꿈은
부모상을 입어 곡할 일이 생기게 된다.
4) 노래를 부르다 가사를 잊어서 중도에 중단하는 꿈은
청원이나 선전 등이 방해를 받아 이루어지지 않는다.
5) 남이 노래하는 데 북치고 장단을 맞추는 꿈은
남의 선동에 놀아나거나 대변자 역할을 하게 된다.
6) 소리가 가냘프고 크지 못한 노래를 들으면
남과 사소한 일로 말다툼을 하거나 어떤 소문을 듣는다.

농가(農家)

농가는 남성을 상징하거나 남성적 능력을 상징하는 것이다. 농가는 농사를 짓는 사람들이 거처하고 곡물을 생산하는 능력을 지닌 곳이기 때문이다. 크고 호화로운 농가는 자신의 남성적 능력을 과시하는 은유적인 표현이다.

1. 길몽

1) 벼나 보리가 풍년이 들면
 몸이 평안하고 재물이 들어오게 된다.
2) 모를 심는 것은
 자신이 하고 있는 일을 다른 사람에게 알리고 싶어한다.
3) 논 가운데 풀이 무성해 보이는 꿈은
 대길하며 재물과 자신이 하는 일에 좋은 일이 생긴다.
4) 쌀과 보리를 넓은 지역에 뿌리는 꿈은
 애쓴 보람이 있어 많은 소득과 이윤이 발생할 것이다.
5) 모내기하는 것을 구경하는 꿈은
 관리자는 지위가 향상되고 상인은 큰 이득을 보게 된다.
6) 지붕 위에 벼포기가 나 있는 꿈은
 관직에 오르고 음식을 대접받는다.
7) 들판에 메밀꽃이 활짝 핀 것을 보면
 하고 있는 일이 순리대로 이루어지고 재물이 들어온다.
8) 목화꽃이 탐스럽게 핀 밭둑을 걸으면
 사업이 번창하고 미혼자는 혼담이 오간다.
9) 잡곡을 밭에서 수확하는 꿈은
 물질적, 정신적인 자원을 확보하게 된다.

10) 배추, 무우 등 채소를 좋은 것만 뽑는 꿈은
    좋은 성적을 올리거나 학설 또는 재물을 얻는다.
11) 논에 물이 많이 고여 있는 꿈은
    사상, 여건, 환경에 모두 만족함을 느끼게 된다.
12) 논밭에서 많은 사람이 일하는 것을 보게 되는 꿈은
    많은 사람을 거느리고 사업을 하거나 어떤 기관의 도움으로 일을 성취하게 된다.

2. 흉몽

1) 전답을 팔면
   남에게 사업 자금을 대주는 일이 생긴다.
2) 물이 마른 논을 보면
   재정의 결핍, 세력권의 분할 등이 생긴다.
3) 상대방의 화학 비료를 몰래 거두어 담는 꿈은
   남의 학설을 표절하는 행위와 관계 있다.
4) 논의 물이 터져 남의 논으로 물이 넘치면
   재물의 손실이 있거나 사상적 침해를 받을 일과 상관하게 된다.

3. 기타

1) 알곡과 쭉정이를 고르는 꿈은
   진실된 사람과 거짓된 사람을 선별하는 작업을 하게 된다.
2) 마당에 나락을 펴서 말리는 꿈은
   자본을 공개하거나 작품을 발표하게 된다.
3) 오이나 호박 밭에 인분이나 퇴비를 넣는 꿈은
   사업 자금 투자나 학문 연구를 위한 정신적 투자를 의미한다.
4) 정미소는
   기업체, 관공서, 출판사, 병영 등의 기관을 상징한다.

5) 벼를 찧는 꿈은
    교양, 교육, 사업 등을 상징한다.

눈〔目〕

눈은 수동적인 움직임을 하여 여성을 상징하는 경우가 많다. 예를 들어 충혈된 눈은 사랑하는 사람을 잃을까 염려하는 것에 대한 불안이며 그러지 않기를 바라는 기대이기도 하다. 눈을 찔리는 꿈은 성적 교섭의 몽상을 표현하고 있는 것이다. 눈을 응시하거나 바라보는 것은 사회적인 도덕이나 양심의 표현이다.

1. 길몽

1) 눈에 들어간 티를 뽑아내면
    누구에게 부탁한 일이 좋게 해결되며 하는 일이 번창하게 된다.
2) 자기가 봉사였는데 눈을 뜨게 되면
    막혔던 운세가 한꺼번에 트이고 모든 일이 순탄하게 된다.
3) 상대방의 눈길이 온화한 것을 보게 되면
    은혜로운 사람을 만나거나 마음에 평온을 가져다 주는 서책을 접하게 된다.
4) 눈에서 광채가 나고 천리를 보게 되면
    장사에 이득이 많이 생긴다.
5) 흰눈썹이 나면
    단체나 직장, 일 등에서 우두머리가 된다.
6) 눈썹이 보통 때보다 길어지면
    연애에 성공하고 부귀를 얻는다.
7) 사람의 눈빛이 빛나는 것을 보면
    기상과 통찰력이 뛰어난 사람을 만나거나 어떤 작품의 이미지가 뚜렷하여 감화 받을 내용을 대하게 된다.

2. 흉몽

1) 상대의 감겼던 눈이 떠지는 꿈은
   무슨 일을 하든지 심한 반대에 부딪혀 어려움을 겪는다.
2) 갑자기 자신이 장님이 되면
   하는 일이 꼬이고 그로 인하여 절망을 하게 된다.
3) 애꾸눈을 보면
   의견이 편협된 사람, 균형을 잃은 일거리, 편견에 치우친 논문 등을 대하게 된다.
4) 눈언저리에 털이 많이 난 사람을 보면
   자기 업적을 과장하는 사람을 만나게 된다.
5) 상대방의 눈이 차갑고 냉정해 보이면
   상대방에게 냉대를 받거나 냉혹한 일을 당하게 된다.
6) 상대방의 윙크에 마음이 설레면
   상대방의 모략이나 계략에 빠지게 된다.
7) 눈병을 앓게 되는 꿈은
   사업상 고통을 받거나 우환이 생기게 된다.
8) 상대방이 눈짓으로 자신에게 말을 하는 꿈은
   상대방과 암거래를 할 일이 생기게 된다.
9) 시력이 부족하여 멀리 못 보면
   실망이 클 징조이다.

3. 기타

1) 이마에 큰 눈을 가진 거인은
   자동차나 어떤 작품 등을 상징한다.

눈〔雪〕

눈은 흰색으로 인해 순결하고 청순한 이미지를 가지고 있다. 그것은 순결한 처녀성 따위를 상징하는 것이다. 또는 그것들에 대한 동경이나 원망을 의미하기도 한다. 그리고 차가운 것 때문에 냉혹, 고갈된 감정 등을 나타내기도 한다. 눈은 마음의 순결, 결백, 억제하고 감화시키는 위대한 힘, 정신력, 재력, 법규, 사상, 소송 관계의 일 등을 상징한다.

1. 길몽

1) 눈 위에서 썰매를 타는 꿈은
   사업가는 사업이 급속도로 성장하게 되고 취직, 시험 등에서 좋은 소식을 듣게 된다.
2) 폭설이 내려 수많은 건물이 내려앉으면
   자기가 하고 있는 개인적인 일에 국가가 협조해서 크게 번창하게 된다.
3) 얼음을 깨고 그 물 속에서 목욕을 하는데 물이 따뜻하게 느껴지면
   헤어나기 어려웠던 일이 술술 풀리며 고민이 사라지게 된다.
4) 높은 산의 정상 또는 산등성이 부분만 눈이 덮인 것을 보면
   고상하고 위대하며 명예롭고 관록있는 상대방의 인격이나 업적, 목적 대상 등을 상징한다.
5) 눈을 쓰는 꿈은
   자기 세력권을 확장하고 사업 기반을 닦거나 가정, 직장 등에서 유보되었던 일이 해결된다.
6) 주먹만한 눈송이가 방안에 쌓이는 꿈은
   재물, 청탁, 축하금 등이 쇄도한다.

7) 눈을 뭉쳐 큰 덩어리를 만드는 꿈은
　　일의 축적, 사업 자금의 조달 등의 일과 관계가 있다.

2. 흉몽
1) 눈사태로 건물 일부가 무너진 꿈은
　　시험에 떨어지거나, 하던 사업에 실패하여 의욕을 상실하고 좌절하게 된다.
2) 눈을 맞으며 걷는 사람을 보면
　　집안 사람 중에서 누군가가 죽게 되거나 고소당할 일이 생기게 된다.
3) 싸라기눈이 내리면
　　일 같지도 않은 일들이 얽히고 설켜서 복잡한 마음이 사라지지 않는다.
4) 잔설로 길이 질퍽하거나 풍경이 아름답지 못한 꿈은
　　잔무 처리, 남과의 시비, 소원하는 일이 지지부진하게 된다.
5) 눈을 뭉쳐 남을 때리면
　　정신적, 물질적인 자본을 들여 경쟁자와 투쟁할 일이 생긴다.

3. 기타
1) 눈덮인 산을 오르면
　　신앙, 수도, 학문 연구, 일의 난관을 극복할 일과 관계가 있게 된다.
2) 산과 들이 눈으로 뒤덮인 꿈은
　　사업, 정치, 법령, 학설 등으로 세상을 지휘, 감독할 일과 관계하게 된다.
3) 눈 위의 발자국을 따라간 꿈은
　　사회적으로 명성이 있는 사람의 업적을 기리거나 문화 사업에 종사하게 된다.

ㄷ

다리〔足〕

다리는 남성의 적극성, 행동력 등을 상징한다. 다리에 양말을 신기도 하고 각반을 감기도 하는데 이는 행동력을 보강하고 싶다는 욕망의 상징이다. 반대로 인형처럼 다리가 빠지거나 다리가 진창에 빠져서 뺄 수 없는 꿈은 행동력의 감퇴, 권태 등을 의미한다.

1. 길몽
1) 다리가 상하거나 피가 나는 꿈은
   사업이 번창하고 부귀해진다.
2) 걸음을 빨리 걷는 꿈은
   운수가 열리고 하는 일마다 잘될 징조이다.

2. 흉몽
1) 한쪽 다리가 상해 통증을 느끼는 꿈은
   의지하는 사람, 자손 등에 해가 미치거나 자기 이력이나 업적 등에 어떤 평가를 받을 일이 있다.
2) 다리가 무거워 잘 걷지 못하면
   자신 또는 자녀간에 생활난, 사업난, 지휘력의 쇠퇴 등의 일이 생긴다.
3) 발바닥에 피가 흐르면
   어떤 누군가에 의해 재물의 손실을 입는다.
4) 무릎을 부상당해 걸음을 걷지 못하면
   직업을 잃고 의지할 곳을 잃는다.

다리〔橋〕

경계의 상징이다. 자신의 성적 욕망과 도덕적 양심을 가로막고 있는 경계로 상징되는 경우가 많다. 다리를 건너가는 꿈은 자신이 강한 성적 호기심이나 성적 모험심을 가지고 있는 것을 뜻한다.

1. 길몽

1) 교량이 폭탄이나 기타의 힘으로 절단되는 꿈은
   장해물이 없어지고 자기 소원을 성취하게 된다.
2) 교량 위를 우마차가 지나가면
   여러 협조 기관을 통해서 일을 추진시킨다.
3) 다리를 보수하는 꿈은
   사업 정비나 청탁한 일의 성사 등이 있게 되고 작품의 수정도 이루어진다.
4) 누가 다리 위에서 손을 잡아 올려주는 꿈은
   취직은 협조자에 의해 무난히 이루어진다.
5) 돌다리를 건너는 꿈은
   영위하는 일의 기반이 튼튼함을 뜻한다.
6) 다리 위에서 아래를 내려다보는 꿈은
   신분이 높아지거나 상부 기관에서 하부층을 내려다보는 일과 관계한다.
7) 다리 위에서 누가 오라고 부르는 꿈은
   고위층 사람에게 청탁한 일이 이루어진다.

2. 흉몽

1) 다리가 끊어지거나 누군가의 방해로 건너지 못하는 꿈은

소원이나 직책에 무리가 따른다.
2) 길을 걷거나 다리를 지나는데 비바람이 세서 건너지 못하면
    어떤 방해적 요소로 인하여 직무 수행을 할 수 없게 된다.
3) 다리 위에서 누구를 기다리는 꿈은
    어떤 기관에 청탁한 일이 잘 추진되지 않아 기다리게 된다.
4) 교각이 부러지면
    부하, 수하자, 협조자 등을 잃게 된다.
5) 다리 위를 많은 사람이 지나가는 것을 보면
    어떤 기관을 통해서 부탁한 일이 이루어지지 않는다.
6) 외나무 다리를 건너는 꿈은
    일, 사업, 직무 등을 수행시키는 데 기반이 튼튼하지 못함을 뜻한다.

3. 기타

1) 징검다리를 건너는 꿈은
    여러 경로를 전전하거나 여러 사건을 체험하게 된다.
2) 다리는
    기관, 회사, 연락처, 중개 기관, 한계점, 전환점, 연결점 등을 상징한다.
3) 다리 위로 물건을 올려 놓으면
    어느 기관에 자기 일을 부탁할 일이 있게 된다.

다방(茶房)

다방이나 음식점에 들어가는 것은 의도적으로 자신을 남에게 보이고 싶다는 표현이다. 음식물을 주문해서 가져오게 하는 것은 사실은 자기 자신이 주문되어지기를 바라고, 손님에게 내밀어지고 싶다는 표현이다.

1. 길몽

1) 귀한 분과 음식을 같이 먹는 꿈은
   모든 일이 순조롭게 이루어진다.
2) 음식을 남에게 대접하는 꿈은
   상대를 설득하여 자기 일을 맡아 해주도록 한다.
3) 애인과 빙과류를 사 먹으면
   미진하던 혼담이 급작스럽게 성사되고 상대방에 대해 가지고 있던 나쁜 감정이 해소된다.

2. 흉몽

1) 엽차 등의 차 종류를 마시는 꿈은
   누구에게 부탁을 받거나 반대로 부탁할 일이 생기게 된다.
2) 애인과 중국집에서 음식을 먹으면
   혼담에 좋지 않은 문제가 생기거나 사업상의 일에도 의견이 서로 엇갈려 불이익을 당하게 된다.

달걀〔鷄卵〕

달걀이나 탁구공 같이 하얗고 둥근 것이 많이 있다거나 상자나 방구석에 모여 있을 때는 고환을 상징한다.

1) 달걀을 산속에서 얻는 꿈은
   개발한 아이디어가 채택되어 빛을 본다.
2) 꿩 알을 발견하거나 얻으면
   기발한 아이디어가 떠올라 일을 성사시킨다.
3) 꿩이나 닭이 알을 품고 있으면
   좋은 아이디어, 창작물 등이 오랜 시일이 지난 후에 빛을 보게 된다.
4) 헤아릴 수 없이 많은 달걀을 얻는 꿈은
    재물이 생기게 되고, 사업에 큰 영향을 주는 사람을 얻게 된다.

달[月]

달은 계몽적인 사업체, 기관, 권리, 일, 작품, 명예, 권력자, 유명인, 지도자, 안내자, 왕비, 어머니, 애인, 친구, 여성 등을 상징한다.

1. 길몽

1) 방으로 달빛이 들어와 대낮처럼 밝은 꿈은
    집에 경사가 생기고 기쁜 소식이 오며 걱정하고 있었던 일이 말끔히 해결된다.
2) 물 속에 비친 달을 보면
    사회적으로 유명한 사람과 접촉을 가지게 된다.
3) 달을 바라보며 술을 한 잔 마시면
    막중한 책임이 주어지거나 어떤 일을 했을 때 큰 성과를 거두게 된다.
4) 달무리가 무지개처럼 보이면
    부부 사이가 매우 호전되어 행복해지며 남에게 자랑할 만한 일이 생기게 된다.
5) 경건한 마음으로 달을 향해 절을 하면
    상급 기관이나 상사에게 부탁할 일이 생기며 그 일이 해결된다.
6) 달을 품에 안으면
    미혼자는 결혼하게 된다.
7) 해나 달이 몸을 비추면
    관직을 얻게 되어 자신의 이름을 떨치게 된다.

2. 흉몽
1) 달이 떨어지거나 사라지는 꿈은
   지도자나 유명인 등이 죽거나 사라진다.
2) 달의 그림자가 몸에 드리우면
   만사가 마음대로 되지 않고, 혼담이 있으면 깨진다.
3) 달이 일그러지면
   반드시 투쟁하는 일이 생기게 된다.

달리기

일반적으로 성적인 흥분이라든가 체력의 충실, 의욕의 고조를 표현한다. 생각처럼 달릴 수 없어서 안달하는 꿈은 의욕이라든가 정욕은 있는데 실질적으로 잘되지 않는 것을 나타낸다.

1) 꼴찌로 달리는 꿈은
   사업상 안전하고 승리 또는 성공을 거둔다.
2) 마라톤에서 일등을 하는 꿈은
   사업이나 진급에 행운이 따른다.

담[壁]

담은 완고하고 깨지지 않는 사고를 뜻한다. 담벽을 부숴 버리려고 하지만 튼튼해서 깨지지 않는 꿈은 주위에 대한 완고함 때문에 자유를 잃고 있는 고민을 표현한 것이다. 벽의 색깔을 바꾸어 칠하는 것은 자신의 환경이나 생각을 바꿔 볼 생각이 있을 때 나타난다.

1. 길몽

1) 차로 들이받아 담을 무너뜨리는 꿈은
   능력 있는 사람이 나타나서 자신의 사업 진로를 제공해 준다.
2) 무너진 담 사이로 훤히 밖이 내다보이면
   운세가 트여서 사업 등 모든 일이 활발하게 진행된다.
3) 담을 뚫고 도둑이 들면
   자신의 일을 열심히 도와줄 동업자나 배우자를 만나 함께 일하게 된다.
4) 학생이 담 위에 오르면
   시험에 응시한 경우 합격 통지서를 받게 되고, 일반인에게는 좋은 소식이 온다.

2. 흉몽

1) 고양이가 담 위에서 내려다보는 꿈은
   자기의 일에 간섭할 사람이 나타나거나 누군가에 의해 감시를 받게 된다.
2) 담벼락을 끼고 순찰을 돌면
   외근 부서로 발령을 받게 되거나 파견 근무를 명령받게 된다.

담배〔煙草〕

담배에 불이 붙지 않으면 그것은 자신이 욕망을 절제하고 있다는 표현이다. 담배는 불이 붙어 있는가 아닌가에 따라 그 의미가 결정된다.

1. 길몽

1) 많은 종류의 담배를 얻는 꿈은

많은 재물을 취득하게 된다.
2) 버린 담배 꽁초에서 불이 나면
   어떤 고심하던 일이 성사되거나 널리 광고된다.
3) 담배를 남에게 건네주는 꿈은
   상대방의 소원을 충족시킬 일이 생기게 된다.
4) 상대방이 주는 담배를 피우지 않고 가지고 있는 꿈은
   계급이나 직책, 일 등이 새롭게 생기게 된다.

2. 흉몽
1) 담배를 피우면
   재물에 손실이 있게 된다.

땀

땀이 무수히 흘러내리는 것은 자신의 욕망, 흥분 상태, 긴장 등을 상징한다. 동시에 그 긴장, 흥분으로 피로하고 있다는 것을 나타낸다. 이 경우 땀을 닦는 것은 자신의 긴장 상태를 감추려는 의도로 볼 수 있다.

1) 온몸에 피고름이 흐르는 꿈은
   하는 일이 잘되고 행운이 따른다.
2) 땀이 흐르면
   남으로 인해 흉한 일이 생길 징조이다.

답안지(答案紙)

답안을 내거나 내지 못함은 자신의 현 상태를 나타낸다. 자신감의 표현으로 생각할 수도 있다. 답안을 내지 못하는 상태라면 지금 자신의 상태가 상당히 불안하고 앞으로의 일에 대해

자신감이 없음을 표현하는 것이다.

1) 답안지를 작성하지 못하는 꿈은
   어떤 해결할 수 없는 문제로 고통을 받는다.
2) 답안지를 쓰려는데 연필이나 볼펜이 없는 꿈은
   시험, 취업, 전직 등에 불합격한다.
3) 답안지를 제출하면
   이직 또는 전근이 이루어진다.

대나무〔竹〕

대나무는 인간 사회의 복잡 다단한 회상을 의미한다. 대나무의 뿌리는 사방 팔방으로 뻗어서 얽혀져 있다. 이는 곧 소문이 널리 퍼져가는 것을 연상케 하는데, 대나무 숲속을 미끄러지지 않도록 조심하는 꿈은 입을 조심해서 무겁게 움직이고 소문이 퍼지지 않도록 조심하는 것을 의미한다.

1. 길몽

1) 대나무를 뜰 안에 심는 꿈은
   큰 인물이 나거나 사업 기반이 생긴다.
2) 대나무에 꽃이 피거나 대나무를 많이 베어오는 꿈은
   부귀 영화를 가져오고, 재물이 생기거나 건설적인 사업을 시작한다.
3) 대나무나 소나무가 울창해 보이면
   만사가 형통할 꿈이다.

2. 흉몽

1) 대나무가 바람에 흔들려 소리가 요란한 꿈은
   주변의 인심이 흉흉하거나 시비거리가 생긴다.

2) 대나무나 소나무가 마르는 꿈은
   매사에 집안이 기우는 흉몽이니 조심해야 한다.
3) 대나무 숲을 헤매는 꿈은
   심리 상태가 불안해지거나 사업의 방향을 잃게 된다.

대변(大便)

대변은 감정의 표현, 관념의 분비, 암거래, 부정물, 재물, 작품 등의 일을 상징한다. 그리고 애정이나 돈이 풍부함을 뜻한다.

1. 길몽

1) 수북이 쌓인 인분을 손으로 주무르는 꿈은
   막대한 재물을 자신이 마음대로 움직인다는 것을 암시한다.
2) 화장실에서 대변을 쳐 가면
   마음의 근심 걱정이 해소되고 때로는 재물에 손실을 가져온다.
3) 자기가 배설한 인분이 수북이 쌓이면
   사업이 여러 방면으로 점차 번창하기 시작한다.
4) 어린아이가 누런 대변을 만지면
   상품에 의한 돈이나 기타의 일로 돈을 얻는다.
5) 대변을 구덩이나 비료통에 넣으면
   그 횟수만큼 자금을 투자하거나 저금한다.
6) 대변을 밭이나 고랑에 뿌리는 꿈은
   자기 주장을 펴거나 사업상 투자할 일이 생긴다.
7) 마당, 변소, 방안 등에 쌓인 인분을 뒤적이는 꿈은
   사업에 필요한 많은 자본을 확보할 수 있다.

2. 흉몽

1) 인분의 냄새를 맡는 꿈은

자기의 일이 성사되거나 남이 하는 행동이 역겹게 느껴진다.
2) 산더미 같은 인분을 그릇에 담거나 항아리에 담으면
   누구에게 창피를 당하여 체면이 크게 손상된다.
3) 신체의 일부분에 자신이 배설한 인분이나 타인의 것이 묻는 꿈은
   부채로 고통을 받거나 남에게 창피를 당한다.
4) 화장실에 갔으나 마땅한 곳이 없어 들어가지 못하는 꿈은
   자기가 소원하고 있던 일이 뜻대로 이루어지지 않는다.
5) 색깔이 탁하고 묽으며 극히 소량의 인분을 만지면
   마음이 불쾌해지고 매사에 불만을 느끼게 된다.
6) 집안에 쌓인 인분을 삽으로 뒤지면
   여러 방면으로 상당한 자본이 필요하게 되고 이를 구하기가 어렵다.
7) 자신이 어떤 상황으로 인해 마음대로 대변을 보지 못하면
   소원이 성취되지 않는다.
8) 똥물이 흐르는 것을 보면
   남에게 사기를 당하거나 재물에 큰 손실이 생긴다.

3. 기타

1) 꿈속에서 변소차는
   세금을 받거나 공금을 거두어 가는 기관 또는 사업체를 상징한다.
2) 대변의 색깔이 검고 푸르거나 여러 가지 잡색이면
   돈이나 재물을 상징하는 것이 아니라 다양성 있는 작품, 선전물을 의미한다.

덧문

덧문은 즐거운 기분이나 감정의 행동 등을 가로막고 있는 것을 의미한다. 꿈속에서 덧문이나 커튼을 열면 거기에는 밝고

즐거운 장면이 전개된다. 밝은 장면은 현실에서 만족할 수 없는 원망을 만족하여 주는 상황을 나타낸다.

1. 길몽
1) 여성이 창문을 열고 내다보는 꿈은
   애인의 사랑을 받을 수 있고, 그 여성이 일의 상징이라면 일에서의 소원이 성취된다.

2. 흉몽

1) 상대방이 아이를 안고 문밖에서 들여다보는 꿈은
   실제 그 사람이 자기 집안 일에 관해서 상담해 오거나 불쾌를 체험한다.
2) 방안에 있는 동물을 보고 문을 닫으면
   태아가 유산되거나 일찍 죽는다.

도둑〔盜〕

도둑은 자신이 품고 있는 두려운 생각, 성적인 망상을 표현한다.

1. 길몽
1) 도둑이 벽을 뚫으면
   집안 일이 널리 소문이 나거나 일이 공개되며 운세가 트인다.
2) 도둑이 집에 들어오면
   모든 불길한 일들이 멀리 사라진다.
3) 도둑에게 물건을 잃어버리면
   뜻밖의 횡재를 하거나 또는 의외의 연인을 얻어 귀여운 자녀를 얻기도 한다.

4) 도둑이 몰래 의복을 가져가면
   병이 낫는 것을 의미한다.
5) 도둑과 함께 행동하면
   재수가 있고 큰 기쁨을 남과 나누어 갖는다.

2. 흉몽
1) 도둑질을 하다 자수를 하면
   대단히 좋지 못한 꿈으로 몸조심을 해야 한다.

도망(逃亡)

무서워서 쫓기거나 도망하는 꿈은 대부분 사람을 보는 꿈이다. 그리고 부모에게 반항하는 감정, 독립하려고 하는 의지, 욕정에 몸을 바치려는 기분의 표현이기도 하다.

1. 길몽
1) 사슴이나 토끼가 도망치면
   자기의 슬기로운 지혜로 재물을 얻고,
   사슴을 잡아 그 뿔을 얻으면
   뜻밖의 횡재를 한다.
2) 죄수가 간밤을 탈출하면
   병이 나으며 기쁜 일이 생긴다.

2. 흉몽
1) 시체 때문에 도망치면
   재물이 생길 기회가 있으나 성사되지 않으며, 무슨 일을 해도 좋은 결과가 나타나지 않는다.
2) 상대방이 무서워서 뒷걸음질 치면

어떤 일을 하든 불안감에 싸이며 결국 그 일로 커다란 패배감을 맛보게 된다.
3) 악한이 무서워 도망치면
계획한 일이나 좋은 기회를 놓치고 좌절감에 빠진다.
4) 말이 도망치는 꿈은
백사(百事)가 모두 흉하게 변할 징조이다.

도박(賭博)

도박은 법률을 위반하는 행위이므로 보통 사람은 하지 못한다. 그래서 자신의 비합법적인 마음의 표현이기도 하다.

1. 길몽
1) 노름판에서 막대한 돈을 따면
노력해서 상당한 일이나 재물을 얻는다.
2) 기계를 조작해서 노름을 하면
어떤 기관을 통해서 노력의 댓가를 얻게 된다.
3) 꿈에 윷놀이를 하면
재물을 얻을 징조이다.

2. 흉몽
1) 상대방과 화투를 친 꿈은
어떤 단체에서 시비가 생겨 옥신각신할 일이 있다.

3. 기타
1) 노름 기구를 사용해서 돈을 따고 잃는 것은
책임 전가 운세의 흥망 성쇠를 가늠하는 일이다.

도보(徒步)

도보는 본인의 몸이나 마음의 흥분 상태를 의미한다. 걷는 속도가 차츰 빨라져서 어느 사이엔가 달리고 있는 꿈은 흥분의 고조를 뜻한다. 다른 사람이 달리고 있는 속에서 자기만이 어슬렁어슬렁 걷는 꿈은 걱정에 몸을 맡기기도 한다는 뜻을 지니는데 이는 불안의 표현이다.

1. 길몽

1) 애인과 낯선 곳에서 데이트를 하면
 오가던 혼담이 성사되거나 큰 이익을 얻을 수 있는 일거리를 맡게 된다.
2) 깨끗하고 넓은 길을 걸으면
 하는 일마다 막힘이 없고 몸도 아주 편안해진다.
3) 자기 옆을 지나가는 사람은
 자신과 잠깐이라도 관계할 사람 또는 일거리를 상징한다.
4) 병든 사람이 잘 걷거나 평상시 같이 행동한 꿈은
 자기 사업이나 일거리가 잘 진행된다.
5) 산이나 언덕길을 올라가는 꿈은
 병이 쉬 쾌차하고 재앙이 없어진다.
6) 잘 포장된 도로를 평안한 마음으로 걸으면
 사업이 잘 진행되고 운세가 대길하다.
7) 앞사람을 잘 따라가는 꿈은
 상대방이 자기 의사에 잘 따라주고, 나란히 걸으면 협조자와 더불어 일을 진행시킨다.

2. 흉몽

1) 좁고 험한 길을 걸으면
   그 걸어간 만큼 한동안 사업 또는 운세가 여의치 않게 된다.
2) 출발점으로 되돌아오는 꿈은
   그 걸어간 만큼 한동안 사업 또는 운세가 여의치 않게 된다.
3) 도무지 걸음이 떨어지지 않거나 마음이 초조하면
   자기 사업이나 일거리가 잘 진행되지 않는다.
4) 목적도 없이 걷는 꿈은
   일이 언제 끝날지 모르며, 환자일 경우에는 병이 오래가게 된다.
5) 바르게 가다가 장애물에 걸려 돌아가는 꿈은
   진행시키던 일이 방해를 받아 다른 방법에 의해서 계속됨을 뜻한다.
6) 좁고 울퉁불퉁한 길을 걸으면
   하는 일마다 고통이 따르며, 생각지도 않았던 나쁜 일이 생긴다.

독수리

독수리나 매가 비행하는 것처럼 머리 위를 회전하고 먹이를 찾는 꿈은 자유에 대한 동경 또는 욕망이 해방된 기쁨을 의미한다.

1. 길몽

1) 독수리가 자신을 채서 하늘로 날아가면
   자기가 하고 있는 일이 남에 의해서 성사된다.
2) 독수리나 솔개가 가까이 오거나 팔다리를 물면
   진행 중인 복잡한 일이 하나하나 풀리기 시작한다.
3) 자기가 독수리로 변해서 병아리나 닭을 죽이면

적을 무찌르고 항복받을 것을 예시한다.

2. 흉몽
1) 독수리가 자기를 해치려 하는 꿈은
   악한에게 시달림을 받거나 질병에 걸릴 염려가 있다.
2) 독수리를 쫓아가면
   적의 척후병을 추격할 일이 있게 된다.
3) 독수리를 타고 공중을 날면
   하고 있는 일이 순조롭게 풀리지 않고 어려운 고비를 겪는다.

돈〔錢〕

돈은 일반적으로 애정을 의미한다. 그 다소와 유무에 따라 애정의 정도가 표현된다. 무엇을 사려다 너무 비싸서 살 수 없었던 꿈은 이성과의 관계가 좋지 못한 것에 대한 고민이나 불안을 뜻한다.

1. 길몽
1) 길가에 뿌려진 지폐를 주우면
   연애 편지나 펜팔로 누군가와 사귈 수 있게 된다.
2) 돈을 지불하고 물건을 사는 꿈은
   지불한 돈의 액수 만큼의 시일을 노력해서 어떤 보상을 받는다.
3) 돈이 가득 채워진 가방을 얻으면
   엄청난 돈이 생기거나 집을 살 수 있다.
4) 밭이나 길에서 새 금화나 동전을 줍는 꿈은
   좋은 직책을 얻게 된다.
5) 돈을 지불한 기억이 없으면서 물건을 사면
   어떤 기관이나 회사에서 그 물건으로 상징되는 재물을 취득한다.

6) 돈을 상대방에게 주면
   수일 후에 근심 걱정이 해소된다.
7) 돈 대신 수표를 받으면
   임명장 또는 계약 문서 등을 받게 된다.
8) 금고가 열려 있는 꿈은
   돈의 수지 계산이 활발하고 두뇌의 회전이 빨라진다.
9) 돈궤를 집으로 들여오면
   경영하는 사업체에 좋은 방도가 생긴다.

2. 흉몽

1) 낡은 지폐를 몇 장 길에서 주우면
   그 수효만큼의 근심 걱정을 하게 된다.
2) 동전을 몇 개 땅에서 주우면
   상대방과 사소한 일로 다툴 일이 생긴다.
3) 돈을 조금 소유하면
   근심과 걱정이 생긴다.
4) 품삯을 달라는데 주지 않으면
   심리적 또는 신체적 고통이 따른다.
5) 어떤 사람이 준 돈이 종이로 변하면
   누군가의 강압적인 요구, 지시, 명령 등을 따르게 된다.

3. 기타

1) 곗돈을 타오면
   재물, 보험, 예금, 복권 등을 나타낸다.
2) 엽전 꾸러미를 얻으면
   고서를 얻거나 고전 연구에 몰두한다.
3) 지폐의 맷수는
   몇 개월 또는 몇 가지의 일의 건수를 상징한다.

돈지갑

돈지갑은 돈을 넣는다는 것으로 여성을 상징한다. 돈과 같이 애정을 뜻하는 경우도 있다. 돈주머니에서 돈 따위가 들락거리는 꿈은 강한 성적인 원망의 표현이다.

1. 길몽
1) 지갑에 지폐가 꽉 차 있으면
   방도, 재물, 권리가 만족할 만큼 생긴다.

돗자리

돗자리는 이불이나 침대의 대용으로 표현된다. 이것은 졸립다, 이젠 그만 두고 싶다는 기분을 뜻한다. 돗자리를 깔고서 놀이를 하는 꿈은 애정의 교환이라든가 순진한 성교에 대한 동경을 표현한다.

1. 길몽
1) 담요나 이부자리를 깔면
   만사가 따뜻하고 평안해진다.
2) 자리를 짜거나 엮으면
   단체, 결사, 조직, 결혼 등의 일이 이루어진다.
3) 자리 위에 화문석을 깔면
   귀한 손님이 오거나 어떤 권리가 주어진다.
4) 문발을 새로 장만하면
   어진 아내를 얻는다.

2. 흉몽
1) 침실에 깐 자리를 파괴하면
   관직을 잃고 실직할 우려가 있다.

3. 기타
1) 방바닥에 새로 자리를 깔면
   새로운 사업을 벌이거나 많은 손님과 함께 연회나 집회를 벌인다.
2) 야외에서 여러 개의 자리를 펴고 음식을 먹으면
   여러 차례의 회담이나 사업 문의 등이 있게 된다.

동생〔弟〕

여성의 꿈속에서 동생은 그 여성이 가지고 있는 남성적인 요소를 뜻한다.

1) 동생이 죽으면
   구설수가 없어지고 길몽이다.
2) 형제가 이별하면
   현실에서 구설수가 있다.

돼지〔豚〕

돼지는 재물, 돈, 사업체, 복된 일이나 사건 등을 상징하고, 사람의 성격, 신분, 운세 등과 동일시된다.

1. 길몽
1) 돼지고기를 상식 이상으로 많이 사면
   뜻하지 않게 많은 재물을 얻게 된다.

2) 돼지 새끼를 사면
   작은 돈을 얻지만 그 돈을 이용하여 큰 재물을 만들 수 있다.
3) 돼지와 방에서 싸우다 돼지의 목을 누르면
   사업을 일으키거나 재물을 소유하며, 경쟁, 재판 등의 시비가 있으나 승리한다.
4) 멧돼지를 잡는 꿈은
   대학 입학, 고시 합격, 권리 확보 등이 뜻대로 성사된다.
5) 돼지 한 마리가 갑자기 여러 마리로 변하면
   재물이 생기며 사업이 번창한다. 연구하는 직업을 가진 사람은 좋은 결실을 맺게 된다.
6) 돼지머리를 제사상에 올려 놓으면
   자신의 작품 등으로 제3자에게 칭찬을 받거나 누구에겐가 물질적인 보답을 받게 된다.
7) 돼지를 차에 가득 싣는 꿈은
   뜻하지 않은 재물이 들어온다.
8) 황소만한 돼지가 가는 곳마다 따라오면
   재산이 많은 사람의 도움을 받아 경제적으로 풍족하지만 심적 부담을 느낀다.
9) 돼지를 차에 싣고 오거나 등에 지거나 몰고 오면
   명예를 얻거나 돈이 생긴다.
10) 멧돼지 수십 마리가 한꺼번에 몰려오면
    직계 가족, 일가 친척 중에 자식을 낳는 사람이 있으며, 그 자손의 앞날이 밝다.
11) 돼지 여러 마리가 교미하고 있으면
    하는 일이 번창하거나 축하금을 받을 일이 생긴다.
12) 큰 돼지와 싸워 이기면
    큰 사업을 이루거나 경쟁 또는 재판에서 승리한다.

2. 흉몽
1) 우리 밖에 나와 있는 돼지를 잡지 못하면
   자기집 재산이 줄어든다.
2) 성난 돼지가 자기를 쓰러뜨리고 발로 밟으면
   빚쟁이에게 커다란 고통을 당한다.
3) 돼지고기를 씹어 먹으면
   답답하고 따분한 일에 종사하게 된다.
4) 맹수 이상으로 사나운 돼지가 갑자기 방에서 사람으로 변하면
   상대하는 사람의 겉과 속이 다를 수가 있다.
5) 죽여야 할 돼지나 싸워야 할 돼지가 갑자기 사람이 되면
   경쟁 상대가 우세하거나 동정, 실의 등으로 매사에 좌절하게 된다.
6) 돼지의 엉덩이를 칼로 찌르고 목을 쳐서 죽이면
   무슨 일을 하는데 시작은 잘했어도 결과가 신통치 않다.
7) 죽은 돼지를 걸머지고 오면
   집안에 화근이 생긴다.
8) 멧돼지가 사람을 물려고 달려들면
   힘들고 어려운 일이 주위에서 생긴다.

드라이브

　드라이브를 하는 꿈은 성생활에서의 주도권을 자신이 잡고 싶다든가 또는 자기가 생각한 대로 움직여 주기를 바라는 기분의 표현이다.

1) 애인과 함께 차를 타고 드라이브를 하면
   애인이 생기게 되며 혼담이나 결혼 생활이 원만하게 이루어진다.
2) 기분이 좋아서 운전을 하면

어떤 기업체를 운영해 나가거나 지휘권을 갖게 된다.

등산(登山)

산에 오르는 것은 성적인 흥분을 뜻한다. 산에 올라서 밑을 내려다 보았더니 자기의 집이 없다는 따위의 꿈은 성에 빠져서 자신을 잃어버리는 것을 무서워하고 있는 것이다.

1. 길몽
1) 등산 장비를 가지고 산을 정복하면
   사회적 지위를 얻고 자기의 소원이 뜻대로 이루어진다.
2) 목적한 정상을 정복하면
   명예, 진급, 권세, 지휘 등의 일에 성공하거나 기타 소원이 이루어진다.

2. 흉몽
1) 짐을 짊어지고 산에 오르면
   소원, 사업, 계획한 일에 고달픈 역경이 따른다.

3. 기타
1) 산에서 사람이 소리지르며 하늘로 올라가는 것을 보면
   높고 험한 산에서 조난당한 기사거리를 읽게 된다.

ㅁ

마시다〔飮〕

물이나 차를 마시는 것은 술을 의미한다.

1) 물을 많이 마시는 꿈은
   길하고 부귀할 징조이다.
2) 꿀이나 엿을 먹는 꿈은
   흉할 징조로 모든 일이 뜻대로 안 될 징조이다.
3) 감주를 마시는 꿈은
   친구나 친척간에 다툼이 생기고 구설수가 계속된다.
4) 우유를 마시면
   정신적, 물질적인 일에 대해 책임지게 되고, 일도 잘 진행된다.

마차(馬車)

마차(馬車)를 타는 꿈은 남에게 자비를 베푸는 남성을 동경함을 나타낸다.

1) 역마차가 달려오는 꿈은
   경사스러운 일이 찾아올 징조이다.
2) 마차에 말 또는 말머리가 없으면
   부귀와 영화를 얻을 징조이다.
3) 마차를 타고 왕자나 왕비가 된 듯이 도시를 달리면
   단체의 장이 되거나 지위, 명예, 신분 등이 높아진다.
4) 마차를 타고 문으로 들어오는 꿈은

흉조이므로 매사에 주의를 기울인다.
5) 우마차나 손수레 등은
작은 사업체, 방도, 협조 기관, 운반 수단 등을 상징한다.

말〔馬〕

말은 집안 식구 중의 한 사람, 배우자, 동업자, 사업체, 사회 단체, 권세 등을 상징한다.

1) 말을 타는 꿈은
권세, 결혼, 방도 등과 연관된다.
2) 조상의 집으로 말을 끌고 온 꿈은
가문에 사람이 들어오거나 재물이 생긴다.
3) 말을 타고 산야를 달리면
사람들의 추대를 받아 명예를 얻게 된다.
4) 경마를 구경한 꿈은
부동산, 투기, 증권, 투자 등의 일과 관련된다.
5) 말한테 물리는 꿈은
득세하거나 입신양명의 길조이다.
6) 백마가 공중으로 나는 꿈은
사업이 잘될 징조이다.
7) 달리던 말이 쓰러지면
지위, 명예, 사업 등이 어려워질 징조이다.
8) 말이 자신에게 급하게 달려오면
급한 소식을 듣게 된다.
9) 말에서 떨어진 꿈은
사업 실패와 다른 사람들에게 배신감을 가져오게 된다.
10) 말과 수레가 흙탕물에 빠지면

하던 일에 장애가 생겨 곤란하게 된다.
11) 망아지가 굴레를 벗고 뛰면
    주색에 빠지거나 사업에 차질이 생긴다.
12) 처녀가 말을 타고 가면
    결혼 임박을 상징한다.

맹수(猛獸)

　　맹수는 남성적인 것, 거칠고 사납고 무서운 것을 뜻한다. 사자와 호랑이는 권세나 명예를 가진 사람, 사업가, 군인, 관리 등을 나타내며, 단체, 승리, 성공 등의 상징이다.
　　일반적으로 모든 짐승의 꿈은 대개 길몽이다. 다만 죽은 짐승의 꿈은 흉몽이다.

1. 길몽
1) 돼지를 해치러 오는 호랑이를 때려 잡는 꿈은
   태아 출산이 순조롭다.
2) 호랑이나 사자에게 물리면
   진급이나 사업 등이 잘되며 권세나 명예도 따르게 된다.
3) 호랑이나 사자 등의 맹수와 싸워 이기면
   시험, 사업, 벅찬 일 등이 뜻하는 대로 성사된다.
4) 호랑이나 사자 등의 머리나 가죽 또는 모피 물품을 얻으면
   동업자 또는 재물 등을 얻는다.
5) 토끼만한 동물이 차츰 커져서 호랑이가 된 꿈은
   작은 일로 시작하여 차츰 번창해질 징조이다.
6) 호랑이나 사자의 문장을 보게 되면
   위대하거나 용맹스러운 일, 권세나 작품 등과 관계된다.

2. 흉몽

1) 호랑이나 사자를 피하면
   태아가 유산되거나, 권세를 상실하거나, 일찍 사망한다.
2) 호랑이나 사자에게 쫓기면
   하던 일이나 하려던 일이 역경에 부딪힌다.
3) 호랑이나 사자의 우는 소리를 들으면
   남의 이목을 한꺼번에 받는 선풍적인 일이나 풍문의 일, 출세 또는 환란이 온다.
4) 여우를 사육하는 꿈은
   여난의 징조이며, 여우와 싸우는 꿈은 반드시 교활한 사람을 피해야 한다.

머리

머리는 정신, 우두머리, 시초, 통제부 등의 상징이다.

1. 길몽

1) 남이 자신에게 머리를 숙이면
   많은 사람들이 자신의 주장을 인정해 주게 된다.
2) 자신의 머리가 용, 호랑이, 사자 등의 머리로 변하면
   고급 관리, 단체장, 장성 등이 될 징조이다.
3) 두통이 있으면
   관직에 있는 사람은 승진하며 보통 사람은 만사가 형통한다.
4) 머리를 자르는 꿈은
   길하다.
5) 상대방의 뒤통수를 보면
   자신의 지시대로 무슨 일을 시키든 뜻대로 잘 들어주며 복종해

줄 사람이다.
6) 전투에서 적장의 잘려진 머리를 얻거나 보는 꿈은
대사가 순조로워 큰 일의 성취로 인해 명예, 권세 등을 얻게 된다.
7) 머리털이 검어지면
부귀할 징조이고, 머리가 백발이 되면 장수할 징조이다.

2. 흉몽
1) 천정이 무너져 내리면
상부 또는 윗사람에게서 박해를 받거나 상부의 혼란이 생긴다.
2) 머리에 뿔이 두 개 보이는 꿈은
타인과의 다툼이 발생한다.

3. 기타
1) 남에게 자신의 머리를 숙이면
수긍의 뜻으로, 누군가에게 복종할 일이 생긴다.
2) 동물 머리가 한 곳에 여러 개가 붙어 있으면
이념, 권리, 특성 등 한 집단에 두 가지 이상의 사상이나 이념 등이 있어 파가 갈라짐을 상징한다.
3) 자신의 뒤통수를 보면
자신의 이력 등 자신을 되돌아 보아야 한다.

모임[會]

감정의 고조를 뜻한다. 많은 사람이 모여 있는 것을 보면 놀라기도 하고 화내기도 한다. 또한 많은 사람이 혼잡하게 있어 걷는 데 방해를 받아 정신의 불안정이 초래됨을 뜻한다.

1. 길몽

1) 군중이 시제를 지내면
   정부나 권력층에 단체적인 건의나 협조를 요청하게 된다.
2) 참새 떼, 소, 말, 양 등이 무리 지어 모여 있으면
   재물을 얻게 된다.
3) 참새 떼가 집안으로 날아오면
   경사스러운 일이 생긴다.
4) 한 집안에 모여 제사지내면,
   집안이 평화롭고 길하며 편안하다.
5) 상여 나갈 때 뒤따르는 조문객 수가 많은 꿈은
   그 숫자가 많을수록 망자를 숭상, 업적을 기리거나 그의 정신을 기리는 사람이 많음을 뜻한다.

2. 흉몽

1) 가족들이 한 곳에 모여 있는 꿈은
   가족 또는 친척 간에 다투게 된다.
2) 까마귀 떼가 나는 것은
   가는 곳마다 좋지 않은 일이 생김을 상징한다.

모자

모자에 관한 꿈, 즉 모자를 쓰는 꿈, 쓰고 있는 꿈, 모자를 사는 꿈 등은 지위, 신분증, 직업, 협력자, 명예, 권세, 보호자, 집, 윗사람 등과 관련된다.

1. 모자 쓰는 꿈

1) 왕관을 쓰고 있는 꿈은
   자신을 남에게 과시할 수 있는 명예, 권리 등이 주어진다.
2) 새 모자를 구입하여 쓴다면
   시험의 합격, 신분증의 갱신, 입사, 입학, 주민 등록 따위를 새로 얻게 된다.
3) 학사, 석사, 박사 등의 사각모를 쓰면
   학문, 연구, 공로 등으로 인한 명예를 얻게 된다.

2. 군모
1) 군인들이 단체로 전투모를 쓰고 있으면
   하는 일이 날로 번창한다.
2) 사병 꿈에 장교모를 쓰거나 장교 계급장을 달면
   출세, 권리, 지휘, 능력 등을 얻는다.
3) 모자 쓰지 않은 경찰관에 대한 꿈은
   기관원, 기자, 회사원 등과 접촉하게 된다.

3. 모자를 벗는 꿈
1) 모자를 벗어서 금은 보화, 재물, 과일, 돈, 물건 등의 물건을 담으면
   좋은 아이디어 등의 정신적인 사업으로 인해 이익을 얻는다.
2) 군인들이 군모를 이곳저곳에 벗어 놓았다면
   군인은 임무를 완수해서 제대한다.
3) 모자를 태우거나 찢는 꿈은
   진급, 전직, 새 사업 등의 시작을 암시한다.

목

목은 머리와 몸을 연결하므로 사업체의 연결부이며 생명선,

분할점, 공급처, 거래처, 위탁소, 언론 기관 등을 상징한다.

1. 길몽
1) 목이 길어지는 꿈은
    운수 형통의 징조이고, 목이 줄어드는 꿈은 운이 쇠약해질 징조이다.
2) 목의 때를 깨끗이 씻으면
    뒤집어썼던 누명이 벗겨진다.
3) 목의 가래를 뱉게 되면
    막히던 일이 잘 풀려 오랜 숙원이 이루어진다.
    그러나 목에 무엇인가가 걸려 뱉지 못하면
    뇌물을 먹고 양심의 가책을 받거나 그 뇌물 때문에 말썽이 생기게 되거나 타인에게 부탁한 일이 잘 성사되지 않는다.
4) 상대방의 목을 쳐서 죽인 꿈은
    시험을 보는 학생이면 성적이 부쩍 오르거나 수석 합격을 하고, 일을 하면 상부 기관에 영향을 미쳐 일을 성사 시키거나 성공할 징조이다.

2. 흉몽
1) 자신의 목에 누군가가 목말을 타면
    남의 간섭을 심히게 받게 되고, 자기가 남의 목에 목말을 타면 지위의 향상을 가져온다.
2) 목이 졸리는 꿈은
    잠자리의 불편함을 호소하거나 사업이 방해 받아 중지되는 등의 재난의 상징이다.
    어깨가 살찌고 커 보이면
    운수 형통의 징조이다.

3) 상대방의 목을 때리는 꿈은
   어떤 뇌물 먹은 사람이나 부정을 저지른 사람에게 그 죄상을 추궁하게 된다.
4) 목소리가 제대로 나오지 않으면
   언론, 광고, 설명, 명령 등이 뜻한 대로 되지 않아 고통을 당한다.
5) 자신의 목덜미를 잡히는 꿈은
   남에게 구속받는 일이 생기거나, 당국으로부터 심문을 받게 된다.
6) 송곳으로 목이 찔리면
   편도선이나 독감 등으로 고생하게 된다.

목욕(沐浴)

목욕은 타인에게 의심받지 않고 스스로 즐기고 싶다는 표현으로서, 성격상 결점, 육체적 결함이나 고민 등을 제거하고 싶다는 표현이다.

1. 길몽
1) 사람이 목욕하는 것을 보는 꿈은
   질병이 없어진다.
2) 손과 발을 씻는 것은
   병이 회복될 징조이다.
3) 뜨거운 물로 몸을 씻는 꿈은
   많은 사람들의 사랑, 협조, 은혜, 도움을 받거나 시험에 합격한다.
4) 공중 목욕탕 또는 온천에서 여러 사람과 목욕하는 꿈은
   신앙, 면학 등에 몰두하는 것을 상징한다.
5) 우물물을 마시거나, 그 물로 손발을 씻으면
   근심, 걱정 등이 해소되고 입학, 취직, 결혼, 당선 등의 연락을 받

거나 승진에 관계한다.
6) 배를 씻으면
   백가지 재앙이 모두 사라진다. 단 입만 혹은 발만 씻는 것은 관직에서 물러날 징조이다.

2. 흉몽
1) 흙탕물에서 목욕을 하면
   질병이 생긴다.
2) 몸을 씻을 때 오히려 오물 같은 것이 묻어 더 지저분해지면
   애쓴 보람 없이 일의 성과를 얻지 못한다.

문(門)

문은 대개 여성을 의미한다.

1) 열려진 문은
   개방, 공개, 전시, 광고 등을 하라는 암시이다.
2) 닫힌 문을 열어 안을 들여다보면
   단체나 기관 등에 청탁, 청원 등의 부탁할 일들이 생긴다.
3) 새로운 문을 만들어 다는 꿈은
   태몽으로서 귀자를 낳는다.
4) 큰 불이 문을 태워 버리면
   흉몽으로서 패가 망신할 가능성이 있다.

물[水]

물은 모친의 태내(胎內)처럼 안전으로 충만함을 뜻한다.

1. 길몽

1) 몸이 물 속에 있는 꿈은
   대길하고 운수 대통의 징조이다.
2) 물이 이곳저곳에서 펑펑 솟아나와 고이면
   다방면으로 재물을 모아 부자가 될 징조이다.
3) 집안의 물통이나 물탱크에 가득 고인 물에 관한 꿈은
   조만간에 돈이 많이 저축될 징조이다.
4) 물이 줄줄 흘러가면
   길하며 혼담이 성공하게 된다.
5) 초봄에 물 긷는 꿈을 꾸면
   그해 안에 큰집을 사고, 부인 덕으로 재물을 취한다.

2. 흉몽

1) 시냇물, 강물, 바닷물 등이 마른 꿈은
   친구를 조심해야 한다.
2) 밑빠진 독에 물을 자꾸 붓는다면
   벌긴 벌어도 재물을 모으지 못하고 소비되어 버린다.
3) 물위에 자신의 몸이 비치면
   남자는 흉하고 여자는 임신할 징조이다.
4) 물길이 두 갈래로 갈라지는 꿈은
   사업이나 신앙이 방향을 잃거나 두 갈래로 갈라져 진행된다.
5) 바닷물이 점점 빠져 나가는 꿈은
   강한 세도 또는 권세, 외래 사상 등이 물러남을 상징한다.

3. 기타

1) 물에 빠진 꿈은

나오면 좋으나, 빠지면 나쁘다.
2) 물위를 달리는 꿈은
운수가 대통하나, 물위에 앉거나 서 있으면 불길하고 믿던 사람이 죽을 수도 있다.

물고기〔魚〕

물고기는 사람과 동일시되며 돈, 재물, 권리, 사건 등의 상징이다.

1. 잉어
1) 잉어는 재주가 많고 처세에 능한 사람, 재물, 명예, 인기, 직업, 출세, 승진, 예술 작품을 상징하므로 잉어가 뛰노는 꿈은
입신 출세하고 아내가 귀자를 임신하게 된다.
2) 연못이나 우물에 잉어를 넣으면
출세하거나 관직에 나간다.
3) 폭포 위를 잉어가 뛰어오르면
사업가라면 대성하여 세상의 이목을 끌게 된다.

2. 조개
1) 조개는 재물, 어선, 집, 일간, 사업장 등을 상징한다. 그러므로 조개에서 진주가 나오면
보물이나 진리 등을 얻는다.
2) 조개에 발가락을 물리면
청탁한 일들이 이루어지는 징조이다.
3) 마른 개울이나 산에서 조개를 줍거나 공중에서 떨어지는 조개를 받아서 삼키면
공적 재물이나 작품 등을 얻는다.

3. 거북이
1) 거북을 보는 꿈은
   매사 순조롭고, 행복하다.
2) 꿈에 거북이 집이나 우물 속에 들어가면
   부자가 될 징조이다.
3) 흙 거북이나 자라 꿈은
   처음에는 길하나 나중에는 망할 징조이므로 조심해야 한다.

4. 두꺼비
1) 두꺼비가 물고기로 변하면
   재산이나 물건을 잃는다.
2) 두꺼비가 울고 뛰어다니면
   구설수가 있다.

5. 게
1) 게 꿈은
   흉하며 만사가 산란해서 모든 일이 잘 풀리지 않는다.
2) 게를 논에서 잡으면
   잡은 수효만큼 돈이 생긴다.
3) 누군가가 게 한보따리를 방으로 가져오면
   누군가가 광고물을 가져올 징조이다.
4) 바닷가에서 많은 방게들이 들락거리는 것은
   상품의 소비 시장이 넓어진다.

6. 도미
1) 도미가 꿈틀거리는 꿈은

기쁜 일이 많고 남녀 모두 운이 열린다.
2) 도미를 선물 받으면
   장사에 이익이 있다.

7. 미끄러운 물고기(뱀장어, 가물치……)
1) 미끄러운 물고기인 뱀장어나 가물치 종류의 물고기를 잡으면
   입학 시험, 취직, 혼담, 구인 등이 이루어진다.

8. 금붕어
1) 금붕어에 관한 꿈은
   행복, 인기인, 인기 상품 등을 나타낸다.
2) 어항 속의 금붕어를 관찰하는 것은
   예술 작품으로 성공하거나 여직원을 많이 거느리는 기업가가 된다.

9. 낚시, 그물질
1) 낚시해서 물고기를 잡으면
   기쁜 일이 겹치거나 지혜나 계략 또는 아이디어의 개발로 돈을 벌 수 있다.
2) 낚시로 싱싱한 물고기를 잡으면
   목표를 설정한 사업 계획이 잘 진행된다.
3) 그물을 치고 물고기를 잡으면
   협조 기관을 통해 재물을 얻거나 적을 섬멸하는 등 백가지 일이 잘된다.

10. 질병, 사망
1) 자기 몸에서 물고기와 벌레 등이 나오면

질병이 퇴치된다.
2) 창으로 물고기를 찌르면
   불길하고 질병을 얻게 된다.
3) 연못의 큰 물고기들이 죽어서 떠 있는 것을 보면
   전쟁, 재난, 돌림병 등으로 많은 사람들이 죽는다.

11. 저수지

1) 저수지에서 물고기를 잡으려 하는 꿈은
   어떤 기관의 돈을 얻거나 이용할 일이 생긴다.
2) 저수지나 웅덩이에서 많은 물고기를 잡는 꿈은
   잡은 수효만큼 사업 또는 복권을 사서 일시에 부를 얻게 된다.
3) 저수지에서 많은 물고기를 잡으면 안 된다고 생각하는 꿈은
   공금에 손을 대서는 안 된다는 것의 상징이다.
4) 논의 한가운데의 웅덩이에서 많은 물고기를 잡으면
   돈줄이 튼튼하고 넉넉하여 돈의 출처가 고갈되지 않는다.
5) 말라가는 저수지나 흙탕물에서 물고기를 잡는 꿈은
   부정한 방법으로 재물을 모으는 것이다.

12. 흉몽

1) 새우가 물고기로 변해 보이면
   재산을 잃거나 물건을 잃게 된다.
2) 어항이 깨지거나 물이 마른 것을 보면
   결혼 생활, 사업 등이 파경에 이르거나 기대했던 일들이 사라진다.
3) 바위 틈이나 구멍에서 물고기를 잡았으나 두 토막이 나는 꿈은
   하고 있는 일이 타인에 의해 저지당하거나 가치가 없어진다.

13. 기타

1) 물고기를 잡으려고 준비만 하면
   계획은 세우나 결과는 암시하지 않는다.
2) 생선 장수로부터 물고기를 사거나 토막낸 생선을 받으면
   수수료, 임금, 융자, 기타 노력의 대가를 받거나, 사업 자금을 여러 방면으로 얻는다.
3) 마른 물고기를 사오는 꿈은
   작품, 일감, 재물 등과 상관된다.
4) 알을 낳고 있는 물고기 꿈은
   소원 성취 혹은 재물이 증가할 징조이다.
5) 크고 작은 물고기를 선별하는 꿈은
   재물의 분배를 의미한다.
6) 배의 갑판으로 물고기가 뛰어오르면
   사람의 목숨 또는 인재를 구하거나 횡재할 일이 생긴다.
7) 자신이 물고기가 되어 물 속을 헤엄쳐 다니는 꿈은
   학문 연구, 출세, 탐험, 진상 조사에 나설 일이 생긴다.
8) 물고기 뱃속으로 들어가는 꿈은
   입학, 취직, 집장만의 기회를 가질 수 있다.
9) 강 또는 개천에서 잡은 물고기의 수효는
   남편의 수입을 나타낸다.
10) 마당에 있는 여러 마리의 물고기 중 한 마리를 달라고 하면
    부동산을 매매하기 위해 돈을 융자할 일과 관계된다.
11) 배를 가르고 내장을 끄집어내면
    일감의 내용물, 주요 부분 등을 분리, 정리하는 일을 감독한다.

미끄러지다

금지된 욕망을 만족시키는 꿈으로 풀이된다.

1) 진흙탕에 미끄러져 넘어져 옷을 더럽히게 되면
   해산에 지장이 있다.
   미끄러져 넘어져도 옷을 더럽히지 않는 꿈은
   성적 행위를 하면서도 사회적으로 비난을 받지 않고서 살아가게 된다.
2) 소매를 더럽히는 꿈은
   몸에 욕이 있을 징조이다.
3) 계단에서 미끄러지거나 굴러 떨어지는 꿈은
   소망, 진학, 진급, 사업 등이 좌절된다.
4) 빙판에서 미끄러지면
   추진시키는 일이나 소원이 성취되지 않거나 시험, 지위, 신분, 연애 등이 실패하거나, 신경통 등의 병을 앓게 된다.

ㅂ

바늘 [針]

　뜨개질 바늘, 신 깁는 바늘, 가마니 짜는 바늘 등의 바늘은 통찰력, 자극, 선도자, 협조자, 방도, 연락원, 교통수단, 권리, 능력 등을 상징한다.

1. 길몽
1) 바늘에 꿰인 실의 꿈은
　조직, 단체, 결사, 시간, 연결, 인연, 결혼 등의 방편이나 자원, 근원 등을 상징한다.
2) 알바늘을 많이 얻는 꿈은
　사업 방도나 지식, 호평을 얻는다.
3) 수많은 바늘이 하늘에서 무수히 쏟아져 옷에 박히면
　자기가 한 일에 대해서 많은 사람들이 평가를 해준다.
4) 물의 깊이를 가마니 바늘로 재보는 꿈은
　소개자를 통해 어떤 일을 청탁할 기관이나 회사 등을 모색하게 된다.
5) 바늘로 옷을 기우는 꿈은
　어떤 조직을 보완 또는 구성하게 된다.

2. 흉몽
1) 잃어버린 바늘을 찾아 헤매면
　하고 있는 일을 계획한 대로 이루지 못하고 사업 방도를 잃거나 중간에서 중지된다.
2) 손가락을 바늘에 찔리면

사업상의 고통 또는 여러 번의 고비를 겪거나 각성 또는 반성할 일이 생긴다.

바지[下衣]

바지에 관한 꿈은 주로 바지를 입지 않은 상태가 많은데, 이는 성기를 노출하려는 과시의 욕구에서 기인한다.

1. 길몽
1) 옷이 저절로 열려져 보이면
   만사가 길하다.
2) 여자가 옷을 입혀 주면
   만사가 형통하다.
3) 바지를 새로 바꿔 입는 꿈은
   직장 부하와 연분이 새로워지게 된다.

2. 흉몽
1) 바지의 자크를 채웠는데 성기가 노출되어 감추려 하면
   자기 주장이 너무 강해 도전이나 시비를 받거나 각성, 반성할 일이 생긴다.
2) 자신이 손수 만든 옷을 입는 꿈은
   타인으로 인해 모함을 당한다.

반지(斑指)

반지는 결혼, 계약, 집, 여성, 자손, 작품, 업적, 신분, 직위, 명예, 유산 등의 일을 상징한다.

1. 길몽
1) 꿈속에서 처녀가 금반지를 상대방에게서 받으면
   결혼, 계약 등이 성립되고, 남성은 귀한 여성이나 일의 성과, 사업체 등을 얻게 된다.
2) 무수히 많은 금반지를 얻는 태몽을 꾸면
   태아의 성별과 상관없이 여러 군데에서 자기 능력을 충분히 발휘시키거나, 장차 훌륭한 직업이나 신분, 사업체 등을 갖게 된다.
3) 백금 반지와 관계된 꿈은
   둘째 아기 또는 두번째의 지위에 놓이거나 두 가지 업종에 종사하게 되거나, 유산 상속이나 학문적 업적을 남기는 일과 관계가 있게 된다.
4) 쌍가락지를 얻는 꿈은
   많은 작품, 많은 사업 성과를 이룩하게 된다.
5) 구리 반지가 보석 반지로 변하면
   보통 신분 또는 미천한 신분, 직위, 사업체, 작품 등을 소유했던 사람이 고귀하게 된다.

1. 흉몽
1) 텅 비어 있는 반지 상자를 받는 꿈은
   어떤 사람의 감언 이설에 속아 넘어가게 된다.

밧줄〔繩〕

밧줄이나 끈 등은 페니스(남성기)의 상징으로, 주로 남성을 상징한다.

1. 길몽
1) 새끼로 몸이 묶이는 꿈은
   재수가 있다.
2) 그물을 치고 고기를 잡으면
   만사가 길하다.
3) 실 또는 끈이 매듭지어져 있는 꿈은
   인연이나 일 등이 이어져 오래간다.

2. 흉몽
1) 다리에 끈이 매달린 새가 문 안으로 날아오는 것을 잡은 남자는
   유부녀와 동거할 가능성이 있다.
2) 이어진 끈을 푸는 꿈은
   계약 또는 인연의 결연을 가져오게 된다.

방(房)

꿈속의 방은 자신의 몸의 각 부분을 의미하거나 실제의 방, 여성의 내면상, 기관의 부서, 사건의 발단 및 종결, 사건 무대, 사업 기반 등을 상징한다.

1. 길몽
1) 안방은
   집안, 관청 내부, 기관의 중심 부서 등을 상징한다.
2) 건넌방은
   기관의 부속 건물, 회사의 지부, 외근 관계 부서 등을 상징한다.
3) 침실은
   자기 방이나 연애, 결혼 생활, 병원, 사업, 교실과 관계된다.

4) 골방은
   가정부, 첩, 일꾼, 입원실 등과 관계된다.
5) 여러 개의 방은
   여러 채의 집과 해석을 같이할 수 있다.
6) 방이 길거나 넓으면
   자기 사업장이나 위탁 기관 세력의 강대함, 신문, 잡지 등에 실린 기사의 할당 지면을 나타낸다.
7) 새집의 여러 방을 살피는 꿈은
   새색시의 이모저모와 그 인물됨을 살피고 알아볼 일이 있게 된다.
8) 어떤 방인지 분명치 않은 곳에서 일어나는 일들은
   장소적 의의가 중요치 않거나 집안, 사업장의 기관 등에서 일어나는 일과 관계가 있다.

2. 흉몽

1) 자기 방 문턱에 애인이 앉아서 들여다보면
   그와 자기가 결혼 여부를 망설이고 있는 것이다.
2) 남이 내 방을 들여다보거나 문구멍으로 들여다보면
   그가 자기 내력을 알려고 하거나 염탐, 가해 목적의 행위 등이 있게 된다.

방향(方向)

꿈에서의 방향은 현재 거처하는 장소와 다르므로 현재 거처하는 장소로 방향을 바꾸어 측정해야 한다.

1) 서쪽에서 동쪽으로 나는 새를 보면
   일의 시발점을 예시하는 것이다.

2) 동쪽에서의 일어나는 일은
   현거주지 동쪽이 아닌 출생지 동쪽을 의미하는 경우도 있다.
3) 해가 동녘에서 뜨면
   일의 순서가 정상적으로 시작되어 진행된다.
4) 넓은 들판을 바라보고 있을 때 전방이 북쪽이라고 생각되는 꿈은
   현 거처에서 북쪽과 관련된 일이 있다.
5) 십자로, 즉 사거리에서 방향 감각을 잃고 어디로 가야 할지 망설이는 꿈은
   일에 대한 기로에 서 있음을 의미한다.
6) 상대방이 정면에서 걸어오는 꿈은
   상대방과의 의견 대립으로 말다툼이 있거나 일에 방해받는 사건이 생긴다.
7) 우측은
   방향 제시, 정의, 정당, 합법 등과 관련된다.
8) 좌측은
   방향 제시, 무의미, 불법, 죄의식, 부정 등의 상징이다.

빵·떡

빵을 먹는 꿈은 정신적·물질적인 일을 책임지거나 소유하게 되고 떡을 먹는 꿈은 일거리, 재물, 지식 등 구하는 바를 얻게 된다.

1) 상대방에게 떡을 분배해 주는 꿈은
   소식, 책, 지식 등을 남에게 전해 주게 되기도 한다.
2) 큰 시루에 가득 담긴 떡을 혼자서 다 먹어치우는 꿈은
   장차 큰일을 하게 될 아이의 태몽으로서, 모든 면에서 풍족하고 세상에 이름을 떨치게 된다.

3) 빵에 소스를 발라 먹는 꿈은
어떤 일을 훌륭하게 다듬어 완성한다.
4) 떡장수에게 떡을 사먹는 꿈은
중간업자나 중매쟁이에 의해 성사 또는 성혼된다.
5) 밥을 많이 먹는 꿈은
장차 부자가 될 징조이다.
6) 빵 또는 떡을 불에 구우면
흉조이므로 약속한 일 등이 수포로 돌아간다.

배〔船〕

배는 가정, 저장소, 창고, 기관, 사업체, 단체, 회사, 연락 기관, 운반 수단, 방도, 창의성, 욕구 충족, 완결, 일의 결과, 병력 등을 상징한다.
나루터는 기차, 자동차 등의 정류소와 동일한 해석이 가능하다.
뱃사공은 리더이고, 손님은 동업자, 동행자, 경쟁자, 동지 등과 동일시된다.

1. 길몽
1) 배를 타고 강을 건너거나 해와 달을 보는 꿈은
관직이나 좋은 스승을 만난다.
2) 배 안에 물이 고이면
사업 또는 집안 형편이 좋아지거나 재물을 얻는다.
3) 배가 물위에 떠서 자신을 향해 오면
행운이 열린다. 더욱이 보배를 싣고 오면 만사 형통에 자손도 번창한다. 단, 돛을 단 배가 지나가면 흉조이다.
4) 갯벌에 엎어진 배를 바로 세워 하천을 저어가면

포기했던 일들을 새로운 각오로 다시 시작한다.
5) 자신이 탄 배가 하늘을 날아다니면
 크게 부귀를 누릴 길조로서 운세가 대길하고, 배가 거꾸로 날면 동맹 파업 또는 시위가 있게 된다.
6) 배를 타고 술을 마시면
 멀리서 친구가 오게 된다.
7) 배 안에 불이 나면
 사업이나 가정 형편 등이 점차 호전된다.
8) 마당, 대로, 산정에 있는 배에 오르는 꿈은
 훗날 본격적인 사업에 착수할 수 있게 되며, 사업장 또는 직장이 반드시 준비되어 있다.
9) 상대방의 배를 몰살하면
 사업에 마지막 결단을 내려 성사시키고 세상에 공개할 일이 있음을 상징한다.
10) 배 안으로 물고기가 뛰어드는 꿈은
 사람을 구하거나 재물이 생기고, 그물로 물고기를 잡으면 돈을 벌게 된다.
11) 배에 구조되는 꿈은
 어떤 회사의 협조를 받아 희망이 되살아나게 된다.
12) 배가 강가로 바싹 다가가다 가운데로 가는 꿈은
 부진한 사업이 사업주의 각성으로 본궤도에 올라 잘 운영된다.
13) 배 안에서 음식을 먹는 꿈은
 어떤 기관, 직장, 회사 등에서 당국이 주는 책임을 맡게 된다.
14) 나룻배나 보트를 타는 꿈은
 단체나 직장, 회사의 일원으로 사업 연락이나 목적 달성 등을 나타내는 상징이다.
15) 갑판 위나 선장실에서 회의하는 꿈은
 새로운 단체나 사업체를 조직하거나 어떤 세미나에 참석하게 된다.
16) 배가 수평선 너머로 사라지는 꿈은
사업 성과가 언제 올지 모르며, 외국에 갈 일과 상관된다.
17) 작은 배에서 큰 기선으로 한걸음으로 올라가는 사람을 보는 꿈은
작은 기업체에서 큰 기업체로 전직, 승급 등을 하게 된다.
18) 배가 침몰되거나 대파되는 꿈은
새로운 사업이나 조직을 구상하게 된다.
19) 뱃길에 물이 마르는 꿈은
사업의 중단을 가져오고, 물이 밀려와서 뜨면 사업의 재건이 이루어진다.
20) 배에서 목재를 내려 쌓는 것을 보면
남을 통해 많은 재물을 얻게 된다.
21) 수많은 사람이 기선에서 내리면
동등한 자격의 사람이 취직을 하거나, 집회장에서 퇴장하는 것을 관망한다.
22) 요트 경기를 하는 꿈은
학업, 연구, 시험, 경쟁 등에서 승부를 겨루게 된다.
23) 짐을 가득 실은 화물선이 부두에 정박하는 꿈은
막대한 이익이 돌아올 징조이다.
24) 여성과 배 위에서 만족한 성교를 하면
물고기를 다량 포획하거나 어떤 회사와 유리한 계약을 맺게 된다.
25) 기선이 뱃고동 소리를 울리면서 항구를 떠나면
새로운 일을 계획한다.

2. 흉몽

1) 뱃머리에 청기, 홍기 등의 깃발이 꽂히고 혼자 타고 떠내려가면
어떤 일을 수습하지 못하고, 병원에 가게 되거나 가까운 시일 안

에 불행한 일이 있게 된다.
2) 선원이 항구의 술집에서 술을 마시는 꿈을 꾸면
　　남에게 꾸지람을 듣거나 사기당한다.
3) 뱃길의 물이 말라 버리면
　　하고 있는 일을 도중에 포기하게 된다.
4) 배 위에서 춤추며 노래하는 꿈은
　　서로 싸울 일이 있게 된다.
5) 노를 놓치거나 저을 수 없는 꿈은
　　사업 궤도에서 벗어나 한동안 어려운 시절을 맞이한다.

뱀〔蛇〕

　　뱀은 남성, 엄격하면서 자신을 보호해 주는 부모, 권세가, 교활한 사람, 악한, 정부(情婦), 강적 등과 동일시되며 권세, 명예, 지혜, 정당, 작품, 일, 사업체나 기관 등을 상징한다.

1. 길몽

1) 뱀이 칼을 삼키거나 큰 뱀을 칼로 베어 죽이면
　　길몽으로서 지위가 높아지고 재물을 얻는 등 만사가 대길하며 재수가 대통한다.
2) 큰 구렁이나 독사를 죽이는 꿈은
　　싸움에서 이기고 길하다. 적극적으로 나서면 만사 형통한다.
3) 집 안으로 뱀이 들어오면
　　귀한 손님을 맞이하거나 기쁜 소식이 오고, 재물도 모으고 경사가 생긴다.
4) 큰 구렁이 주위에 뱀들이 우글거리면
　　권세를 잡거나 사회 단체의 주도권을 쥔다.
5) 전신을 감고 있는 뱀을 죽이면

어려웠던 일들이 순탄하게 풀린다.
6) 백사(白蛇)가 나타나면
 멀지 않아 부귀 영화를 누리게 되거나 생각지도 않은 곳에서 많은 재산이 들어오게 되고 어디서든 앞자리에 선다.
 백사가 끝까지 따라오면
 가정적으로나 사회적으로 성공하게 된다.
7) 이무기가 칼을 찬 사람 주위를 에워싸면
 이름을 날릴 징조로, 경영하는 일이 잘 진행되며, 특히 활을 쏴서 뱀을 맞추면 운수 대통하고 재수가 좋다.
8) 큰 구렁이를 죽여 피를 보는 꿈은
 큰 사업이나 일거리, 커다란 작품 등 일의 성사로 큰 재물을 얻게 된다.
9) 불난 집에서 용이 하늘로 오르는 것을 본 꿈은
 사업이 융성해져서 큰 성과를 이룬다.
10) 뱀의 몸 속에서 이빨 고치는 약을 구하면
 뜻밖의 생활 필수품이 생긴다.
11) 뱀에게 발목을 물리는 꿈은
 입학, 취직을 하게 된다.
12) 뱀이 자기 몸을 칭칭 감는 꿈은
 결혼, 이성과의 육체 관계, 잉태 등의 징조이다.
13) 큰 구렁이가 방 안에 들어와 있는 꿈은
 큰 권세를 얻게 될 사람과 약혼하게 된다.
14) 앞에 있던 뱀이 방 안에 들어서는 사람으로 변하는 꿈은
 자신의 일에 많은 발전을 가져온다.
15) 머리 일곱 달린 뱀이 물 속에 있는 꿈은
 진리의 서적을 출간하거나 희귀한 보물을 얻는다.
16) 구렁이가 허물 벗고 사라지는 것을 본 꿈은
 어떤 사람이 과거의 죄를 청산하고 새로운 신분이 됨을 관망하

게 된다.
17) 뱀이 호랑이를 잡아 먹는 꿈은
  이질적인 두 단체의 싸움에서 뱀으로 상징된 쪽이 승리하게 된다.
18) 호랑이가 몸에 감긴 구렁이를 바위에 문대어 잘라 버리면
  큰 세력을 꺾거나 협조자와 더불어 어떤 사업을 성취시키게 된다.
19) 구멍 속을 쑤셨더니 구렁이가 나오는 꿈은
  시험에 합격되거나 취직이 된다.
20) 큰 구렁이 옆에 많은 잔뱀이 있는 것을 보는 꿈은
  장차 권세를 잡아 국가나 사회 단체의 지도자가 된다.
21) 구운 구렁이 토막을 먹으면
  출판된 서적을 읽고 많은 지식을 얻는다.
22) 뱀을 토막 내서 먹으면
  자기가 모르는 것을 남을 통해 알게 된다.
23) 뱀과 성교하는 꿈은
  세도가와 계약을 하거나 동업하게 되고, 태몽이면 장차 지혜, 명예, 권세를 가질 아이가 태어나게 된다.
24) 청색 구렁이가 산속에 길에 늘어서 있는 꿈은
  인기인·인기 직업·인기 작품과 동일시되며, 여러 가지 점박이 구렁이도 같은 해석을 할 수 있다.
25) 도마뱀이 한 곳으로 줄지어 모여드는 꿈은
  직원 모집이나 연구 자료 수집의 일이 생긴다.

2. 흉몽

1) 검은 구렁이가 집 전체를 감는 꿈은
  전략 기지가 적군에게 포위되거나 함락됨을 암시한다.
2) 뱀이 몸을 감고 턱 밑에서 노려보는 꿈은

배우자에게 자유를 구속받거나 끊임없는 불화로 가정 파탄을 면치 못한다.
3) 큰 구렁이가 작은 구멍이나 쥐구멍 속으로 들어가면
   유산 또는 사망 등 가정에 좋지 않은 일이 생긴다.
4) 아주 큰 뱀의 꼬리가 잘려지는 꿈은
   어떤 회사의 직원이 감축됨을 상징한다.
5) 누런 구렁이가 구멍으로 들어가 사라지는 꿈은
   면직의 징조이다.
6) 치마로 싼 구렁이를 때려 잡으면
   자식이 교통 사고로 급사하는 등 가정에 화근이 발생한다.
7) 온몸을 감은 뱀이 혓바닥을 날름거리면
   악한 사람이 자기에게 피해를 준다.
8) 뱀이 나무의 줄기처럼 위장하고 길게 늘어져 있으면
   음흉한 자의 계교나 남의 잔꾀에 넘어간다.
9) 뱀이 동체를 감은 채 혓바닥을 널름거리는 꿈은
   흉계 가진 자에게 해 입을 징조이다.
10) 큰 뱀이 쫓아오다가 사람으로 변하는 꿈은
   어떤 사람 또는 벅찬 일을 회피하려 하나 애착으로 인해 중단할 수 없는 결과를 가져온다.
11) 밤색 구렁이가 앞에 죽 늘어섰다 사라지는 꿈은
   다루기 힘들고 탐탁하지 않은 어떤 사람으로 인해 불쾌함을 느끼게 된다.

3. 기타

1) 다가오는 뱀의 꼬리만 보이는 꿈은
   적대 행위를 하는 단체의 우두머리와 정면으로 싸우게 된다.
2) 낙숫물 속에서 많은 실뱀을 보면
   초경이 있다.

3) 뱀을 생것으로 썰어 먹는 꿈은
   벅찬 일을 처리하거나 남의 작품에서 새로운 학설을 자기 것으로 소화시킬 일이 발생한다.

벌레〔虫〕

벌레 꿈은 라이벌에 대한 미움의 상징이다.

1) 거미 꿈은
   길몽으로서 귀인을 만나 원조를 얻거나 기다리던 사람이 온다.
2) 벌이 다리를 쏘면
   재물을 얻는다.
3) 누에를 보면
   주식이 생긴다.
   누에가 날아서 가지 못하면
   길조이다.
4) 바퀴벌레를 때려도 죽지 않으면
   뿌리칠 수 없는 부도덕한 생각으로 고민한다.
5) 지렁이를 보면
   사기당할 우려가 있다.
6) 거머리를 보면
   재물을 잃는다.

별〔星〕

별은 희망, 명예, 유명인, 진리, 친구, 지도자, 업적, 기업, 기관, 권세, 권리, 권력자, 지도자, 안내자, 성직자, 단체 세력 등을 상징한다.

1. 길몽

1) 많은 별들이 찬란하게 빛나는 꿈은
   운수 대통하며 학문의 성과를 얻거나 발표 작품의 가치를 인정 받게 된다.
2) 은하수를 건너면
   모든 일이 잘 성사된다.
3) 수많은 별들 속에서 유난히 밝게 빛나는 별을 보면
   어떤 단체의 가장 높은 자리에 앉거나 자기 작품에 대해 호평을 받는다.
4) 무수한 별이 하늘에서 쏟아져 땅에 쌓이면
   연구 자료 수집의 일이 생기거나 창작품을 발표한다.
5) 샛별이 휘황찬란하게 빛나는 것을 본 꿈은
   유명해질 일이 생기거나 위대한 인물의 탄생, 사업을 관장하는 사람의 출현, 출판물, 사업체 등이 세워진다.
6) 별이 해만큼 커지는 꿈은
   작은 사업이 번창할 징조이다.
7) 떨어지는 별을 치마에 받거나 삼키거나 뱃속에 들어가거나 지붕 마루에 구르면
   태아가 작품, 업적, 사업 등으로 성공할 징조이다.
8) 별이 길게 흐르는 꿈은
   관직, 신분, 명예 등이 새로워지거나 이사할 일, 작품을 과시할 일 등이 생긴다.
9) 혜성은
   신기한 일, 진리, 작품, 인물, 명성, 부귀 등의 상징이다.
10) 쏟아지던 별이 나비로 변해 주위를 돌면
    기존 학설을 번역하거나 많은 작품을 발표한다.

2. 흉몽
1) 별이 한두 개 떨어져 사라지는 꿈은
   학자, 권력자, 유명인 등이 권좌에서 물러난다.
2) 고정되어 있던 몇 개의 별이 갑자기 날아다니면
   반려자가 바람을 피운다.
3) 북두칠성 아래에 서면
   출세의 암시이다.
   북두칠성이 흐려 보이면
   근심거리가 발생한다.

벽장(壁藏)

  벽장이나 다락 등은 금고, 학원, 위탁소, 상부 기관 등의 상징이다.

1) 벽장이나 다락 속에서 나오는 꿈은
   길조이며 매사가 순조롭게 성사된다.
2) 벽장이나 다락에 숨어 있을 때 호랑이가 덤벼 물거나 성교하는 꿈은
   기관에의 청탁이나 심사가 필요한 일이 잘 성사되어 명예가 뒤따른다.
3) 벽장문을 열어 안을 들여다보는 꿈은
   학문 연구 혹은 고위층에 청탁할 일이 생긴다.
4) 수많은 벌레가 벽장에서 나오는 꿈은
   연구 성과의 대단함을 상징한다.

변기(便器)

변기는 더러운 것과 은밀한 것이라는 두 가지 의미에서 여자의 성기를 상징한다.

소변은 정신적·물질적인 재물, 질식된 관념의 분비, 소원의 경향 등의 상징이다.

1. 길몽

1) 대소변이 몸을 더럽히는 꿈은
   재물을 얻을 징조이다.
2) 변소에 빠졌다가 올라오면
   재수가 좋고 만사 형통의 운이다.
3) 여러 곳을 두리번거리다 화장실을 가면
   여러 기관 혹은 여러 군데의 사업장을 물색한다.
4) 소변이 가득한 곳에 소변을 보는 꿈은
   사업가는 재물을 취득하고, 문필가라면 작품을 잡지사 등에 투고한다.
5) 자기집 화장실에서 소변을 보는 꿈은
   집안일, 직장일과 관계되며, 야외에서 보면 사업상 타기관에서 소원 성취를 이룬다.

2. 흉몽

1) 변소에서 빠져 나오지 못하고 허우적대면
   흉몽으로 신분, 명예의 몰락을 가져오고, 귀중품을 빠뜨리면 재물, 일 등을 잃는다.
2) 똥을 밟든지 빛깔이 검은 꿈이면
   흉조이다.

3) 음식점의 화장실에 들어가면

　　외박하여 여관에서, 유흥업소에서 일하는 사람이나 창녀를 찾는다.

병원(病院)

　　병을 치료하는 것은 소망, 사건, 사업 등의 검토, 정리, 보완, 수정을 상징한다.

　　병원의 각 진료과는 어떤 기관의 사무 계통이나 각 부서를 상징한다.

　　내과나 신경 정신과는 회사의 내근 관계 부서이고, 외과나 정형 외과는 외근 관계 부서이며, 산부인과는 기획실이나 연구실의 상징이다.

1) 의사에게 병세를 자세히 설명하는 꿈은

　　관계자들에게 자기 일에 관해 행적, 이력, 사업 실적 등을 보고하게 된다.

2) 머리 수술의 꿈은

　　사상, 논문, 문예 작품 등을 관계자에게 심사를 받거나 상담에 응하지 않으면 기자, 검사 등에게 자기의 사상을 P.R하게 된다.

3) 병을 치료하다 죽는 꿈은

　　소원, 사업 등의 계획한 일 등이 완벽하게 성취된다.

4) 주사기, 침, 전기 치료, 메스 및 기타 치료 도구는

　　어떤 일의 심사, 검토, 수정 등을 위한 능력, 자원, 방도 등의 상징이다.

5) 수술할 때 아무 통증이 없으면

　　자신의 일에 흠이 없음을 상징한다.

6) 병 치료 중 중단하거나 잠이 깨면

진행을 의미하거나 일이 어려워진다.
7) 수술받을 때 뻐근한 감각을 느끼는 꿈은
   상대방이 자기 일에 깊이 관여하거나 상대방에게 감명을 줄 일이 발생한다.

보석(寶石)

보석은 귀중한 것으로서 남에게 헤프게 보일 수 없는 것이거나 왠지 보이고 싶어지는 것의 표현으로 처녀성을 상징한다.

유리에 관한 꿈은 투시적인 일, 투명과 결백성, 그리움, 염탐, 중계, 매개체, 소문난 일, 사업체 등과 관련되어 있다.

금속의 완제품은 사업체, 권세 집단 등의 상징이다.

1. 길몽

1) 많은 황금을 얻으면
   재물이 많이 생긴다.
2) 금두꺼비, 금송아지 등을 얻으면
   부귀 공명할 자손을 얻거나 복권에 당첨된다.
3) 보물 단지 또는 보물 상자를 얻거나 보면
   학자는 연구를 통해 희귀한 학설이나 진리의 학설을 정립할 수 있고, 상인은 재물을 얻으며, 일반인은 권리·명예·업적 등의 획득과 관계가 있다.
4) 보석상을 돌아보며 들여다보면
   취직처, 사업장, 혼처 등을 물색하게 된다.
5) 입으로 보석을 토하면
   큰 은혜를 입는다.
6) 은으로 된 것은

금과 같지는 않아도 보물에 속하므로 부귀 또는 명예와 연관이 있다.
7) 다이아몬드, 진주, 비취, 산호, 옥, 호박, 에메랄드 등의 보석은
　　사람의 인격, 권리, 재물, 부귀, 명예, 전과 등 최고의 상징이다.
8) 금훈장, 금팔찌, 금귀걸이, 금배지 등을 패용하면
　　고귀한 신분이 되거나 작품에 대한 좋은 평가, 권세, 부유, 명예 등을 얻게 된다.
9) 금시계를 얻거나 새로운 손목시계를 차면
　　좋은 배우자, 자손, 좋은 직장, 권리, 직위 등이 획득된다.
10) 금목걸이를 목에 거는 꿈은
　　처녀는 훌륭한 남편을 얻고, 임산부는 훌륭하게 성장할 자녀를 낳게 된다.
11) 금으로 만든 다섯 개의 도장을 얻으면
　　직장에서 지위나 직책의 승진이 있다.
12) 금비녀와 관계된 태몽은
　　태아가 유명인이 될 징조이다.
13) 처녀가 은장도를 받는 꿈을 꾸면
　　훌륭한 배우자를 만날 징조이다.

2. 흉몽

1) 권력자가 보석을 잃으면
　　자기의 명예나 신분이 하루아침에 몰락한다.
2) 보물 찾기에서 보물을 찾지 못하면
　　시험, 취직, 당선, 진급 등의 탈락 징조이다.
3) 보석이 변색, 상해, 분실하는 꿈은
　　신체에 이변이 생기거나 애정, 신분, 권리, 명예 등의 손상, 분실과 관련이 있다.
4) 모르는 사람이 자기의 보석을 들여다보거나 탐내면

자기의 비밀, 아이디어 기타 소중한 것을 잃거나 유린당한다.
5) 처녀가 중히 여기는 보석을 잃어버리면
처녀성을 잃거나 명예 또는 신앙심을 잃는다.
고급 관리가 잃으면
명예나 신분이 몰락한다.
6) 허리띠의 금장식을 팔다 못 팔게 되는 꿈은
딸을 아무에게도 시집 보낼 수 없어 고민한다.

보트

보트는 여성기를 의미하고, 연인과 보트 놀이를 하면 리드미컬한 성교 행위나 어떤 일의 성취 과정, 회담, 동업 등을 상징한다.

1) 보트를 저어가면
주어진 조건의 일을 잘 처리하게 된다.
2) 요트 경기를 하는 꿈은
학업, 연구, 경쟁, 사업 등에의 승부 겨룰 일의 상징이다.
3) 보트를 타고 벌판 가운데의 하천에서 물고기를 많이 잡으면
어떤 잡지에 작품을 연재하여 많은 소득이 있을 것을 상징한다.

보튼(단추)

단추는 명예, 권세, 인연, 결합, 과시 등을 상징한다.

1) 단추가 저절로 열려져 보이면
만사 형통의 길몽이다.
2) 금은 보석으로 된 단추를 다는 꿈은
권세나 명예의 획득이 있거나 좋은 동업자를 만나서 일이 잘 풀

리게 된다.
3) 공무원의 꿈에 금단추, 금장식 등을 옷에 새로 달면
지위나 직책의 진급이 이루어진다.

부상(負傷)

부상 즉 교통 사고나 무엇에 의해 상처 입는 꿈은 도덕적 양심이 위기에 임박해 있다는 것을 상징한다. 자신이 부상당하거나 형제, 연인 등 그 밖의 사람이 부상당하는 것도 동일한 뜻이다.

이는 현실에서 무엇인가 양심에 가책될 만한 일이 있는 것을 뜻한다.

1. 길몽

1) 타인이 성을 내서 나에게 상처를 입히면
운수 대통한다.
2) 코피가 나오면
재수가 있으나, 장님이 되는 꿈은 자손에게 흉하고 눈이 짓무르면 손재수가 있을 징조이다.
3) 사람과 물체 또는 자기 몸과 차가 부딪히는 꿈은
정신적 또는 물질적인 사업의 방도나 일이 서로 간에 합의를 보게 된다.
4) 남에게 실컷 얻어맞으면
힘이 좋아지고 심장이 튼튼해진다.
5) 손, 발 등의 부위에 화상을 입는 꿈은
계약, 인연, 기념할 일 등이 있다.

2. 흉몽
1) 귀의 부상에 관한 꿈은
   신임하는 사람에게 배신당할 징조이고, 귀뿌리가 끊어지는 꿈은 친인척간에 불화를 가져온다.
2) 상대방의 귀를 자르는 꿈은
   어떤 사람과의 인연이 끊기거나 그의 신분이 하락된다.
3) 코에 상처가 나는 꿈은
   시비, 음해, 중상 모략에 빠질 위험이 있다.
4) 먼곳이 잘 보이지 않으면
   실망할 일이 생긴다.
5) 수족에 상처를 입으면
   이별할 징조로서 손가락이 절단되는 꿈이면 친구를 잃게 되고, 무릎이 부상되면 영업이 부진할 징조이다. 칼 또는 도끼에 저절로 다쳐도 흉조이다.

부엌

부엌은 일의 출발 또는 시발점으로서 기획실, 인사 교류, 작전 부서, 재정적인 일, 출세 기반 등의 상징이다.
부엌에서 요리하는 사람은 기획실 직원이나 재무 부원이고, 식당 주인은 기관장의 상징이다.

1) 부엌에서 서성거리면
   사업을 시작하거나 출세의 기반이 다져진다.
2) 부엌에서 생기는 일은
   가까운 시일내에 이루어질 일과 관계된다.
3) 부엌에서 불이 나면

급한 일이 생긴다.
4) 부엌에서 음식을 열심히 만들면
    진행 중의 일을 재점검하거나 무엇인가를 계획할 일이 발생한다.

불[火]

불은 과격한 감정의 상징으로서 소원 충족, 욕정, 세력, 정력, 열정, 진리, 성령, 교화 사업, 사업 방도나 자본, 일의 성공 여부와 흥망 성쇠 등을 상징한다.

1. 길몽
1) 불이 세차게 타는 꿈은
    출세할 징조로서 길하다.
2) 부싯돌이나 촛불로 불을 일으키면
    재수가 있고, 만약 장사를 한다면 매우 길하다.
3) 난로에 불이 잘 붙으면
    사업이 잘 운영되거나 소원이 충족될 징조이다.
4) 강물에 불이 붙으면
    정신적, 물질적인 것으로 어떤 기관과 협력하여 사업이 성공할 징조이다.
5) 큰 불이 하늘을 태우듯 타면
    천하 태평의 길조이다.
6) 맹렬한 불이 온몸을 태우면
    크게 귀하게 된다.
7) 전깃불이 환하게 밝은 곳으로 가는 꿈은
    매사의 근심 걱정이 해소되어 취직, 사업 등이 잘 진행된다.
8) 잘못한 전기 공사로 합선되어 폭음과 함께 큰 불이 나면
    진행 중인 일이 크게 성취되어 세인의 관심사가 된다.

9) 상대방의 밭에 붙었던 불이 자기 집으로 옮겨 붙는 꿈은
   남의 권리나 재산 등을 이전해서 큰 부자가 된다.
10) 그릇에 담긴 물, 오줌, 강물 등에 불이 붙는 꿈은
    어느 기관, 회사 등에서 정신적, 물질적 사업이 크게 이루어질 징조이다.
11) 큰 도시가 불타는 것을 보는 꿈은
    헌법 개정, 학설, 교리 등이 전국 또는 지방에 전파되어 감화를 준다.
12) 이층과 아랫층에 각각 불이 난 것을 본 꿈은
    상하 두 계층의 사업체에서 일이 잘 성사되어 세상에 알려지게 되고 이에 따라 큰 소득도 얻는다.
13) 폭죽, 불꽃이 밤하늘에 찬란하게 퍼지면
    계몽 사업으로 선풍적 인기를 얻어 이목이 집중된다.
14) 밖에서 들여다보는 집 창문에 불이 환하게 밝혀져 있으면
    어떤 기관에서 자신의 성실함을 인정해 준다.
15) 방안에 촛불이 환히 밝혀져 있으면
    사업이나 소원이 자신의 의도대로 이루어지며 근심과 걱정이 없어지고, 방안에 불이 나서 계속 타고 있으면 어떤 잡지사에 작품의 연재 기회가 오거나 사업이 융성해진다.
16) 금은 보화의 물체가 빛을 발하거나 그 빛이 하늘에 닿게 되면
    작품, 업적 등의 큰 성취로 세인의 인정을 받는다.
17) 횃불을 들고 어두운 밤길을 걸으면
    어렵고 힘든 일이 극복되거나 진리를 깨닫는다.
18) 숲이나 얕은 언덕이 불에 타는 꿈은
    사업의 번창이나 큰 일이 성사될 징조이다.
19) 나무 두 짐에 불을 질렀는데 잘 타는 꿈은
    두 곳에서 사업 자금이 마련되어 사업이 번창해진다.
20) 건물이 폭탄을 맞아 화재가 나면

여러 방면으로 사업이 번창한다.
21) 불덩이가 하늘에서 떨어지는 꿈은
혁신적인 일이 사회에서 일어난다.
22) 폭발물이 터져 인명이 다치고 불길이 치솟는 것을 보는 꿈은
어떤 혁신적인 일 또는 창의적인 작품 등이 세상에 발표되고 큰 명예와 이득을 얻게 된다.
23) 풀밭, 길가 등에 불이 번져 나가는 꿈은
뜻하는 바가 이루어진다.
24) 자기 몸에 불이 붙으면
추진 중인 일이 잘 이루어지고 신분의 갱신이 일어날 길조이다.
25) 불이 상대방의 몸에 붙어 타면
자기의 일거리와 사업이 번창한다.
26) 초롱불을 들고 밤길을 가면
은인, 동업자 등을 만나 일이 잘 추진된다.
27) 산이나 들에 불이 나면
만사 형통의 길조이다.
28) 성화대에 불이 잘 붙으면
교리를 널리 전파하고 교회를 설립한다.
29) 성화를 들고 계속 달리는 태몽은
진리 탐구를 하는 학자나 종교적 지도자가 될 자손을 얻을 징조이다.
30) 자색 광선이 창문을 통해 방안이나 자기 몸에 비치는 꿈은
사업 또는 작품 등이 진리임을 학계에서 인정받게 된다.
31) 불을 여러 군데 옮겨 붙이는 꿈은
여러 회사나 신문, 잡지 등에 일이나 작품이 선전 광고된다.

2. 흉몽

1) 방안에 연기가 스며들면
   전염병에 감염되기 쉽고 남에 의해 누명을 쓴다.
2) 불 가운데 있으면서도 타죽지 않으면
   부족함 없는 여러 여건 속에서도 일의 성사가 잘 안 된다.
3) 여러 사람이 화롯가에 둘러 앉아 있으면
   상대방과 사소한 시비로 말다툼이 일어난다.
4) 화롯불이 꺼지는 꿈은
   소망의 좌절을 암시한다.
5) 물건은 타는데 불길이 없고 연기만 나면
   공연한 헛소문이 떠돈다.
6) 불이 다 타고 재만 남으면
   잘 추진되던 사업이 중도에 돌발적인 사고로 인해 재물을 잃어 버린다.
7) 불길을 끄지 못해 발을 구르거나 두려움과 불안에 떠는 꿈은
   집안 또는 사업상 화근이 생긴다.
8) 불길을 중도에 끄면
   번창하던 사업이 중도에 방해가 생겨 중지하게 된다.
9) 높은 산 일대가 불타는 꿈은
   국가·사회적인 경사나 환난이 발생하고, 큰 건물·기관 등에 실제로 불이 나는 등 사회에 큰 혼란이 생긴다.

3. 기타

1) 물을 끼얹어 불을 끄는 꿈은
   끼얹은 횟수만큼 소비를 한다.
2) 마당의 흙 속에서 불길이 한가닥 솟아오르면
   남에게 자신을 과시할 일이나 신문 광고할 일이 생긴다.

3) 가로등 밑에서 일을 하거나 서 있으면
　　협조자에 의해서 근심과 걱정이 없어진다.
4) 햇빛이 강하게 방 안으로 들어오면
　　강한 외부 세력 또는 종교적인 힘이 자기에게 영향을 미친다.
5) 남이 횃불을 들고 가는 것을 보면
　　어떤 사람의 지도 및 조언을 받는다.

비〔雨〕

　　비는 내리는 정도에 의해 마음속의 감정의 과격함을 표현하는데, 소원의 경향이나 질식된 관념의 분비 현상을 비유하거나 사회적 혜택, 작품명, 이념, 소문, 사상, 외세 등의 상징이다.

　　1. 길몽
1) 비가 와서 마른 논에 물이 흡족하게 차는 꿈은
　　재물이나 권세를 얻게 된다.
2) 창문으로 빗방울이 거세게 들이치면
　　자신의 신분이나 실력을 세인들한테서 인정받게 된다.
3) 우레가 울리고 번개가 치면
　　관리는 승진하고, 상인은 장사가 잘되고, 학자는 이름을 떨친다.
4) 수많은 조약돌에 비가 촉촉히 내리면
　　작품이나 사업 성과에서 좋은 평을 얻게 되거나 출전한 작품이면 입상하게 된다.
5) 소나기는
　　소원의 충족, 국가 또는 사회적 혜택, 평가받을 일 등의 상징이다.
6) 비를 흠뻑 맞으면
　　큰 은혜를 입는다.

촉촉히 맞으면
자비로운 사랑과 혜택을 얻는다.
7) 멀리서 쏟아지는 빗줄기를 보는 꿈은
오랜 기간이 경과하면 좋은 혜택이 돌아온다.

2. 흉몽

1) 빗방울이 한두 방울 떨어지는 꿈은
눈물과 슬픔, 불만이나 쾌감 등을 체험하게 됨을 상징한다.
2) 비가 내리는데 그 속에 눈이 섞여 있으면
하는 일마다 두 토끼를 쫓는 꼴이 되어 일의 성사가 어렵다.
3) 계속되는 장마에 대한 꿈은
질병, 근심, 불안, 과잉 상태, 사회적 환란이나 박해 등을 상징한다.
4) 말리려고 헤쳐 놓은 나무, 곡식단 등의 물건에 빗방울이 떨어지면
남의 물건을 빌려 주거나 빚을 주고 떼인다.
5) 우박이나 싸락눈이 오면
일에 진척이 없이 고생만 한다.

비행(飛行)

비행은 압력에서의 해방, 고난 극복, 자력으로 자유롭게 행하는 것에 대한 동경 등을 상징하는 것으로서 자유, 전시, 작품 전시, 전망, 과시, 출세, 승급, 득세 등의 일이 국가나 사회적인 기반으로 인해 이루어진다.

1. 길몽

1) 하늘로 날아 올라가면
장차 부귀할 길조이다.

2) 날아서 은하수를 건너면
   소원 성취하게 된다.
3) 편대 비행을 하면
   출판 사업 등 자기 사업이 계획성 있게 잘 추진된다.
4) 공중을 날아 나무에 오르는 꿈은
   이성과의 사랑, 승급, 승진 등이 수월하게 이루어진다.
5) 엔진이나 프로펠러가 여러 개 달린 큰 비행기가 바다에 착륙한 것을 보면
   어떠한 연구 기관이 해외에 정착해 큰 빛을 보게 된다.
6) 천체가 떴던 자리에서 수송기가 날아오는 꿈은
   계몽적인 작품으로 성공해서 큰 사업체를 가지거나 협조 세력이 등장한다.
7) 기러기 떼가 비행기 편대, 대포, 탱크 등으로 중무장한 기갑 부대가 되어 산을 타고 내려와 진을 치는 꿈은
   저술, 출판물 등으로 성공한다.
8) 연인과 함께 공중을 날거나 산책하는 꿈은
   애정, 혼담의 성사가 있고 일거리일 경우는 그 진행이 순조롭다.
9) 날개가 나서 하늘을 날아다니면
   공직에서 출세한다.
10) 어린이들이 자주 날아다니는 꿈을 꾸면
    성적이 우수해지거나 기량과 기술이 남보다 뛰어나게 된다.
11) 공중을 비행하는 비행체, 새, 짐승 등은
    국가나 사회적인 기반에서 이루어지는 사업이나 작품, 업적을 과시, 선전, 광고할 일과 관계된다.
12) 비행기가 추락하거나 공중에서 폭발하는 꿈은
    자기 사업이나 직위, 신분 등이 새로워진다.
13) 비행기 안에서 비둘기가 나온 것을 안고 들어가면
    태몽일 경우 사회 봉사원, 간호원 등으로 활동할 자손을 얻는다.

14) 비행기가 물건을 실어다 주는 꿈은
　　단체, 기관, 회사에서 어떤 책임을 맡거나 재물, 명예, 일 등을 가져다 준다.
15) 정찰기가 정찰하는 꿈은
　　어느 기관에서 일의 탐색, 비밀 탐지, 인재 모집 등의 일이 있게 된다.
16) 공무원이 대통령 전용기를 타면
　　고위층 간부나 정부 기관에 발탁되어 승진된다.
17) 비행기가 공중에서 기관총을 쐈는데 그 탄피를 주우면
　　지상에 발표한 작품을 수집하거나 복권, 경품권 등에 당첨될 가능성이 있다.
18) 비행기를 타고 여행하는 꿈은
　　직장 생활이나 사업체의 운영 등의 일과 상관있다.
19) 공중에 떠 있거나 날면
　　세상 사람들에게 널리 과시하고 광고하여 선전하는 일과 상관있다.
20) 구름을 타고 하늘로 올라가면
　　길조이나 위험성이 있으므로 조심해야 한다.
21) 종이 비행기가 소리를 내면서 날아가고, 다른 종이 비행기가 폭음과 함께 하늘을 날아가면
　　두 개의 감동적인 작품이 매스컴에 의해 폭넓게 알려진다.
22) 물건을 비행기가 실어다 주면
　　어떤 단체에서 책임을 지어 주거나 일거리를 가져다 준다.
23) 적기를 격추시키는 꿈은
　　자기 사업이나 소원이 어떤 협조 기관이나 방도에 의해 무난히 성취된다.
24) 호화로운 건물이 공중에 떠 있으면
　　업적, 조직체, 기타 단체적인 일이 세상에 공개되고 과시될 수 있다.

2. 흉몽

1) 비행기가 아주 많이 떠서 혼전을 벌이거나 이리저리 떠다니는 꿈은
   두통 또는 복잡한 일에 직면한다.
2) 비행기 폭격으로 주변이 아수라장이 되어 아우성 속에서 도망치는 꿈은
   자기가 출품한 작품이 탈락될 징조이다.
3) 기자가 비행기에서 자신의 뒷모습을 찍으면
   어떤 공공 단체에서 자신의 신변에 관해 조사하게 된다.

3. 기타

1) 비행기가 크고 높은 빌딩을 폭파시키면
   고루한 학설, 봉건 사상, 기성 세대 등을 타파할 징조이다.
2) 비행기가 착륙하자 자가용으로 변하는 꿈은
   국영 기업체가 어떤 전환기에 개인 기업체로 바뀌는 것을 암시한다.
3) 비행기로 폭격하는 것을 보는 꿈은
   자기의 공격 성향이 비행기로 대신해 나타나는 것으로 일의 개선, 변경, 비평, 혁명 등이 일어난다.
4) 공중을 날아 난관을 피하는 꿈은
   자연적 또는 비상한 난관을 회피하거나 모처럼의 일이 성취 단계에서 좌절된다.
5) 먼곳으로 한없이 날아가는 사람을 보는 꿈은
   일이 오래도록 잘 진행되거나 이별, 사망 등과 관계된다.
6) 바위가 공중을 떠다니는 것을 보는 꿈은
   사회적인 어떤 기관의 운영 상태가 불안정하거나 사업체 또는 학문적 업적이 사회적으로 두드러지게 나타난다.

7) 회사원이 우방 국가 원수의 비행기를 타는 꿈은
    재직 중인 회사와 자매를 맺거나 같은 회사 계열로 전근된다.
8) 적기와 아군기가 공중전을 하면
    자기 세력이나 타인에 의해 방해적 여건을 물리치게 된다.

빈집〔空家〕

　　빈집은 학문 연구 대상, 남이 손대지 않은 사업, 유적, 과부
등의 상징이다.

1) 빈집에 혼자 누워 있으면
    혼담이나 계약 등이 쉽게 성사되지 않고 오랜 시일 후에 성사됨
    을 의미한다.
2) 결혼한 사람의 꿈에 빈집이 나타나면
    부부간의 애정의 결핍과 불만을 뜻한다.
3) 빈집을 사거나 팔려고 하는 꿈은
    과부를 얻거나 한번쯤 소유해 보려는 욕심을 갖게 된다.
4) 이혼자가 여행시에 숙박한 집이 낡은 집이었으면
    그 사람이 미래의 결혼 생활에 대해 강한 불신감 또는 체념을 가
    지고 있어 결혼과는 관계없이 연애만 즐기려고 생각하고 있는
    것을 암시한다.
5) 빈집에 들어갔다 다시 나오는 꿈은
    청탁, 계약, 연구 등의 일의 성사가 어렵다.
6) 집이 무너지고 사람이 없으면
    병이 잘 낫지 않는다.

빛〔光〕

　빛은 희망, 광명, 계몽, 교화, 명예, 진리, 영광, 명철, 통찰, 자극, 생기, 정력 등 다양한 상징 해석이 가능하다.

　1. 길몽
1) 빛을 보고 밝은 마음이 생기거나 전깃불이 환하게 밝혀져 있는 곳을 가는 꿈은
　　근심, 걱정이 해소되고 취직, 사업 등이 순조롭게 이루어진다.
2) 밖에서 들여다보는 집의 창문에 불이 환하게 켜져 있는 꿈은
　　그 집 사람이나 어느 기관에서 자기 또는 자기의 일을 환대해 주게 된다.
3) 불빛을 보거나 성곽에 붉은 빛이나 푸른 빛의 불빛이 있는 것을 보면
　　멀지 않아 좋은 일이 생긴다. 만일 현재 고민하고 있는 일이 있으면 깨끗하게 해결되는 등 매사가 순조롭게 진행되고 매우 중요한 일을 담당할 수 있다.
4) 폭음과 더불어 섬광이 하늘에 번쩍이면
　　사람들을 깜짝 놀라게 할 만한 기사거리를 읽게 된다.
5) 번개와 같은 광선이 하늘에서 땅으로 뻗으면
　　추진 중인 일이 많은 사람들을 감동시키게 된다.
6) 금은 보화의 물체가 빛을 발하거나 그 빛이 하늘에 닿으면
　　작품, 업적 등에서 크게 성취하게 되어 세인들로부터 인정을 받는다.

2. 흉몽

1) 주로 갱년기에 접어든 노인층에 많이 나타나는 꿈으로 전등 스위치를 켜도 전기가 들어오지 않아 당황하면
   만일 젊은이가 이같은 꿈을 꾸었으면 건강에 유의해야 할 징조이다.
2) 전깃불이 나갔다 들어왔다 하는 꿈은
   일이 중단되거나 계속되는 일을 거듭하게 된다.

3. 기타

1) 맑은 하늘에 별빛이나 달빛이 비치면
   자신을 존경하는 사람이 나타나거나 사랑할 수 있는 사람이 나타나게 된다.
   만일 결혼한 부인이 이 꿈을 꾸면
   남편이나 친척 간에 불화가 있을 징조이므로 조심해야 한다.
2) 전깃줄을 방안에 새로 가설하는 꿈은
   새로운 직장, 사업, 일의 방도가 마련된다.
3) 컴컴한 지하실 같은 곳으로 내려가면
   현실 생활에 대한 불만과 싫증을 느끼고 있음을 의미한다.
   무엇인가 희망적으로 생각하는 사람은
   밝은 곳으로 나오는 꿈을 자주 꾼다.

ㅅ

사막(砂漠)

사막은 미개지의 의미로 호기심을 자극하는 것을 뜻한다.

1) 사막을 걷거나 낙타를 타고 가는 꿈은
 하는 일에 고통이 따른다.
2) 사막 중간에서 길을 찾아 헤매는 꿈은
 단체에서 실력을 발휘하지 못하고 욕구 충족을 느끼지 못하게 된다.
3) 사막에서 오아시스를 만나는 꿈은
 사업이나 난관에 부딪힌 일들이 서서히 풀어진다.

사진

자신의 매력을 증명해 주는 것으로 다른 사람에게 인정받고 싶다, 보여주고 싶다는 마음의 표현이다.

1. 길몽
1) 결혼 사진을 찍는 꿈은
 단체의 공공 이익을 위하여 서로가 화합하게 된다.
2) 집안 사람들과 함께 사진을 찍는 꿈은
 사업이나 계약 등의 일을 문서화하거나 남에게 도움을 주게 된다.
3) 애인이 다른 사람과 사진을 찍는 꿈은
 애인이 하고 있는 일이 성공하고, 잘 풀리게 된다.

4) 자신이 포즈를 취하고 다른 사람이 사진을 찍는 꿈은
  남이 자기의 신상에 대해 물어보게 된다.
5) 상대방을 찍어 주는 꿈은
  상대방의 행적을 유심히 보며 기사화하거나 인터뷰할 일이 생긴다.
6) 사진을 현상하는 꿈은
  인쇄, 출판, 창작 등의 일과 관계된다.
7) 풍경이나 고적 등을 찍는 꿈은
  어떤 사건이나 업적을 기록에 의해 남겨 두게 된다.
8) 사진기를 새로 구입하는 꿈은
  동업자의 도움을 받거나 연인을 만나게 된다.

2. 기타
1) 앨범을 펼쳐 보면
  역사책, 수기 등을 읽거나 남의 사생활을 조사할 일이 생긴다.
2) 사진을 찍으려 하는데 필름이 없어 찍지 못하는 꿈은
  일의 성취가 불가능해진다.
  필름을 새로 사 넣으면
  사업 자본, 지식 등을 보충하게 된다.

사죄하다

열심히 빌고 있거나 사죄하는 꿈은 자신의 마음을 상대방에게 전달하는 것으로 자신을 알아 달라는 것을 뜻할 때도 있다.

1) 죄를 뉘우치고 눈물을 흘리는 꿈은
  자신이 이룩한 사업, 업적, 행적 등에 좋은 반응을 얻는다.
2) 신이나 우상 앞에 사죄하는 꿈은
  권세가나 유명인에게 어떤 일을 청원해서 이루어지게 된다.

3) 상대방에게 잘못을 사과하는 꿈은
   불쾌, 불만 등과 연관이 있다.
   그러나 용서받는 꿈은
   자신의 성실함을 많은 사람들이 인정해 준다.

산(山)

산은 대체로 여성의 가슴을 뜻하며 동경의 강한 표현이다.
높은 산은 길하며 높을수록 좋다.

1. 길몽
1) 산 정상에서 큰 소리로 외친 꿈은
   세인의 관심을 한몸에 받거나 세상에 명성을 떨쳐 소문이 나게 된다.
2) 산을 짊어지거나 들어올리는 꿈은
   기구, 단체 등을 통제할 수 있는 실력자가 되는 것으로 권세를 잡을 수 있는 길몽이다.
3) 산 정상에 날아오르는 꿈은
   진급하거나 가장 빠른 방법으로 목적을 달성하게 된다.
4) 높은 산 정상에서 사방을 둘러본 꿈은
   사회적으로 큰 업적을 이루거나 지위나 신분이 고귀해진다.
5) 산 정상에서 사람을 만나거나 보물을 얻는 꿈은
   길몽이며 좋은 일이 생긴다.
   산에서 신령적인 존재나 호랑이 등 큰 짐승을 만나면
   지위가 높아지거나 좋은 직책이 주어지게 된다.
6) 산에서 폭포수가 쏟아지는 꿈은
   조력자를 만나 하는 일이 성사된다.
7) 산마루나 언덕 위에 사람이 많이 모여 있는 꿈은
   자신과 뜻을 같이할 사람이나 경쟁자, 처우 개선을 요구하는 사람을 만나게 된다.
8) 고갯길을 넘는 꿈은
사업상의 난관을 극복하거나 전환점에 이르고 직장을 옮기게 된다.
9) 산울림이 나는 꿈은
자신의 요구 사항이 사회적으로 반영되어 이루어진다.
10) 적의 산정을 점령하는 꿈은
현상 모집이나 단체 경기에서 입선하거나 우승한다.
11) 바라보는 산이 호랑이, 용, 사람으로 변하는 꿈은
정치가, 권력가, 사업가로서 큰 세력을 잡거나 변신을 하게 된다.
12) 먼 산에 올라가야겠다는 꿈은
먼 산은 외국을 뜻하는 것이므로 외국에 가려는 소망을 나타낸다.
먼 산에 올라가면
외국에 가거나 숙원이 이루어진다.
13) 산 중턱에서 물건을 얻는 꿈은
중류급에서 출세하거나 중년 이후에 성공하게 된다.

2. 흉몽

1) 높은 산을 오르다 떨어지는 꿈은
신분, 지위, 소원, 일 등이 몰락되거나 좌절된다.
2) 산이 무너지는 꿈은
손윗사람의 상을 당할 염려가 있다. 산사태는 국가나 사회적 환란, 사업 기반의 붕괴를 의미한다.
큰 산 전체가 무너지는 꿈은
상대방의 사업이 쇠퇴하여 소득이 생기거나 조직 개편이 이루어진다.

3. 기타
1) 지팡이를 짚고 오르는 꿈은
   협조자나 유리한 방도에 의해 일이 진행됨을 의미한다.
   짐을 지고 오르는 꿈은
   책임진 업무가 힘겨워서 고통 속에 있다는 것을 의미한다.
2) 목표가 산의 정상인데 정상을 향해 오르는 꿈은
   소원을 성취시키기 위해 많은 노력을 하게 된다.
   아직 많이 남아 있거나 멀다고 느껴지는 꿈은
   자기 뜻대로 쉽게 이루어지지 않는다.
3) 산에서 지도를 그리는 꿈은
   윗사람에게 청원할 일이 생기거나 교회에서 봉사할 일이 생긴다.

살인(殺人)

현재의 자신에게 만족하지 못하고 새롭게 다시 태어나고 싶다는 바람의 표현이다. 다른 사람이 사람을 죽이는 현장을 보거나 살인범을 찾는 꿈은 환경의 변화나 타인에 의해 생활을 변경시키려는 태도의 표현이다.

1. 길몽
1) 자신을 해치려는 적을 죽이는 꿈은
   자신의 능력에 벅찬 일이나 방해자가 나타나도 그 일을 성사시킨다.
2) 사람을 무자비하게 죽이는 꿈은
   현실에서 하고자 하는 일이나 사건을 통쾌히 처리하거나 성취하게 된다.
   무고한 사람을 죽이는 꿈은
   심적 갈등이나 불안없이 일을 성취한다. 옷에 피가 묻으면 재물을 얻는다.

3) 사람이나 동물, 곤충 등 생명체를 죽이는 꿈은
어떤 일이든 완벽하게 처리한다.
크게 우는 꿈은
시험에 합격하고 소문이 난다.
4) 남을 죽이거나 자신이 죽는 꿈은
입학, 취직, 사업 등이 잘 이루어진다.
그러나 사람을 죽이고 경찰에 쫓기는 꿈은
시험에 불합격한다.
5) 두 사람을 한 칼에 베어 죽이는 꿈은
하나의 방법으로 두 가지 일이 성사된다.
6) 사형수를 죽이는 꿈은
합격품 심사를 필한 물건을 판매하거나 합격자를 배치하는 일에 관계된다.

2. 흉몽
1) 사람을 죽였는데 다시 살아나서 도망치는 꿈은
해결할 문제가 실패하여 고통을 당한다.

3. 기타
1) 사람이나 동물을 죽이고 양심의 가책을 받거나 불안해 하면
일을 성취하나 뒤처리가 불안하거나 불쾌감을 느끼게 된다.
2) 사람을 죽이고 정당 방위를 주장하는 꿈은
어떤 일은 달성하지만 성과는 인정받지 못한다.

상가(商街)

번화한 상가를 걷고, 물건을 사고 파는 꿈은 자신의 매력을 과시하고 싶다거나 눈길을 끌고 싶어하는 욕망의 표현이다.

상가에 사람들의 왕래가 없는 꿈은 무엇인가를 비밀스럽게 숨기고 싶어하는 것이다.

1) 시장에서 아는 사람을 만나는 꿈은
   길몽이니 안심해도 좋다.
2) 물건을 파는 꿈은
   술이 생긴다.
3) 시장에서 술 마시고 노는 꿈은
   길몽이나 행동을 조심해야 한다.

상복(喪服)

상복의 검은 의상은 죽음을 의미한다. 이것은 당신이 현재의 자신과는 다른 새로운 생활을 위해 과거의 것을 매장하고 싶어하는 것을 나타낸다.

1) 예식장에 상복을 입은 사람이 나타나는 꿈은
   단체의 우두머리가 되거나 돈을 지불할 일이 있다.
2) 흰 상복을 입은 꿈은
   여러 방면으로 유산을 상속받게 된다.
3) 몸에 상복을 입어본 꿈은
   무직자는 취직을 하게 된다.

새[鳥]

새는 사람과 동일시되며 작품, 일거리, 재물, 권력 등을 상징한다.

1. 제비
1) 제비가 집을 찾아드는 꿈은
   객지에 나갔던 식구가 돌아오고 사업을 시작하게 된다.
2) 제비가 둥우리에 새끼를 치고 기르는 꿈을 꾸면
   사업이 번창하거나 일을 계획하고 정확하게 추진해 나가게 되고,
   제비가 나는 것을 보는 꿈은
   작품이나 사업으로 유명세를 타게 된다.
3) 제비가 날아왔다 잠시 머문 꿈은
   예쁜 여인이 찾아와 한동안 동거를 하게 된다.

2. 학
1) 학이나 두루미 같은 고상한 새는
   학자, 성직자 등을 상징하며 그 처세가 고고함을 뜻한다.
2) 학이 공중에서 날으는 꿈은
   출세하는 길몽이다.
3) 학이 뜰에서 사람과 노는 꿈은
   귀한 자식을 얻게 되거나 지식인과 접하게 된다.
4) 학을 타고 내려온 노인이 무엇인가를 주는 꿈은
   협력자에 의해 부귀 영화를 누리고 신분이 영화로워진다.
5) 큰 알에서 학의 새끼가 나와 걷는 꿈은
   학술 서적을 번역하여 출판하게 된다.
6) 학이 들판에서 노는 꿈은
   제자를 지도하게 된다.
7) 동자가 학을 타고 내려오거나 학이 자신의 몸에 앉는 꿈은
   태몽이라면 학문적인 연구에 몰두할 자식을 얻게 된다.

3. 공작새

1) 공작새가 나는 꿈은
   자신을 과시하게 되거나 예술 작품으로 명성을 얻게 되어 부귀해진다.
2) 공작새가 자신에게 공명의 빛을 비추는 꿈은
   좋은 작품을 접하게 되거나 이상적인 사람을 만나게 된다.
3) 공작새가 날개를 활짝 편 꿈은
   하고 있는 일에 관심이 집중된다.
4) 남자가 공작새를 소유하게 되는 꿈은
   훌륭한 여자와 결혼할 수 있게 된다.

4. 비둘기

1) 비둘기를 보는 꿈은
   부인이 길하며 가업이 번창하게 되고 집안이 화목해진다.
2) 비둘기나 닭에게 먹이를 주는 꿈은
   여러 사업에 투자하게 되고 선량한 이들을 위한 일을 하게 된다.
3) 남자가 비둘기를 붙잡는 꿈은
   온순한 여자와 결혼할 수 있게 된다.

5. 기타

1) 닭이 우는 꿈은
   기업이 번창하게 되며,
   수탉이나 장끼가 울면
   공직에 나아가게 되고
   암닭이 울면
   희귀한 작품을 써서 세상에 이름이 알려진다.
   그러나 혼담은
   성립되었다가도 깨지는 수가 있다.

2) 하늘에서 매가 빙빙 도는 꿈은
　　매라면 지위가 향상되거나 세상에 과시할 만한 사업으로 성공한다. 독수리는 우두머리가 되는 길몽이다.
3) 원앙 금침이나 원앙 문양이 든 그림을 보는 꿈은
　　동업이 순조로우며 사업도 번창 일로이다.
4) 새가 나무에 집을 짓는 꿈은
　　집이나 세력권 내에 사람이 찾아와 일을 도와주게 된다.
5) 매가 새를 잡아오면
　　신뢰하는 아랫사람으로 하여금 사람을 데려오게 하거나 재물을 얻게 된다.
6) 새가 무리를 지어 날아가는 꿈은
　　많은 부수의 책을 출판하거나 이미 출판된 책이면 2판, 3판을 찍게 된다.
7) 두견새나 뻐꾸기 알을 얻는 꿈은
　　뜻하지 않는 곳에서 재물이 생긴다.
8) 원앙새 한 쌍을 본 꿈은
　　좋지 않던 감정이 풀리고 자식의 혼사가 이루어지게 된다.
9) 봉황새를 보거나 소유한 꿈은
　　부부가 화목하고 평화로우며 미혼이라면 훌륭한 배우자를 만나게 된다.
10) 독수리가 자신을 채어 공중을 나는 꿈은
　　여자는 훌륭한 남자를 만나 결혼하게 된다.
11) 닭이 나무에 오르거나 황새가 나무에 앉은 꿈은
　　지위가 향상되거나 우두머리가 된다.
12) 여러 마리의 까치가 나뭇가지에 앉는 꿈은
　　도움 받게 될 사람과 만난다.

새벽

새벽은 밤의 종말을 의미하므로 춥고 어두운 밤으로부터 밝고 따뜻한 낮으로 전환의 의미를 가진다. 이 경우는 마음속 깊이 망설이고 있는 것에서 해방되려고 활발하게 활동하려는 기분을 뜻한다.

1) 다음날 새벽 4시라고 말하면
   내년 초에서 4개월 후이거나, 처음 시작에서 네번째를 의미한다.
2) 굴 속에서 나오거나 밤이 새벽이 되면
   입신양명하여 성공할 길조이다.
3) 저녁해가 서산에 걸리면
   소송 사건이 생기고, 여자는 여자 아이를 낳게 된다.

색채(色彩)

꿈속에서 표현되는 물건의 색깔은 특별한 상징적 이미지를 나타내기 위한 가공된 관념의 표상이다.

흑색, 백색, 녹색, 청색, 적색 등 꿈에 등장하는 색채들은 현실과 마찬가지로 천연색으로 나타나는 것이 일반적이며, 흑백영화와 같이 무색으로 시각상에 나타난다고 생각되는 것은 색깔에 대한 기억이 깊이 남아 있지 않아 눈을 뜨는 순간 거의 잊어버리기 때문이다.

여러 가지 색깔이 혼합된 색은 여러 가지 일, 즉 다목적, 다재 다능, 잡종, 잡념, 협심, 협력, 인기 등의 일을 뜻한다.

1) 꿈에 나타난 물건들의 색깔은
   각별한 상징적 이미지를 나타내기 위해 가공된 관념의 표상이므로 과거 기억물의 재현이라고 할 수 없다.

2) 파란색은

초년, 정력, 젊음, 방랑, 인내, 투명, 상쾌, 명랑, 신선미, 박애주의 등을 상징한다.

3) 빨간색은

정열, 충성심, 연정, 공격심, 정조관, 난폭함 등 또는 물건의 상징, 의의에 부가된다.

4) 검은색은

암담, 무의미, 불길, 불쾌, 음탕, 비밀, 죽음, 자비, 부도덕 등의 상징이다.

5) 백색은

순결, 결백, 정의, 소박, 처녀성, 유산 상속, 쇄신, 항의, 신천지, 배타성 등을 의미한다.

6) 회색은

이중 인격, 위선, 죄과, 경멸, 미완성, 잔재, 허약성, 부유 등을 상징한다.

7) 녹색은

질투, 시기, 나약, 애착, 초창기, 유아기 등의 일을 상징한다.

8) 갈색은

늙음, 숙련, 노련, 완숙, 교활, 불신, 미움 등을 상징한다.

9) 분홍색은

연애, 명예, 기쁨, 애착, 부귀, 공로, 선동, 호강 등을 상징한다.

10) 보라색은

겸손, 아늑함, 존경, 수줍음, 선동, 음호 등의 상징이다.

11) 노란색, 햇빛, 불빛, 꽃, 과일, 동물, 가공품, 의상 등의 색깔은

사랑, 존경, 성숙, 애정, 애착, 인기 등을 상징한다.

12) 누런 빛 동물은

정상적인 사람의 동일시이고, 누런 빛 과일은
성숙된 일이나 오래된 일 등을 나타낸다.

13) 가장 인상 깊게 기억할 수 있는 색채는
　　꽃이나 동물, 광채나는 물건, 황금빛 광선 등이다.
14) 붉은 글씨는
　　휴식, 거세, 단체에서 제외될 징조이다.
15) 붉은 옷은
　　신분의 귀함이나 모함, 흥분, 싸움, 상해, 사망의 상징이다.

샘[泉]

　　샘이나 우물처럼 물이 계속 솟아나오는 것은 임신의 상징이다.

1. 길몽

1) 샘물이나 우물물이 도도하게 넘쳐 흐르면
　　집안이 흥하고 자손이 번창하며 좋은 인연과 재물을 얻는 등 대길할 징조이다.
2) 우물 안에서 산이 보이면
　　뜻밖에 큰 사업체가 생기거나 배우자가 나타난다.
3) 우물에 들어가면
　　취직하거나, 어떤 기관에 볼일이 있어 들어가게 된다.
4) 산 밑에서 샘물이 솟아나면
　　정부 기관이나 큰 기업체에서 정신적, 물질적인 재물을 얻을 일과 관계있다.
5) 공무원의 꿈에 상대방이 우물에서 먼저 물을 떠 마시면
　　상대방이 먼저 진급된다.
6) 선녀, 신령, 사람 등이 우물에서 나오면
　　학원, 교회, 관청 등에서 인재가 나오거나 진리의 서적을 출간하게 된다.

7) 우물을 발견하거나 찾아 헤매면
   어떤 기관에 사업 관계로 부탁한 일이 뜻대로 이루어진다.
8) 우물에 사람을 넣고 묻어 버리면
   자기의 사생활을 지키며, 은행에 장기 저축을 하게 된다.
9) 불분명한 출처에서 여러 번 물을 떠다 우물에 부으면
   세일즈맨이 돈을 수금할 일이 생긴다.
10) 우물 속에서 짐승이 나오는 것을 본 꿈은
    어떤 출판사에서 자신이 원하는 책을 출간하게 된다.

2. 흉몽

1) 우물물이 말라 버리면
   친척 간에 불화가 생기고 재산이 탕진된다. 단, 부인이 꾸면 무방하다.
2) 우물에 빠지거나 일부러 들어가서 나오지 못하는 꿈은
   옥살이를 하거나 원한이 길며 모함에 빠지게 된다.
3) 샘물이나 우물물이 탁해 보이는 꿈은
   신경 질환이 생길 수 있고, 여색을 조심해야 한다.
4) 우물을 찾아 헤매는 꿈은
   입학, 취직, 청탁 기관 등의 결정에 고통을 겪게 된다.

3. 기타

1) 우물물이 처음에는 흐려서 못 마시다 나중에 맑아져서 떠 마시면
   소원, 취직, 결혼 등이 난관에 부딪혔다가 성사된다.
2) 우물물을 떠서 손발을 씻는 꿈은
   근심, 걱정이 사라지고 입학, 결혼, 청탁 등이 해결된다.
3) 약수를 마시는 꿈은
   근심, 고통이 사라지고 진리를 터득하게 된다.
4) 여러 개의 우물을 들여다보는 꿈은

여러 직장이나 사업장을 감사하거나 청탁할 일이 생긴다.

생각

생각은 소원 충족과 연관된 현실적인 체험의 표시이다.

1. 길몽

1) 물고기를 잡아야겠다고 생각하면
   어떤 재물의 소유를 위해 일을 계획한다.
2) 어떤 물건이 새것이라고 생각하는 꿈은
   새로운 일, 창조적인 일을 의미한다.
3) 시원스럽게 울거나 대성 통곡하면
   기쁘거나 만족할 일이 생긴다.
4) 성스럽거나 존엄하다고 생각되면
   덕망 있는 사람과 관계하거나 유익한 책을 읽게 된다.
5) 자신이 신선이 되면
   타인의 도움 없이 부귀하게 될 운세이다.
6) 자기 어깨가 커보이면
   운수 대통하여 좋고, 멀지 않아 자기를 사랑하는 연인이 나타날 징조이다.
7) 자기가 어떤 큰 문제를 저지른 것 같은 꿈은
   많은 사람이 생각지도 못한 일을 해내거나 깜짝 놀랄 사건을 터뜨린다.
8) 화나서 소리를 지르면
   친구의 도움으로 소원했던 일이 이루어지고, 경쟁하던 사람을 물리치고 세인들의 우두머리에 서게 된다.
9) 이유없이 몹시 기뻐하면
   현실로도 아주 기쁜 일이 일어날 것을 예시한다.
   이유가 분명한 경우 몹시 기뻐하면

그 예시성이 약간 다를 뿐 이 경우도 길몽이다.
10) 미치광이가 되는 생각은
   현실의 괴롭고 험한 일에서 벗어날 수 있게 됨을 의미한다. 즉 지금까지와는 다른 자유스러움이 현실 생활 속으로 찾아든다.

   ### 2. 흉몽
1) 시간이 늦었다고 생각하는 꿈은
   어떠한 일이 목표에 미달됨을 암시한다.
2) 상대방을 측은하게 생각하거나 불쌍해서 위로하면
   사업, 청탁, 소원 등이 절망 상태에 놓인다.
3) 일을 고통스럽게 생각하면
   진행하는 일마다 방해 혹은 장애물이 생겨 난관에 봉착하게 된다.
4) 배고픈 생각이 들거나 아깝다는 생각이 드는 꿈은
   부족함, 불만, 미수, 고통 등이 생긴다.
5) 헌것이라고 생각되는 꿈은
   과거, 쇠퇴 등을 암시한다.
6) 상대방이 흐느껴 울면
   상대방에 대한 의혹을 가지게 되고 가환(家患), 신병, 불행 등을 경험하게 된다.

   ### 3. 기타
1) 끝이 없다고 생각하는 꿈은
   영원, 비현실적인 일, 허망한 일과 관계된다.
2) 상대방을 속여야겠다고 생각하면
   진실이 아니거나 계교적인 일로 상대방을 유혹하게 된다.
3) 임시 또는 잠시라고 생각하는 꿈은
   단기간 내에 이루어진다는 암시이다.

4) 신령적 존재를 두렵게 생각하면
   신령적인 일로 감동하거나 불안해진다.
5) 자신에게 다른 사람이 화를 내면
   친구나 연인이 자신을 이끌어 주는 사람처럼 느껴지며 또한 부모나 상사로부터 꾸지람을 듣는 일도 있다.
6) 이성에게 욕정이 생기지 않으면
   어떤 사람에 대해 무관심하게 된다.
7) 자신이 다른 사람을 부러워하면
   경쟁자나 질투하고 있던 사람에게 심한 패배감을 느끼게 된다. 그리고 주위 사람과 다투는 일이 생기거나 큰 일을 맡게 된다.

서커스

서커스를 보거나 서커스단에서 연기를 하는 꿈은 초인간적 능력에 대한 동경을 뜻하는 것으로, 사업 처지는 어려우나 잘 이끌어 나간다.

1) 서커스를 구경하면
   선전, 광고, 잡지의 외설물 등을 보게 된다.
2) 피에로 같은 기묘한 복장을 한 사람이 나타나 관중의 비웃음을 당하는 꿈은
   더욱 잘 알 수 있을 것이라는 자신감의 표현이다.
3) 줄다리기하다 떨어져 죽는 것을 본 꿈은
   고되고 어려운 일이 어떤 기관을 통해 수월하게 이루어진다.

선물(膳物)

선물은 여성이 여성으로서 눈을 떠 남성을 강하게 의식하는 것을 의미한다.

1. 길몽

1) 선물을 보내면
   자신이 결혼하고 싶다는 것을 간접적으로라도 표현하였으면 하는 기분을 의미한다.
2) 사랑하는 사람이 화장품을 사주면
   상대방이 결혼 선물을 주거나 애정 표시를 하게 된다.
3) 의복을 선물받으면
   동업자, 취업, 협조자 등을 얻는다.
4) 귀인에게 패물, 보물 등을 받으면
   대길하며 필히 출세한다. 만일 여자라면 좋은 인연과 결혼하게 된다.
5) 물고기 종류의 선물을 받으면
   먼 곳의 소식이 있다.
6) 시계 선물을 받는 꿈은
   재물, 지위, 권세, 직업, 동업자 등을 얻는다.
7) 처녀가 은장도를 받게 되는 꿈은
   훌륭한 배우자를 만날 징조이다.
8) 남이 내게 화살이나 활을 주면
   남의 도움을 받게 된다.
9) 금실로 수놓아진 의복을 선물받으면
   좋은 혼처가 나오거나 훌륭한 작품, 서적 등을 얻게 된다.
10) 신령적 존재가 선물로 신발을 주는 꿈은
    훌륭한 학자, 권력자 등의 후예가 될 징조이다.

2. 흉몽

1) 남에게 옷을 주면
   실직할 일이 생기기 쉽고 근심거리가 발생한다.
2) 집안의 재물을 남에게 나누어 주면

친척이 흩어지게 된다.

선생님(先生任)

선생님이나 교수, 회사 상관은 사회적인 도덕, 의무의 대변자, 실제 인물, 은인, 협조자, 지도자, 감독관, 목사 등의 동일시이며 교양 서적 또는 백과 사전을 의미한다.

1. 길몽
1) 성인과 담소하는 꿈은
    대길하다.
2) 옛날 스승이 보이는 꿈은
    은혜로운 협조자와 관계된다.
3) 교직자의 꿈에 교장, 교감이 보이는 꿈은
    실제 인물이나 학무 과장 등의 동일시이다.
4) 귀자와 식사를 하면
    매사가 순조롭고 길하다.
5) 현역 군인이 교감을 보면
    사단장, 부사단장, 대대장 등과 접하게 된다.
6) 은사가 들판을 걸어오는 꿈은
    일이 잘 풀리지 않고 상당한 기간이 지나가야 협조자가 나타난다.
7) 학생을 단체로 움직이게 하면
    많은 사람이 자기 뜻대로 따르고 자기의 연구 과제를 발표하게 된다.

2. 흉몽
1) 학생이 존경할 수 없는 선생님을 보면

윗사람에게 책망을 듣거나 나쁜 일이 일어난다.

성교(性交)

성교는 애착을 가지고 진행시키는 일의 성취 여부나 동업자와의 일, 사건, 계약과 관계가 있다.

1. 길몽
1) 부부간에 성교를 하면
  사업상 계약이 성립되고 집안과 관계된 일이 순조롭게 진행된다.
2) 사람들이 보는 곳에서 거리낌없이 성교를 하면
  많은 사람들이 관심을 갖고 있는 일에서 성공한다.
3) 성교시 불만이 없거나 최고의 만족감을 체험하면
  대인 관계, 직업 등에서 계획한 일 또는 뜻밖의 일이 만족스럽게 성취된다.
4) 두 마리의 개나 돼지가 교미하는 꿈은
  사업상 동업이나 계약으로 인한 부를 얻게 된다.
5) 키스를 하고 성교하는 꿈은
  기다리던 일이 소식과 더불어 이루어지며 계약이 성립된다.
6) 성교시 잠이 깨는 꿈은
  어떤 일의 교섭이 있거나 계약이 진행된다.
7) 친족과 성교하면
  짝사랑하거나 존경하던 사람과 빨리 친해질 기회가 온다.
8) 동물과의 성교는
  그 동물이 사람, 명예, 재물, 권세, 작품, 일 등 다양한 상징성과 와 관련해서 어떤 일이 성사된다.
9) 과거에 사랑했던 사람과 재회하여 성교를 하면
  미결 상태의 묵은 일, 또는 포기했던 일을 재시도한다.

10) 유부녀와 거리낌 없는 성교를 하면
    남의 일에 간섭을 해 따가운 눈총을 받기는 해도 금전적으로는 큰 이익을 본다.
11) 늙은 여성과 성교하는 꿈은
    오래된 일을 성사시킨다.
    반대로 처녀와 성교하는 꿈은
    처녀지를 개척한다.
12) 잠자던 중 성기가 발기하면
    그 자극이 꿈의 표상 재료를 이끌어 올 수는 있으나, 다만 상징적 표상에 불과하다.
13) 혼전의 애인이나 이별한 아내와 성교하는 꿈은
    오래 끌어온 일이나 재생된 일이 성취된다.
14) 키스와 성교를 동시에 같이 행하면
    한번에 두 개 이상의 성과를 얻고, 실업자에겐 여러 곳에서 취직의 알선이 있다.
15) 남녀가 관계하며 연석을 베풀면
    혼담이 성사되고 만사 형통할 길조이다. 이때 부인이 아주 검은 남자와 결합하면 명예와 부를 얻는다.
16) 남의 부인을 애무하면
    경사가 있을 징조이다.
17) 인기인과 입맞추면
    생애 최고의 명예가 될 일에 관계하게 되며, 결실은 자신이 직접 취한다.
18) 부처나 예수 등 성인이나 신과 성교하면
    신앙에 의지할 일이나 그 방면의 학문에 심취하게 된다.
19) 행인한테 윙크를 했을 때 그 행인이 따라오면
    자신의 사업 계획에 반대자가 없다.
20) 처녀 두 사람 이상과 차례로 성교하는 꿈은

처녀작 혹은 새로운 일감을 차례로 성사시킨다.
21) 동성 간에 포옹하는 꿈은
    의견 일치의 징조이다.
22) 여성이 알지 못하는 남성과 성교하는 꿈은
    남편이나 자식, 본인 일이 성취되어 기쁨을 얻는다.
23) 유방이 피로 얼룩져 있으면
    임신의 상징이다.

2. 흉몽
1) 졸고 있을 때 성기가 발기한 꿈은
   일을 해도 결과가 의욕을 뒤따르지 못하며, 질병에 걸리기 쉽다.
2) 오르가즘을 강하게 느끼면
   물질적 손해를 크게 보거나 괴로운 일을 당하고, 정신적 고통을 받는다.
3) 미수의 성교나 좌절, 만족하지 못했던 성교는
   계획하던 일이 좌절되어 실망하거나 불쾌한 일과 접하게 된다.
4) 다른 사람의 성교 장면을 열심히 보면
   다른 사람의 일에 참견하여 창피당할 징조이다.
5) 성교 도중 실제로 사정을 해버린 꿈은
   과격한 운동을 하다 다칠 징조이다.
6) 강간의 성공으로 흡족하다면
   주어진 일을 강행하여 성취시키나 만족감을 크게 얻지 못해 마음의 고통을 받는다.
7) 다수의 여성과 순서대로 성교하면
   자신의 전공 분야와는 관계 없는 일들이 발생한다.
8) 성교하던 중 사람이 갑작스럽게 출현해 목적 달성에 실패하면
   매사에 훼방꾼이 괴롭히고 심지어는 계약 상태도 해약이 된다.
9) 사람들이 수치스러운 곳을 보면

매사가 미수로 그치고, 그로 인한 불쾌감으로 충만하게 된다.
10) 남녀 간에 포옹하는 꿈은
    힘들고 고된 일을 맡아 고뇌하게 된다.

3. 기타

1) 남에게 안기는 꿈은
   자비를 구하거나 구애하게 된다.
2) 정액을 휴지나 수건으로 닦는 꿈은
   계약서를 쓸 징조이다.
3) 사정한 것을 보는 꿈은
   정신적, 물질적 소모가 따르는 일이 생긴다.
4) 꿈에 먼 곳에 산다고 생각된 이성과 관계하면
   외교적 문제나 일에 자신이 직접 개입한다.
5) 꿈에 창녀라고 생각되는 여자와 성교하면
   술상에서 의논할 일이 발생하거나 자기 일에 세인들이 참견을 한다.
6) 성교시 파트너의 성기가 독특하게 돋보이는 꿈은
   자신이 점령해야 할 일의 독특함이 발견될 수 있다.

세탁(洗濯)

세탁은 더러움을 없애는 의미로 어떠한 사건의 뒷수습을 뜻한다.

1. 길몽

1) 의복을 세탁해서 손질해 입는 꿈은
   근심과 걱정의 해소로 새로운 일을 시작하게 되고 생활도 형편이 나아진다.

2) 냇가, 우물, 샘터에서 의복을 세탁하는 꿈은
　　지위, 신분, 직장, 과거의 청산 등으로 새로워지고 학문, 연구, 일, 직무에 심혈을 기울일 징조이다.
3) 빨래를 말리는 꿈은
　　자신이 뽐낼 만한 일이나 모습 등을 세인들에게 자랑하게 된다.
4) 빨래를 다듬는 꿈은
　　하고 있는 일에 마무리가 있게 된다.

2. 흉몽

1) 작업시 쓰는 장갑을 세탁하면
　　동업자와 불화가 있다.
2) 검정옷을 세탁하는 꿈은
　　부모상을 당할 징조이다.

3. 기타

1) 세탁소에 세탁물을 가져 가면
　　교회나 교도소 등의 교화 장소를 가는 일이 있다.
2) 옷을 세탁하고 다른 색의 물감으로 물들게 하면
　　사업 내용, 경영 철학 등의 변경이 있거나 직업의 이직이 있다.

셔츠

　　셔츠는 더러워져도 가볍게 세탁할 수 있기에 엄격하게 금지할 수 없는 성(性)적 교섭을 의미한다.

1) 팬티나 내의 등 속옷만 입고 거리를 걸어다니면
　　사업상 불안한 상태가 지속되거나 동업자가 혜택을 충분히 주지 못한다.

2) 새로 와이셔츠를 갈아입는 꿈은
　　새로운 동업자를 구하거나 지위, 신분, 직함 등이 갱신된다.
3) 와이셔츠나 에이프런이 하얀 꿈은
　　각각 동정과 처녀를 의미한다.
4) 무늬가 새겨진 셔츠에서의 무늬의 상징은
　　어떤 일이 신변에 영향을 끼칠 것을 암시한다.

소[牛]

　　소는 집안 식구, 집, 조상, 재산, 동업자, 사업체 등을 상징한다.

1. 길몽

1) 소를 사오거나 소를 끌고 집으로 들어오는 꿈은
　　며느리나 귀한 손님이 들어오거나 재물, 사업체 등이 생긴다.
2) 소에 소금 가마니를 두 개를 싣고 오면
　　중년 이후 혹은 말년에 두 가지 사업을 벌여 부귀를 얻을 길몽이다.
3) 소가 송아지를 낳으면
　　원하는 것을 필히 얻을 징조이다.
4) 소가 용변을 보고 있는 것을 꿈에 보면
　　정신적, 물질적 사업으로 재물을 번다.
5) 수레 끄는 소를 보면
　　다수와 협력해 원하는 바를 얻게 된다.
6) 자기 손으로 직접 소를 죽이는 꿈은
　　진행 중인 사업이 잘 추진된다.
7) 말하는 소를 보면
　　책을 의미한다.

8) 세 마리의 매어 있는 황소를 보는 꿈은
　　세 명의 아들을 두어 이들이 자수성가할 징조이다.
9) 누런 암소를 끌어다 맨 꿈은
　　여자, 며느리, 고용인, 가정부 등을 얻거나 재물이 생길 징조이다.
10) 소의 등을 타고 길을 가면
　　어떤 단체의 우두머리나 사업체의 경영자가 되어 세력을 자랑한다.
11) 잘생긴 뿔과 윤기 흐르는 털을 가진 소를 보면
　　진행 중인 일이 주위 사람들로부터 인정을 받게 된다.
12) 뿔에서 피가 나는 소를 보면
　　관직에 높이 오르거나 작품 등으로 세상을 감화시킨다.
13) 목동이 한 곳에 소를 모으면
　　한 단체나 회원의 지휘, 감독하는 자리에 오른다.
14) 쟁기를 매고 밭을 갈고 있는 소를 본 꿈은
　　동업자가 생겨 사업이 활기를 띤다.
15) 소를 끌고 산으로 올라가는 꿈은
　　지위나 신분이 높아지거나 재력가가 된다.
16) 목장에서 많은 소들이 자유롭게 놀고 있으면
　　많은 사람을 대할 일, 소의 숫자만큼 종업원을 거느리거나 많은 재물이나 일감 등이 생긴다.
17) 수렁이나 함정에 빠진 소를 구하는 꿈은
　　집안 식구, 고용인 등이 병에 걸리거나 함정에 빠지는 것을 구하여 몰락한 집이나 가산, 사업을 일으키게 된다.
18) 뱀을 실은 소를 끌고 오는 사람을 소, 뱀과 함께 모두 삼키는 꿈은
　　사업체의 운영권, 권리, 작품, 재물을 한꺼번에 얻는다.
19) 소를 팔고 다른 소를 사는 꿈은
　　며느리, 가정부, 집, 재물, 사업 등을 새로 장만하거나 바꾼다.

2. 흉몽

1) 죽은 소를 묻으면
   집안에 화근이나 우환이 생긴다.
2) 소가 짐을 잔뜩 실어서 지쳐 있으면
   진행 중인 일이 벅차고 힘들어서 고통받는다.
3) 소를 방목하는 꿈은
   자손이나 고용인이 방황하거나 재산을 모을 수 없다.
4) 검은 소가 외딴 곳에 매어져 있는 꿈은
   탐탁치 않은 며느리, 자식과 떨어져서 살게 된다.
5) 소에게 받히는 꿈은
   믿던 사람에게 배신당하거나 심적 고통으로 병에 걸리기도 한다.
6) 누런 암소가 검은 송아지를 낳으면
   장차 태어날 아이가 속을 썩이거나 모자 이별의 암시이다.
7) 소가 자기를 보고 웃는 꿈은
   자기와 관계가 있는 집안 식구나 동업자와 다툼이 있거나 기분 나쁜 경험을 할 징조이다.
8) 중병 중인 사람이 소를 산 속으로 끌고 들어가는 꿈은
   그의 죽음과 함께 재물 손실이나 누군가의 죽음이 있다.
9) 소가 자기를 쓰러뜨리고 짓밟거나 굴리는 꿈은
   빚으로 고통 받는다.
10) 뛰는 소를 못 잡으면
    고용인의 도주나 재물 손실이 있다.
11) 소가 공중에 매달리면
    계약자가 행방 불명되어 돈을 날리는 일이 있다.
12) 외양간의 소가 고삐 풀린 채 머리를 밖으로 내밀고 있으면
    이혼이나 별거하거나, 재물이나 고용인 등을 잃게 된다.
13) 소의 털이 잡색이거나 점박이 등의 여러 가지 색깔이면
    여러 가지 특성을 지닌 사람, 재물, 작품 등을 상징하나 탐탁하지

못하다.
14) 소에 타거나 몰고 가다가 쓰러져서 일어나지 못하는 꿈은
    자기 세력, 단체, 사업체 등이 어려운 상황에 이른다.
15) 투우 경기를 보는 꿈은
    이념이나 이권 대립이 있을 징조이다.
16) 소를 팔러 가면
    고용인, 재산, 집 등을 잃거나 다른 사람에게 빌려준 물건을 찾기 어렵게 된다.
17) 꿈에 소를 기르면
    가족이나 동업자의 방황이 있다.
18) 소가 많이 지쳐 있는 것을 보는 꿈은
    호주, 고용주, 사업체 등이 무거운 책임으로 고통받게 된다.

3. 기타

1) 소 한 마리가 정체 불명의 짐을 잔뜩 싣고 자기 앞에 서 있으면
   약혼자로 인한 걱정, 근심거리가 있다.
2) 검은 소를 보는 꿈은
   탐탁치 않은 배우자를 만나거나 아주 훌륭한 배우자를 만나게 된다.
3) 논두렁이나 수렁에 빠져 있는 소를 구해 주면
   가까운 사람들이 질병에 걸리거나 모함에 빠지고 기울던 가산, 사업 등을 구하게 된다.
4) 소를 사고 팔면
   가족, 재산, 사업 등의 변동이 있다.
5) 소를 잡아 여러 사람이 고기를 나누면
   정신적 또는 물질적으로 분배할 일이 있다.
6) 소가 멀리 매어져 있으면
   먼 곳의 여자와 결혼하거나 상당한 기간이 걸려야 배후자를 만

난다.
7) 선조가 끌어다 맨 두 마리의 소 중 한 마리가 죽는 꿈은
   둘 중 하나의 일이 성사되거나 고용인 중 한 사람의 일이 성사되고, 또는 고용인 중 한 사람이 죽을 수도 있다.
8) 성난 소에게 쫓겨 도망치다 대항하는 꿈은
   벅찬 일, 강력자, 센세이셔널한 책 등에 도전하게 된다.

소리〔聲〕

소리는 소식, 소문, 감동, 명성, 경고 등의 상징이다.

1. 길몽

1) 신이 길흉의 예고를 해주면
   길하고 복을 받는다.
2) 북이나 종소리가 크면
   관직에서의 승진이 있다.
3) 기선이 기적 소리를 내며 항구에 들어오면
   일의 성사를 위해 독자적인 아이디어를 낸다.
4) 사람 살리라는 고함을 치거나 비명을 지르는 꿈은
   세상에 큰 소문을 내거나 명성을 날리거나 감동할 일이 발생한다.
5) 자명종 소리를 듣는 꿈은
   작품이나 계몽 사업으로 명예를 얻는다.
6) 폭포, 파도, 바람, 새의 푸드득 소리, 소나기 내리는 소리 등이 들리는 꿈은
   전도 사업의 홍기, 작품의 선전, 치하·감탄·격찬, 작품 홍보 등과 관계가 있다.

2. 흉몽

1) 종을 쳐도 소리가 안 나면
   흉조이다.
2) 타인을 명령하고 꾸짖으며 항거하고 시위하는 고함 소리를 듣는 꿈은
   사회적 화제 뉴스, 경고 문구, 소문낼 일이 있다.
3) 비명 소리나 신음 소리를 듣고 애처롭게 생각하는 꿈은
   상대방으로부터 기분 나쁜 체험이 있다.
4) 작고 가냘픈 소리는
   어떤 소식을 듣게 되거나 남과 다투게 되고 비밀스러운 사건이 발생했다가 없어지게 된다.
5) 큰 소리가 공중에서 나면
   국가적 차원에서 좋지 않은 일이 생긴다.
6) 상대가 소리를 내면
   근심, 고민, 병이 온다.

3. 기타

1) 총소리나 짐승. 사람 소리가 먼 곳으로부터 들리는 꿈은
   먼 곳에서 소식이 오거나 오랜 시간이 지난 후에 소식이나 사건 진상이 밝혀지는 일이 있게 된다.
2) 상대방의 소리만 들리면
   상대방의 소식을 듣거나 명령에 복종하게 된다.
3) 종이 저절로 울리는 꿈은
   먼 곳에서 소식이 오게 된다.

소변

소변은 소원, 건강, 재산, 발표, 정신적, 물질적 산물, 질식된

관념의 분비 등을 상징하는 것으로서 소변이 마려우면 소변을 누는 꿈을 꾸게 된다. 그 꿈은 빨리 일어나라고 감성를 재촉하거나 미래적인 일을 예시한다.

1. 길몽

1) 이곳저곳을 두리번거리다 화장실을 찾으면
   여러 기관을 물색한 후 한 곳에서 자기 소원을 충족시킨다.
2) 자신의 소변이 큰 하천을 이루거나 한 도시를 덮는 꿈은
   권세가 크게 주어지거나 자신의 사고를 당당하게 발표할 일이 있다.
3) 소변 배설시 성기가 돋보이고 세차게 시원스럽게 나오는 꿈은
   자신의 소원이 성취되거나 소문이 난다.
4) 소변이 가득한 구덩이나 비료통에 소변을 보면
   작가는 어떤 잡지사에 작품을 투고하게 되고, 사업가는 사업 성과가 좋게 된다.
5) 자신의 소변이 갑자기 오줌 바다가 되는 꿈은
   자신의 미약한 힘을 활용해서 큰 세력을 움직이거나 거대한 자본의 이용이 있다.
6) 성교를 한 다음 소변을 보는 꿈은
   어떤 일이 성사된 다음 2차적인 소원 성취가 있게 됨을 뜻한다.
7) 세면실, 개천 등에서 소변을 보면
   어떤 언론이나 출판사에서 자기와 관련된 기사를 읽는다.
8) 남이 소변 보는 것을 보는 꿈은
   남의 소원이 충족되는 것을 보게 되거나 남의 작품 발표를 보게 된다.

2. 흉몽

1) 소변이 잘 안 나와 힘들어 하거나 상대방이 잘못 누는 꿈은

매사가 원만하지 못하고 소원의 충족도 어렵다.
2) 소변 보기 위해 화장실에 들어갈 때 잠이 깨면
   어떤 일에 관여는 하지만 소원이 뜻대로 이뤄지지 않을 징조이다.
3) 옷에 소변이 묻으면
   어떤 계약을 체결하거나 사소한 감정으로 불쾌하게 된다.
4) 오줌싸개는
   꿈의 강도가 심하거나 신체의 허약 또는 잠이 빨리 깨지 않을 때 꿈과 함께 방뇨가 이루어진다.

3. 기타

1) 자기집 화장실에서 소변을 보면
   자기 집안 일이나 직장 일과 관련이 있다.
2) 음식점 화장실에 들어가면
   유흥업소에서 일하거나 구인 등의 일이 생긴다.

소파

소파는 자고 싶은 것, 천천히 쉬고 싶은 것을 상징한다.

1) 소파에서 어떤 사람을 기다리는 꿈은
   일, 집, 동업자에 의존해서 무엇인가를 기다리는 일이 있다.
2) 여러 사람이 소파에 둘러앉는 꿈은
   동지, 경쟁자, 협조자 등 어떠한 임무 수행의 감행이나 고대하는 일이 있다.
3) 물이 배어서 얼룩져 있으면
   어떤 사람에 대한 강한 경계심, 시기심, 질투심 등이 있음을 상징한다.

손[手]

손은 외부에 대해 적극성을 띠고 직접 행동함을 나타낸다. 그러므로 손은 모든 죄악의 직접적인 범인으로서 나쁜 짓을 하는 것이라는 의미도 있다. 손의 행동은 단지 그 행위 자체에만 의미가 있고 손에는 아무 상징적 뜻이 나타나지 않는 경우가 많다.

1. 길몽

1) 손을 내미는 꿈은

   직접 무엇인가를 시도하려는 의미이다. 주식에 손을 댄다는 의미도 있다.

2) 오른손을 사용하는 꿈은

   정의, 옳은 일, 정당한 일, 우익과 관계되며 왼손은 불의, 부정, 죄, 좌익과 관계가 있다.

3) 손, 팔이 아름답고 건장해 보이는 꿈은

   사업이 번창하고 재물이 모이며 사람들의 존경을 받는다.

4) 손이 넓은 공간을 덮을 수 있을 정도로 커지는 꿈은

   권세와 사업이 비대해질 수 있다.

5) 손목을 뽑았다 다시 맞추는 꿈은

   협력자, 좌우익, 일의 방도 등이 이탈에서 다시 회복됨을 의미한다.

6) 손으로 그릇에 담긴 물을 휘젓는 꿈은

   형제 자매간에 재물을 얻어 쓰게 된다.

7) 손을 들어 거수 경례를 하면

   단체 청원을 한다.

8) 팔이 여러 개인 사람을 보면

많은 부하를 거느리는 수령격의 사람과 만날 일이 생긴다.
9) 문패를 손으로 옮겨 다는 꿈은
   지위, 권세, 직책의 변경이 있다.
10) 손바닥에서 일어나는 일에 대한 꿈은
   형제 자매간의 일이나 세력 등에 관여하게 된다.
11) 잘린 손을 줍거나 상대방의 손을 잘라 가지는 꿈은
   자신의 작품 또는 타인의 작품을 얻는다.

2. 흉몽

1) 자기 손을 의자에 앉아서 보면
   중요 물건을 잃어버리거나 모함받을 일이 있다.
2) 물건을 훔치는 손을 보는 꿈은
   권리, 물건 등을 도둑맞거나 함정에 빠지게 된다.
3) 검은 손이 문패를 떼내어 가는 꿈은
   문패 주인의 신분 몰락을 초래하거나 그 사람이 죽을 수도 있다.
4) 꿈에 팔이 부러지면
   공든 탑이 무너지는 일이 발생하거나 동업자와의 결별이 있다.
5) 손목이 잘려 나가는 꿈은
   계, 기능, 단체, 협조 세력 등이 붕괴된다.
6) 털이 손등과 손바닥에 많이 나 있으면
   근심, 걱정거리가 생길 징조이다.
7) 오른팔이 부러지면
   부모, 형제, 자손, 근친이 불행할 징조이다. 또한 왼팔이 부러지면 모친의 자매에게 해가 있으며 두 팔 모두 부러지면 큰 병을 얻거나 수감된다.
8) 손이 작아지면
   종업원에게 사기를 당한다.

3. 기타
1) 해를 두 손으로 잡았다 놓는 꿈은
   20년 동안 세력을 잡았다 놓을 징조이다.
2) 자신의 의자에 손이 닿는 것을 보는 꿈은
   지위의 탈취를 노리는 사람이 있다.
3) 상대의 의자에 자신의 손을 대는 꿈은
   조만간 그 직위를 물려받게 된다.

손가락

손가락은 외부와 적극적으로 접촉하려는 것이나, 여러 가지로 나쁜 짓을 하는 것을 나타낸다.

1. 길몽
1) 타인에게 두 팔, 두 손가락을 들어 V자를 그리는 꿈은
   현실에서의 승리를 암시한다.
2) 손가락이 여러 개 나는 꿈은
   새 친구가 출현해서 돕고, 신천지가 열린다.
3) 손가락을 모두 사용하는 꿈은
   개인, 형제, 단체 등의 동업자와 함께 일이나 사업을 할 때가 가까워졌음을 상징한다.

2. 흉몽
1) 손가락 두 개가 잘라지는 꿈은
   형제나 형제와 같은 동업자가 제거된다.
2) 손가락이 꺾이면
   자손에게 해롭다.

손님〔客〕

꿈에서 손님이 의미하는 것은 이성일 경우가 많다. 왜냐하면 현실에서 손님은 때때로 집을 방문하여 긴장과 흥분을 주는 사람으로 간주되기 때문이다.

1) 손님들과 멍석 위에 앉아서 무언가 분주히 이야기하면
   집안의 일이 복잡해질 염려가 있으니 조심히 생활하는 것이 좋다.
2) 평소 미워하던 사람이 꿈에서 손님으로 나타나면
   병이 들 징조이다.
3) 손님이 먼 곳에서 오면
   술과 음식이 생긴다.

손수건

꿈에서 손수건이 의미하는 것은 여성이다. 특히 흰 손수건은 여성의 순결을 뜻한다.

1) 다른 사람이 주는 손수건을 자기가 받는다면
   그의 고용인으로 취직되거나 도움을 받게 되어 그의 뜻에 동조하게 된다.
2) 손수건을 사거나 만들어 가지는 꿈은
   집안에 가정부를 두거나 계약서를 쓸 일이 생긴다.
3) 피를 손수건에 묻히면
   계약이 성립된다는 것을 뜻한다.
4) 수건으로 때를 밀면
   추천서나 어떤 이의 천거에 의해 취직이 성사된다.

수도(水道)

꿈에서 수도가 의미하는 것은 감정의 배출구이다. 당신이 억제할 수 없는 감정—악에 대한 울분, 정욕 등—을 꿈속에서 해방시키는 것이다.

1) 쏟아지는 수도의 꼭지를 잠그려다 수도 파이프에 자기의 몸이 얼어붙는 꿈은
    어느 기관을 통해 자기일이 성취되고 막대한 재물을 얻게 된다.
2) 수도를 틀어도 물이 나오지 않으면
    사업이 실패로 돌아간다거나 가정이 경제적으로 어렵게 된다.
3) 수도물이 쏟아지는 데도 받을 그릇이 없어 쩔쩔매는 꿈은
    사업이 원활히 안되어 빚을 많이 지고 소비할 일만 생긴다.

수염

수염을 깎는다는 것과 수염에 대한 자기 행동은 현실에서의 자신에 대한 애정이나 자애의 표현이다. 수염은 업적, 권세, 기능 등이 특출한 사람과 연관 있다.

1. 길몽
1) 가발을 쓰거나 수염을 달면
    당분간 가까운 사람에게 협조를 요청하거나 자기일에 보호 조치를 취하게 된다.
2) 앉은 키가 하늘에 닿고 수염이 강처럼 긴 거인을 보면
    명망 있는 학자나 정치가를 만나게 된다.

2. 흉몽
1) 눈썹이나 수염을 깎으면

부모나 자식 등 자신과 가까운 사람이 죽거나 체면을 깎이는 일을 당한다.
2) 수염과 머리카락이 온통 하얗게 보이면
자기의 자식에게 근심이 있다.

수영(水泳)

꿈에서 수영이 뜻하는 것은 성욕이다. 또한 성적인 의미와 동시에 생기발랄한 젊음을 나타내기도 한다.

1. 길몽

1) 아무도 없는 곳에서 방해 없이 수영하는 꿈은
직장, 신앙, 결혼 생활이 원만하고 또한 만족해하는 것을 나타낸다.
2) 배가 파손되자 헤엄을 쳐 구조되면
파산이나 파혼 등과 같이 좋지 않은 일들이 일어나기 직전에 호전되는 것을 뜻한다.
3) 길을 걷다가 생각지도 않은 곳에서 수영하는 꿈은
어떤 직장에서 임시로 일해 달라는 부탁을 받는다.
4) 넓은 강을 헤엄쳐서 건너는 꿈은
진급했다는 소식을 듣게 되거나 원고 모집에 응모했다면 입상하게 된다.
5) 수영복도 안 입고 수영을 하면
모든 일에 간섭이 없어 매우 자유로워진다.
6) 사람이 아닌 개나 돼지 같은 동물이 헤엄치는 것을 보면
기관의 개입으로 자신의 사업이 호전된다.
7) 넓은 바다에서 수영하는 꿈은
대기업에 취직하거나 외국으로 유학 또는 취직하게 된다.

2. 흉몽

1) 물에 빠진 사람을 붙잡고 수영하는 꿈은
   일을 성취하려고 노력하지만 심한 고통에 직면하게 된다.
2) 물이 급하게 흐르는 강에서 수영하는 꿈은
   간사한 꼬임에 빠질 염려가 있거나 병에 걸리게 된다.
3) 땅 속에서 헤엄치는 꿈은
   부정한 일에 관련되거나 정부와 적대되는 일을 하게 된다.
4) 열심히 수영을 하는데도 앞으로 나가지 않으면
   사업이나 사적인 일―소원, 경쟁, 섹스 등―에 불만이 누적된다.
5) 물에 빠져 허우적거리는 사람을 구하여 함께 나오는 꿈은
   열심히 일했지만 보람을 느끼지 못하게 된다.

3. 기타

1) 많은 사람과 수영하면
   동업, 경쟁, 동거 생활과 연관이 있다.
2) 강을 수영하여 건너면
   입선, 전직, 입학, 진급 등과 연관이 있다.

술〔酒〕

술은 당신이 평소에 그것을 어떻게 대하느냐에 따라 의미하는 바가 달라진다. 보통 술은 만족할 수 없는 현실 생활을 암시하는데, 특히 여성이나 미성년자에게는 도덕적으로 용서받을 수 없는 쾌락을 추구하고 있는 것이 된다. 또 감히 그 도덕을 파괴하려고 하는 뜻도 있다.

1. 길몽

1) 정부 고위 관리들이나 또는 그의 비서들에게 술대접하는 꿈은
   사장 또는 기관장과 어떤 회사의 간부 사원에게 취직 청탁을 할 기회가 주어진다.
2) 술잔이 깨진 채 등장하면
   타인을 의식하지 않고 자신의 뜻대로 밀고 나가는 것을 뜻한다. 또는 뭔가에 자유롭고 싶다는 무의식을 상징한다.
3) 꿈을 꾸는 당사자가 주는 술잔을 상대방이 받아 마시면
   상대방이 자기에게 잘 복종해 주거나 청을 잘 들어 준다.
4) 술을 시장에서 마시며 노는 꿈은
   많은 사람들이 자기를 칭찬한다거나 기쁜 일이 생길 수 있다.

2. 흉몽

1) 술에 취해 몸을 가눌 수 없으면
   유행성병에 걸리거나 경쟁 상대의 꼬임에 빠져 그 잡념에서 벗어나지 못한다.
2) 꿈을 꾸는 당사자가 상대방이 권하는 술을 마시면
   정신적으로 감화를 받을 일이 일어나거나 계교에 빠진다.
3) 많은 사람들과 함께 술을 마셨는데 혼자 취해 쓰러지는 꿈은
   자기가 신임하는 친구나 동료에게 속임을 당하거나 배반을 당하기도 한다.

숲〔林〕

숲은 기업체, 관청, 학원, 연구원, 백화점, 병원, 병영(兵營), 공장 등을 상징한다.

1. 길몽
1) 숲을 거닐다 절이나 별장을 보면
   학문 분야에서 연구하거나 또는 업적을 남긴다.
2) 숲에서 큰 나무를 베어 그 나무의 껍질을 벗기는 꿈은
   직장이나 단체 등에서 대의원에 출마할 추천을 받게 된다.
3) 숲 속의 계곡물에서 물고기를 잡는다면
   계획하는 일이 잘 되며 성과를 얻을 것이다.
4) 숲을 개간하는 꿈은
   학설, 정책 등에서 구태의연한 것을 버리고 새로운 것으로 변화하는 것을 의미한다.
5) 숲 속의 과일, 버섯 등을 따는 꿈은
   논문의 통과, 시험 성적의 상승, 사업의 번창 등의 일이 생긴다.
6) 숲에서 꽃을 꺾으면
   직장에서나 학교에서 상을 받는 등의 명예를 얻는 일이 생긴다.
7) 숲 속에서 냇물이 흐르면
   학문이나 사업 등이 순조롭게 이루어진다.
8) 숲이 불타는 꿈은
   회사에 불이 일어날 경우도 있겠지만 대부분 사업이 융성해지거나 크게 번창할 것이다.

2. 흉몽
1) 산에 서 있는 나무가 듬성듬성 보이면
   국가 또는 작전 지역의 방어 태세가 허술함을 암시한다.
2) 숲 속을 헤매는 꿈은
   사업, 연구가 난관에 부딪치거나 질병에 걸릴 수 있다.
3) 숲 속에서 눕거나 앉으면
   사업상 기다릴 일이 있게 되거나 병원에 입원하게 된다.

3. 기타
1) 숲 속을 걸어 들어가면
   독서나 견학, 직무를 수행하는 것 등을 나타낸다.
2) 망령이 숲 속으로 이끄는 꿈은
   여러 방면으로 아는 사람을 소개받거나 교양 서적을 읽게 된다.
3) 개간지 한복판으로 물이 유유히 흐른다면
   물질적, 정신적 자원이 풍부하다는 것을 나타낸다.

스님〔僧〕

꿈속에서의 스님은 '금욕'의 상징이다. 꿈에서 스님을 흉내 내는 것은 금욕을 하는 체하는 것에 불과하다.

1. 길몽
1) 스님에게 시주하면
   일을 중개인에게 부탁해서 주무 당국에 소청할 일이 생긴다.
2) 꿈을 꾸는 당사자가 스님이 되면
   모든 일이 다 좋다는 징조이기도 하고, 중개업자, 회사원, 기관원 등과 관계가 있다.
3) 노승에게서 불경책을 받는 꿈은
   명망 있는 사람에게서 인정을 받거나 출세할 수 있는 길이 열린다.
4) 스님에게 시주를 많이 하면
   소청할 일이 많거나 큰 일을 소청하게 될 것이다.

2. 흉몽
1) 잡곡을 스님에게 시주하는 꿈은

학문을 깊이 있게 연구하지 못한다거나 자신의 작품이 심사에서 탈락함을 나타낸다.
2) 파계승과 함께 돌아다니는 꿈은
믿을 수 없는 사람이나 청부업자, 부랑아 등과 관계되는 일이 있을 것임을 나타낸다.
3) 태몽에서 스님이 문전에서 염불하면
장차 태어날 아이가 학문을 연구하여 학자가 된다. 꽹과리를 두드리면 무관으로 출세한다. 단 시주를 해야 한다.
4) 스님이 독경하는 꿈을 꾸면
병을 얻거나 걱정할 일이 생긴다.

스커트

스커트는 고상하지 못한 것을 과시하고 싶다는 욕망을 뜻한다.

1) 스커트가 바람에 날리는 꿈은
자신의 성적 매력을 과시하고 싶은 욕망을 표현하는 것이다.
2) 태몽에서 스커트가 등장하면
자손과 관계 있다. 그리고 거기에 담겨진 물건은 자손의 사업, 장래 등과 연관이 있다.
3) 검은 스커트로 해를 받았는데 그 스커트가 휘황찬란한 비단 치마로 바뀐 태몽은
평범한 지위에서 비범한 또는 고귀한 신분으로 될 것을 암시한다.

스토브

　꿈을 꾸는 당사자의 욕정을 불러일으키는 대상물을 의미한다.

1) 스토브의 불이 꺼지는 꿈은
　어떤 일에서의 소망(희망)이 좌절되는 것을 나타낸다.
2) 스토브가 꿈속에 나타나면
　그동안 의논했던 일이 이루어진다는 것을 의미한다.
3) 화롯가에 여러 사람이 둘러앉아 있는 꿈은
　여러 사람이 함께 화합할 징조이다. 또 다른 의미로 시비 거리가 생기기도 한다.

스파이

　스파이가 등장하는 꿈을 꾸는 것은 자기 자신을 속이려 하는 것을 의미한다.

1) 간첩을 신고하는 꿈은
　상품을 판매할 수 있는 거래처를 구하게 되고, 많은 사람들과 접촉하게 된다는 것을 의미한다.
2) 간첩을 잡는 꿈은
　암거래하는 물건을 취급해서 상품이나 일 등을 얻게 될 것이다.
3) 자기가 스파이로 등장하여 적의 동정을 살피면
　학문을 연구한다거나 사업체를 물색, 고적을 탐방하는 등의 일을 하게 된다.

승강기(昇降機)

승강기는 꿈속에서 성적 흥분의 감정을 뜻한다.

1) 꿈에서 에스컬레이터나 엘리베이터를 타고 오르내리면
   진급이나 소원의 강등의 경향을 의미하며, 병세나 성감의 변화를 나타내기도 한다.

시계(時計)

꿈에서 시계는 몸체(신체)를 뜻한다. 시계의 고장은 몸의 어느 부분이 피로하다는 것을 의미하고, 시계의 나사를 죄는 것은 성기의 자극을 의미한다.

1. 길몽

1) 시계를 새로 샀는데 그 시계에 먼지가 묻어 있는 꿈은
   과거에 연애를 해본 적이 있는 여자나 남자를 만난다는 것을 의미한다.
2) 소포로 발송된 시계가 꿈에 등장하면
   주어진 임무를 성실히 수행하고 권리를 획득한다.
3) 아주 큰 시계를 손목에 차지 않고 배에 차면
   사업체를 획득한다거나 지휘력, 생활 능력이 커진다는 것을 나타낸다.

2. 흉몽

1) 시계가 고장이 나면
   가족 중에 병이 난 사람이 생긴다거나 차사고를 당하게 되며 사업이 부진하다.

2) 시계줄이 없어지거나 끊어지는 꿈은
   인연 또는 유대가 끊어지는 것을 의미한다.
3) 손목 시계를 새로 구입하면
   취직이나 입학이 확정된다.
4) 시계를 수리하는 꿈은
   계획이나 하고 있는 일에 변경해야 할 일이 생기거나 병을 치료하게 되는 것을 뜻한다.

시체(屍體)

꿈에서 시체가 의미하는 바는 비밀이다. 그래서 꿈속에서의 시체는 자신이 죽였든지 그렇지 않았든지 숨겨야 할 것으로 나타난다.

1. 길몽

1) 꿈꾸는 당사자가 시체를 들고 오면
   작품을 완성하거나 일을 성사시켜 재물이 들어온다.
2) 시체를 묘지에 묻는 꿈은
   재물의 보관을 부탁받거나 회사나 기관으로부터 일거리가 들어온다.
3) 구더기가 우글거리는 시체를 보는 꿈은
   획기적인 사업 성과를 얻어 많은 사람을 감동시키거나 큰 돈을 벌게 된다.
4) 시체가 자꾸 불어나 방안에 다 차게 되는 꿈은
   사업이 번창하고 장차 큰 부자가 된다.
5) 시체가 정확하게 말을 하면
   현상 공모에 참가한 작품이 입상하게 된다.
6) 시체의 소지품을 훔쳐 가지는 꿈은
   일의 성취 후에 물질적인 소득을 얻는다.

7) 시체 앞에서 울면서 절을 하는 꿈은
   유산 상속을 의미한다.
8) 관의 뚜껑이 열려져 시체가 보이면
   자기가 성취한 일이 세상에 널리 공개된다.
9) 홑이불로 시체를 덮어 씌우는 꿈은
   성취한 일이나 재물이 오랫동안 보존된다는 것을 의미한다.

2. 흉몽

1) 시체를 운반하는 사람을 보면
   자기가 한 일의 성과가 다른 사람에게 가거나 예상된 일거리를 다른 사람이 가로채 버리는 일을 당한다.
2) 시체가 다시 살아나면
   마무리 단계의 일이 수포로 돌아가 그 보상을 해야 할 지경이 된다.
3) 물에 불린 시체마냥 시체가 커지면서 쫓아오는 꿈은
   빚 때문에 정신적 고통을 당하거나 생활비에 쪼들려 곤란을 당하게 된다.
4) 시체를 무서워하며 자꾸 도망가면
   이권을 차지할 기회가 주어지나 소유하지 못하거나 포기하게 된다.

3. 기타

1) 가족이나 가까운 친척의 사망에 울면
   정성을 들였던 일을 되돌아보거나 작품이면 감상할 기회가 온다.
2) 왕래가 잦은 길에 시체를 내놓으면
   남의 공을 자기 것인 양 떠들어대는 일이 있다.
3) 관 속의 시체가 뼈만 보이면
   어떤 작품이나 일이 당국에 의해 골자만 소개된다.

4) 자신이 죽인 시체를 공동 묘지에 묻는다면
   어떤 일을 비밀에 붙여야 할 처지에 놓인다.

시합(試合)

꿈에서 시합이 의미하는 바는 꿈꾸는 사람 자신의 정신적인 갈등이다. 직접 참가하는가 관전만 하는가에 관계없이 그것은 어른과 아이, 여자와 남자 등과 같은 여러 사회 관계에서 파생하는 갈등을 뜻한다.

1. 길몽
1) 자신보다 급수가 높은 사람과 바둑을 두어 이긴 꿈은
   최고의 명예, 권리를 얻는 것을 나타낸다.
2) 같은 나이 또래의 사람과 장기를 두는 꿈은
   자기의 사업 속에서 승부를 겨룰 일이 있다는 것을 나타낸다.

2. 흉몽
1) 시합 또는 승부를 해보는 꿈은
   폐나 신장 등이 허약하니 섭생하면서 약을 먹으라는 뜻이다.
2) 자기 나라 선수가 국제 경기에서 이기면
   작품 응모에서 당선이 되거나 사업에서는 주도권을 잡게 된다.
3) 바둑을 두면서 자신은 흰돌, 상대편은 흑돌인데, 자신이 흑돌을 하나씩 따내면
   갈등 관계에서 상대방을 이긴다는 것을 의미한다.

시험(試驗)

꿈에서 시험이 의미하는 바는 사업에서 자신의 능력, 성적

인 능력 등이다. 꿈에서 시험을 치루다가 흐지부지 되어 버리는 것이나, 시험의 잦은 연기는 능력을 시험당하고 싶지 않다는 마음의 표현이다.

1. 길몽

1) 자기의 수험 번호와 이름이 합격자난에 확연히 나타나면
   무난히 시험에 합격한다는 의미이다.
2) 시험에 떨어지고 집에 오는 꿈을 꾸다 깨면
   수석으로 합격을 하거나 우수한 성적으로 합격하게 된다.
3) 남의 것을 컨닝하면
   우수한 성적으로 합격한다.
4) 그 시험과 관계 없는 사람이 시험을 보면
   하고 있거나 계획한 일이 쉽게 성사되고 취직을 바라는 사람은 취직운도 트인다.

2. 흉몽

1) 필기구가 없어서 마음을 졸이면
   시험에서 떨어지거나 연애, 취직 등에서 좌절을 맛본다.
2) 시험지를 풀지 못해 쩔쩔매는 꿈은
   해결할 수 없는 문제로 심한 고통을 받을 일이 생긴다.
3) 감독관에게 답안지를 내면
   직장을 옮기거나 그렇지 않으면 전근을 가게 된다.
4) 시험관 바로 앞에서 답안지를 작성하는 꿈은
   사상 검토를 당한다거나 다른 사람에게 청탁할 일이 생긴다.

식사(食事)

꿈에서 식사가 의미하는 바는 자기가 바라는 많은 일을 이

루고 싶다는 욕망이다. 지배욕, 성욕, 식욕 등을 만족시키려는 욕망이다.

1) 평소에 존경하는 사람과 식사를 하면
   모든 일이 잘 풀리고 앞으로도 잘 되리라는 것이다.
2) 식사를 야외에서 하면
   외근을 하는 부서에서 일해야 하거나 외교적인 일을 하게 된다.
3) 식사를 어두운 곳에서 하면
   혼자서만 알고 있어야 하는 일이 생기거나 생소한 일을 책임지게 된다.
4) 죽은 사람과 함께 식사하는 꿈은
   모든 일이 순조롭게 풀린다는 것을 의미한다.

신(神)

꿈에서 신은 만능을 상징한다. 이것은 자기가 신이 되어 불만, 결점을 해소하고 욕구를 충족하려 하는 것이다.

1. 길몽
1) 귀신을 몽둥이로 잡으면
   평소에 가지고 있던 고민거리가 해소된다.
2) 금불상을 얻는 꿈은
   사회 발전에 기여할 수 있는 곳에 취직하거나 뜻깊은 책을 읽게 된다.
3) 화려한 옷을 입은 예수를 우러러보면
   사회적인 면에는 지도자가 나타나고, 개인적으로 사회 발전을 위해 중요한 서적을 출판하게 된다.
4) 유령이라고 생각되어지는 사람에게 이끌려 산 속으로 들어가면
   입학, 취직이 이루어진다거나 중대한 문제에 직면해 몰두하게 된

다.
5) 신이 길을 안내하는 꿈은
  훌륭한 지도자를 만나게 되어 일을 순조롭게 진행시키게 된다.
6) 선녀가 아이를 가져다 주면
  태몽일 경우에는 위대한 학자가 되어 큰 학문적 업적을 남길 자손을 얻게 된다.
7) 선녀를 만나 결혼하면
  좋은 사람을 만나거나 서류상 계약이 매끄럽게 성사된다.
8) 선녀와 육체적으로 관계를 가지면
  어떤 명예로운 일을 성취하게 된다.
9) 천사가 나타나 자기를 하느님 곁으로 데려가면
  고위직 관리로 취직하게 된다.
10) 걸어가는 예수의 뒷모습을 보면
  지도자가 자기의 청원을 흔쾌히 받아들이게 된다.

2. 흉몽

1) 신선과 장기나 바둑을 두면
  사업 관계상 또는 학문 분야에서 여러 사람과 시비를 가릴 일이 생긴다.
2) 춤을 추는 선녀를 보면
  자기의 상급자에게 면박을 당하는 일이 있다.
3) 우상 앞에 재물을 바치면
  권력자에게 청탁할 일이 생긴다.
4) 붉은 옷의 귀신이 춤추는 꿈은
  질이 나쁜 사람들에게 봉변을 당하게 된다.
5) 공중을 날며 자신의 머리채를 잡는 유령이 등장하는 꿈은
  정신병, 두통과 같은 머리와 연관된 병을 뜻한다.
6) 중병환자 또는 늙은 사람이 천사 뒤를 걸어가면

자기 자신의 죽음을 뜻한다.

3. 기타
1) 산신령은
   학원장, 기관장 등과 동일시되며 하나의 자아를 의미한다.
2) 궁지에 몰려 하느님을 찾으면
   자신의 양심을 호소하며 도움을 청하게 된다.
3) 미신적인 신 일체는
   권력자, 스승, 학자 등과 동일시되고, 책이나 정신적인 일을 상징한다.
4) 신령이 주는 음식을 받아 먹는 꿈은
   존경받는 사람이 일을 맡긴다는 것을 의미한다.

신문 기사

꿈에서 신문 기사는 의식적인 자신의 변화 또는 무의식적인 자신의 변화를 의미한다. 신문에 등장하는 사람들은 모두 자신의 일면을 반영한 것이며 그 사람들의 행동이 당신의 변화를 뜻한다.

1) 보통 신문 기자는
   실제의 형사, 탐정 등과 동일한 인물이다.
2) 신문 기자가 집에 찾아오는 꿈은
   신상에 대해 알려고 하는 사람이 찾아오거나 직책 또는 작품 등에 관해 문의하는 사람이 생긴다.
3) 신문 기자가 사진을 찍거나 녹음을 해가는 꿈은
   누군가에게 자유를 구속받거나 어떤 사건의 증거를 포착당한다.

신사복(紳士服)

꿈에서 신사복은 여성의 성기를 의미한다. 그래서 꿈속에서 이것을 갖고 싶다는 원망은 현실에서 여성의 육체를 요구하는 것을 뜻한다.

1. 길몽
1) 코트나 예복 등의 격식 있는 옷을 입는 꿈은
   신분이 변화되거나 다른 사람에게서 은혜를 받게 된다.
2) 옷이 저절로 벗겨지는 것이 보이면
   모든 일이 잘 풀린다는 뜻이다.

2. 흉몽
1) 양복이 맞지 않아 마음에 들지 않아 하는 꿈은
   직장의 일에 불만이 있거나 가정에 만족하지 못한 것을 나타낸다.

신체 장애자

꿈에서 신체 장애자는 꿈꾸는 당사자가 신체적, 정신적 결함이 있다는 것을 의미한다. 신체 장애자가 어떤 장애인가에 따라 그 장애가 의미하는 바가 달라진다.

1) 신체 장애자를 보면
   고생할 일이 많아 지게 될 것을 예고하는 것이고 자기가 직접 장애자로 나타나면 모든 일이 잘 풀리는 것을 말한다.
2) 나환자가 집에 찾아오는 꿈은
   선전원이나 전도사, 선교사 등이 찾아온다고 예고하는 것이다.

3) 신체 장애자의 몸에서 빛이 나는 꿈은
   병이 위중하다는 의미이다. 그러나 그 빛이 황금색이면 좋은 일이 생길 것이다.

실업자(失業者)

꿈에서 실업자를 만나면 부모님의 애정을 잃을 것 같은 불안을 뜻한다. 그리고 거지는 방랑자나 자신의 걱정을 덜어 줄 사람과 동일시된다.

1. 길몽
1) 자기 집의 형세가 가난해 보이면
   꿈에서와는 반대로 재수가 있고 만사가 순조롭다.
2) 거지를 보는 꿈은
   윗사람이 도와줘 자신이 소원하는 일을 성취한다.
3) 구걸하는 거지에게 돈이나 음식을 주면
   평소의 근심거리가 사라진다.
4) 거지와 함께 어디를 가는 꿈은
   외로워하는 사람을 만날 것이고, 개선이 필요한 일을 맡게 된다.

2. 흉몽
1) 꿈에서 자신이 거지가 되어 나타나면
   지위의 하락이나 고립, 신분의 몰락 등과 연관이 있다.

심장(心腸)

꿈에서 심장은 중대한 결심을 의미한다. 그리고 꿈에서의 가슴은 보통 마음이나 중심부, 신분, 세력권 등의 일과 연관되어 상징된다.

1. 길몽
1) 가슴에 훈장을 달면
   자기의 실력을 과시할 일이 생긴다.
2) 꿈속에서 훈장을 단 자기 사진을 보면
   자기의 작품이 좋은 평가를 받게 된다.

2. 흉몽
1) 어떤 괴한이 가슴에 앉아 괴롭히는 꿈은
   폐에 이상이 있을 수 있고 부부나 형제 사이에 좋지 않은 일이 생긴다.
2) 잘 모르는 여자에게 칼로 찔리는 꿈은
   병(늑막염 등)에 걸려 수술을 받게 된다.
3) 꿈꾸는 당사자가 상대의 가슴을 때리는 꿈은
   꿈속의 상대방인 사람에게 경고할 일이 생긴다거나 혹은 그 사람이 고약한 일을 저질러 제재를 가해야 할 일이 생긴다.

싸움

싸움은 성적인 교섭에 대한 원망으로, 비교적 쌍방이 심하게 흥분하고 있는 것이 보통이다.

1. 길몽
1) 남과 서로 때리고 싸우는 꿈은
   인덕이 있고 재물을 얻는다.
2) 상대방으로부터 폭행을 당하는 꿈은
   남에게 호평을 받거나 혹은 남이 자기일에 대해 혹평을 하거나 공격, 비난하게 된다.
　　　남에게 살해를 당하는 꿈은
　　　크게 길하나 매를 맞고 분을 참지 못하는 것은 좋지 않다.
3) 남에게 매를 실컷 얻어맞는 꿈은
　　　심장이 강해지고 힘을 얻는다.
4) 상대방에게 매를 맞아 상해를 입는 꿈은
　　　자신의 일이나 사업이 남의 평가를 받아 업적을 남기게 된다.
　　　그러나 피가 나면
　　　정신적, 물질적 손실을 입게 된다.
5) 상대방을 무자비하게 공격하면
　　　추궁을 당하던 일이 무난하게 해결된다.
6) 형제가 서로 때리는 꿈은
　　　길몽이니 좋다.

2. 흉몽

1) 첩이나 여자에게 맞거나 때리는 꿈은
　　　흉하니 조심해야 한다.
2) 두 사람이 서로 싸울 태세를 한 꿈은
　　　서로 언쟁을 하거나 실제로 싸우게도 된다.
3) 언쟁을 하는 꿈은
　　　시비거리가 발생하거나 하는 일에 불만이 생긴다.
4) 상대방을 발로 걷어차는 꿈은
　　　상대방을 억압하거나 모욕을 주게 된다.

3. 기타

1) 집단 구타를 당하는 꿈은
　　　여러 사람이 자신의 일이나 사업, 작품에 대해 여러 가지 평가를
　　　하게 된다.

2) 칼싸움을 하면
언쟁, 시비, 경쟁할 일이 생긴다.
3) 상대방을 지팡이로 때리면
협력자가 나타나 상대방을 시비, 탄핵, 평가하게 된다.
4) 동물을 때리는 꿈은
상대방의 일에 비판 또는 충고하게 된다.
5) 상대방을 때리는 꿈은
정신적 타격, 즉 시비, 공박, 야유, 비평 등으로 상대방을 곤경에 처하게 하거나 비평, 시비할 일이 생길 수 있다.

ㅇ

악기

악기는 신문사, 출판사, 사업체, 협력 기관, 애인, 방도 등을 의미한다.

1. 피리
1) 피리를 불고 장고를 치면
   기쁜 일이 많고 대길할 징조이다.
2) 피리를 부는 꿈은
   남의 마음을 움직이게 하고 세인들을 통해 소문을 낸다.
3) 다른 사람이 피리를 주는 꿈은
   이름을 사방에 떨치게 된다.

2. 나팔
1) 나팔을 자신이 부는 꿈은
   다른 사람을 통해 명예, 권세를 얻거나 소문낼 일이 있다.
2) 나팔을 상대방이 부는 꿈은
   예고, 소식, 포고에 관한 일이 있다.

3. 꽹과리
1) 꽹과리를 무당이 치면서 굿을 하는 꿈은
   언론, 출판, 신문, 잡지사에서 폭넓은 광고를 하게 된다.
2) 문앞에서 스님이 꽹과리를 치는 꿈은
   가문에 명예로움을 안겨 줄 인물이 태어난다.

4. 피아노

1) 피아노를 힘껏 연주하여 멜로디가 울려퍼지면
   소망하던 일들이 이루어진다.
2) 피아노 건반을 두드려서 소리가 나는 꿈은
   배우자나 완고한 사람의 마음을 동요시켜 반응을 얻게 된다.

5. 현악기

1) 현악기를 가지게 되면
   애인을 만나거나 협력자의 도움을 받게 된다.
2) 다른 사람이 기타, 가야금 등의 연주 장면을 보는 꿈은
   사랑의 호소가 있거나 자기 P.R., 종교적 전도를 해온다.
3) 악기 줄이 끊어지는 꿈은
   진행 중인 일의 중지나 실패, 인연의 단절, 이별이 있다.

6. 기타

1) 계속해서 소리가 들리는 꿈은
   작품, 소문 등이 계속해서 세상에 홍보된다.
2) 북을 두드리는 꿈은
   상대방이나 기관을 움직이게 한다.
   북소리가 울려퍼지는 꿈은
   세간에 소문이 퍼지거나 예고 또는 명성을 떨친다.
3) 농악을 구경하는 꿈은
   세간에 과시, 선전, 광고할 일이나 명성의 획득, 욕구 충족 등과
   관계가 있게 된다.
4) 피리, 거문고, 장고 등의 악기를 보는 꿈은
   허영이 생길 징조이다.

5) 악기를 칠판에 그리면서 제자들을 가르치면
새로운 계획이 세워지거나, 종업원에게 일의 분담이 있게 된다.

악수(握手)

악수하는 꿈은 개인이나 단체간의 결혼, 협력, 결연 등을 상징한다.

1. 길몽
1) 상대의 손을 감싸듯 두 손으로 잡으면
형제, 애인, 사제의 협력이 있다.
2) 손을 맞잡고 걷는 꿈은
상대와의 어떤 일이나 사업, 결혼 등의 진행이 잘된다.
3) 사회적으로 유명한 사람과 악수나 인사 대신 키스를 하면
명예가 따르게 되고, 일이나 사업의 결과가 매우 좋다는 소식이 있다.
4) 국가 원수와 악수하는 꿈은
존경하는 인물과의 계약이나 약속이 지켜지고 명예도 따른다.
5) 누가 자신의 손을 잡아 끌어 주는 꿈은
상대의 상당한 협력으로 난황을 극복한다.
6) 악수하면서 맞잡은 손을 흔드는 꿈은
상대방과의 협력, 결합, 결연에 문제가 발생하거나 보상할 일이 생긴다.
7) 거인 둘이 서로 악수하는 꿈은
사회 단체나 국가 등이 통합될 징조이다.

2. 흉몽
1) 위급한 상황에 있는 사람의 손을 잡아 구해 주면
   어떤 일, 거래, 대인 관계, 구함받은 사람의 실책에 대해 책임지거나 손해볼 일이 생긴다.
2) 안에 있는 사람의 손을 잡아 내리는 꿈은
   상대에게 강제로 책무를 지게 한다.
3) 악수시 상대방 손이 차갑게 느껴지면
   냉대받을 일이 생긴다.
   그에 반해 상대의 손이 따뜻하게 느껴지면
   호의를 느낀다.

악한(惡漢)

악한은 강제적으로 자기 일에 참견할 사람, 자기의 이해에 관계될 사람이나 힘든 일, 장애물, 병환을 상징한다.

1. 길몽
1) 악한을 물리치는 꿈은
   힘들고 급박한 문제가 해결되기 시작하거나 성사된다.
2) 악한에게 피살당하거나 육체적 피해를 입는 꿈은
   자기 작품이나 일의 결과 등을 객관적 위치의 제3자에게 평가받게 된다.

2. 흉몽
1) 처녀가 악한에게 시달리거나 악한의 꿈을 자주 꾸면
   혼담이 여러 번 오가나 마음이 내키지 않음을 상징한다.

2) 악한에게 쫓고 쫓기는 꿈은
   계획했던 일, 호기 등이 사라지고 자책감, 미련, 실패를 겪게 된다.
3) 악한과 이야기를 하면
   구설수에 시달린다.
4) 악한이 자신의 목을 조르는 꿈은
   집안 식구와 일가 친척이 불행해질 수 있다.

안개〔霧〕

안개나 아지랭이 혹은 공중의 연기 등은 인정하고 싶지 않은 징조의 부화, 즉 질병의 전래, 재난, 걱정거리를 뜻한다.

1. 길몽
1) 산머리에서 누런 구름이 올라오면
   사시 사철 어느 때라도 길조이다.
2) 자욱한 안개 속에 구름이 깔려 사방이 어두워져 형체를 못 알아보는 꿈은
   속히 기회를 잡으면 이익이 있으나, 병이나 실패가 따를 수 있다.

2. 흉몽
1) 실안개가 산허리를 휘도는 꿈은
   일의 성사나 성공 과정 등이 얼마간 밝혀지지 않거나 정체불명이 된다.
2) 안개가 어느 특정한 곳에만 덮이는 꿈은
   좋지 않은 사건이 발생하거나 세간에 소문을 내게 된다.

안경(眼鏡)

안경, 망원경 등은 투시력, 동업자, 명예, 미래의 일을 나타낸다.

1. 길몽
1) 안경을 새로 구입해서 쓰면
    지위, 명예, 권리 등 주위의 것들이 새로워진다.
2) 벗어 놓은 안경을 쓰게 되면
    협조자나 동업자를 다시 만나 도움을 받는다.
3) 금테 안경을 쓰면
    세인들이나 어떤 단체에서 자기를 인정하게 되거나 지위, 직분, 신분 등의 상승이 있다.
4) 망원경으로 보려다 육안으로 보면
    중간의 매개인이나 매개물을 통하지 않고 자신이 손수 일처리를 하게 된다.

2. 흉몽
1) 선글라스를 쓰고 있는 사람을 본 꿈은
    본심, 지위, 직분, 신분, 학력을 가장하거나 위장한 사람을 상대하거나 이중 인격자를 접하게 된다.

3. 기타
1) 안경을 쓰고 있는 사람을 마주 보면
    상대방이 자기의 마음을 꿰뚫어 보는 일이 생긴다.
2) 망원경으로 먼 곳을 보면
    미래의 일을 미리 알게 된다.

안내(案內)

안내원, 스튜어디스, 여객 전무는 자신을 도울 협력자, 중개인 등을 상징한다.

1) 귀인이 초청하여 안내받으면
   만사가 형통할 길조이다.
2) 안내원이 자신을 밀폐된 공간으로 안내하는 꿈은
   어떤 연구와 사업을 하게 된다.
3) 안내원이 밀폐된 공간으로 사라져 버리면
   함정이나 모함에 빠져 억압, 구속당한다.

애완동물(愛玩動物)

꿈에서 애완동물을 기를 경우는 자신이 대항할 만한 힘을 갖지 못하는 부모님이나 사회적으로 힘을 갖고 있는 사람을 두려워하여 자기 자신만의 세계를 구축하려는 것이다.

1) 꿈에 애완동물이 죽었다가 다시 살아나면
   어떤 기관에 제출했거나 청탁했던 일이 되돌아온다.
2) 뒤따라오는 애완동물을 차버린 경우는
   방해되는 사람이나 물건 등을 따돌리게 된다.
3) 애완동물을 쓰다듬어 주면
   주변 사람들에 의해 불쾌감을 느끼게 된다.

야채

　야채 중에서 대체로 가느다랗고 긴 모양의 당근, 무, 파 등은 남성을 상징하고 사과, 수박, 토마토 등의 둥근 것은 여성을 의미한다.
　야채 가게에 야채를 사러 가는 것은 성적 호기심의 표현으로 보여지며, 성적으로 만족스러운 이는 둥근 것과 가는 것, 즉 당근이나 수박 등을 섞어 사고, 성적으로 불만족스러운 여성은 당근과 파만을 구입한다.

1. 배추

1) 배추밭 근처에 파밭이 있으면
　　남녀 간에 혼담이 이루어진다.
2) 물에 떠 있는 시든 배추를 건지면
　　집안에 불길한 일이 생긴다.
3) 배추를 소금에 절이는 경우에는
　　병이 들거나 사망하고, 또 재물이 달아난다.

2. 오이

1) 꿈에 오이를 먹으면
　　남녀 간에 관계를 맺는다.
2) 뱀이 큰 오이를 감고 있으면
　　배우자 외에 다른 사람과 관계를 맺는다.
3) 꿈속에서 오이, 호박 등은
　　어떤 사건의 연대성, 연결성, 혹은 시작과 종말을 뜻한다.
4) 꿈속에서 늙은 오이는
　　대위 계급을 의미한다.

3. 채소
1) 좋은 채소를 고르는 꿈은
    사업, 재물, 연구 등에 이익이 생긴다.
2) 채소가 무성히 자라고 있다면
    사업, 혼담, 계약 등이 성사된다.
3) 밭에서 신선한 채소를 발견하면
    남에 의해서 자기 사업이 발전한다.
4) 채소밭에 꽃이 활짝 피면
    경사스러운 일이 생긴다.
5) 태몽에 채소, 청과물 등을 사오면
    태아가 미래에 재물, 권리, 일을 얻음을 의미한다.
6) 태몽에 길쭉한 채소나 청과류가 나오면
    남성의 성기와 비슷하다 하여 남아가 생긴다고 하나 속단은 금물이다.

4. 고추
1) 붉은 고추를 가득 따오는 태몽을 꾸면
    태아가 장차 재물을 얻게 됨을 의미한다.
2) 고추를 널어 놓는 꿈은
    사업을 벌이게 되고 소년, 소녀는 싸움, 창피, 초경 등을 경험하게 된다.
3) 고추, 파, 마늘 등 자극성이 있는 채소가 나오는 꿈은
    자료, 성과 등을 얻게 된다.

5. 호박
1) 호박이 여기저기 열린 것을 보는 꿈은
    작품이나 일에 성과를 얻는다.

2) 호박을 4분의 1로 잘랐더니 까만 씨가 많이 들어 있었던 꿈은
중학 입학에 관한 담화문을 보게 됨을 예시한다.

6. 해초류
1) 해초류를 바다에서 건져 올리는 꿈은
재물과 관계하여 어떤 단체에서 시비가 생긴다.
2) 이끼 낀 우물 혹은 연못에 대한 꿈은
불성실한 사람은 멀리해야 함을 뜻한다.
3) 미역국을 먹는 꿈은
입학, 청탁, 취직 등이 뜻대로 안 된다.

7. 풀
1) 수렁에 빠진 후 풀에 감겨 헤어 나오지 못하게 되는 꿈은
하고자 하는 일이 뜻대로 이루어지지 않는다.
2) 밭에 풀이 많이 난 꿈은
미개척 분야, 방해 여건 등을 의미한다.
3) 새싹들이 갑자기 동물로 변해서 커 가고 있는 꿈은
사업의 발전, 번창을 의미한다.

약(藥)

약은 몸의 건강 상태를 표현하는 것으로 자신이 저지른 죄에 대한 처벌 혹은 대가를 받고 싶다던가, 열등감을 극복하고자 하는 것을 뜻한다.

1. 길몽
1) 약국에서 약을 구해 오는 꿈은
생계비가 생기거나 사업상의 어떤 약속이 이루어진다.

2) 약병이 사방에 늘어져 있는 것을 보면
   학문적 자료나 생계비 등이 생긴다.
3) 폭약이라 여겨지는 약을 받아 먹으면
   성공할 만한 좋은 직장이나 책임 등을 얻게 된다.
4) 상자 속에 가득 찬 약병을 얻는 꿈은
   음식을 포식할 정도로 얻어 먹거나 담배, 술 등을 얻게 된다.
5) 임금이 내린 사약을 받아 먹으면
   어떤 일이 성사되어 최고의 명예를 얻거나 사회적으로 자신의 성실함을 인정받는다.
6) 신적인 어떤 존재가 약을 주거나 치료법을 알려 주는 꿈은
   몸이 건강치 못한 사람이 점차 회복되고 일가족이 평안하게 된다.
7) 태몽에 산삼이 모자를 쓰고 산봉우리를 향해 솟아 있는데 그곳을 많은 사람이 우러러보았다면
   그 자손은 자선 사업을 하게 된다.
8) 수삼이나 건삼을 얻는 꿈은
   많은 재물이 생기고 좋은 제품이 생산된다.
9) 약초를 먹는 꿈은
   근심 걱정이 없어진다.
10) 인삼을 얻거나 보면
    여러 방면에서 남의 이목을 받게 된다.

2. 흉몽

1) 약을 먹고 전염병이 낫는 꿈은
   어떤 기관이나 단체에서 이탈하게 되고 사업의 재정비가 필요하게 된다.

3. 기타
1) 의사나 약사가 약을 주어 받아 먹었을 경우
   윗사람으로부터 임무를 받거나 어떤 지시를 받는다.
2) 정신분석학적 치료나 심리요법을 받는 꿈은
   복잡한 심정을 남에게 털어놓게 됨을 의미한다.
3) 꿈속에서 치료약은
   능력, 자본, 성과, 영향, 임무 등을 의미한다.
4) 꿈속에서 약국은
   서점, 은행, 회사, 백화점 등을 상징하고,
   약사는
   지도자, 주인, 책임자 등을 의미한다.

어깨[肩]

어깨는 남성적인 것을 뜻하는 것으로 세력, 영토, 권리, 책임, 지위 등을 상징한다.

1. 길몽
1) 어깨가 살찌고 커 보이는 꿈은
   운수가 좋아진다.
2) 여성이 만원 버스에서 옆사람의 어깨에 이리저리 밀려 괴로움을 당하는 꿈은
   여성이 남성에게 정복당하고 싶음을 의미한다.
3) 아이를 어깨 위에 얹고 걸어갔다면
   남성에 대한 성적 공상을 의미한다.
4) 양말로 목을 조이는 꿈은
   성행위의 상징적 표현이다.

5) 목이 조여지는 꿈은
   성적 욕망에 대한 죄의식, 공포감 등을 나타낸다.
6) 어깨에 날개가 달리는 꿈은
   권력을 얻거나 출세를 하며 사업에 이익이 생긴다.
7) 양 어깨에 견장이 빛나고 있으면
   권세, 명예 등을 과시하거나 어떤 중요한 임무가 부여된다.

2. 흉몽

1) 상대방에게 등을 돌리는 꿈은
   상대방에게 복종하게 됨을 의미한다.
2) 어깨에 짐을 지는 꿈은
   어떤 일에 책임을 지게 되거나 고통받게 된다.

어린애

3~4세부터 국민학생 정도의 어린이가 나오는 꿈은 자기 자신의 일로서 자신을 맹목적으로 사랑하여 혼자만 고립되는 것을 뜻한다.

1. 길몽

1) 태몽에 어떤 신령적인 존재가 어린애를 데려다 주거나 저절로 나타났다면
   그 아이는 성장하여 학문적인 업적을 남긴다.
2) 꿈속에서 어른이 학생이 되어 어른과 관계했다면
   자기보다 모든 면에서 뛰어난 이와 접촉하게 된다.

2. 흉몽
1) 어린애를 안고서 귀여워해 주거나 때리는 등 어린애와 신체적인 접촉을 가지는 꿈은
   성적으로는 자위 행위를 나타내고 성격적인 과격함이나 고독한 생활 태도를 의미한다.
2) 여자 아이를 안아 주는 꿈은
   구설이 많아 불길하다.
3) 아이가 죽는 꿈은
   구설이 사라진다.
4) 어린아이와 성교를 하는 꿈은
   불완전한 일을 맡게 되거나 유치한 사람과 협의 또는 동업할 일이 생긴다.
5) 꿈에 생시의 어른이 어린 아이로 보이면
   상대방의 학식, 교양, 지혜, 능력, 인격 등이 자기에 비하여 미숙하거나 세련되지 못하다고 판단하게 된다.

어머니[母]

어머니는 도덕을 대표한다.

1. 길몽
1) 꿈속에서 남성이 어머니와 함께 걸어가고 있다면
   그 어머니는 마음속의 도덕관을 상징한다.
2) 고향의 부모나 돌아가신 부모 중 한 사람만 보게 되는 꿈은
   좋은 일이 생긴다.
3) 부모 형제가 모여 연회하는 꿈은
   만사가 잘되고 먼 곳에서 좋은 소식이 있다.

4) 부인과 앉아 있는 꿈은
  길몽이다.
5) 고향집에 찾아가 부모님에게 큰 절을 올리는 꿈은
  직장의 상사에게 청원을 올리거나 학교 당국에 입학 허가를 받는다.

2. 흉몽
1) 꿈속에서 여성이 어머니와 함께 걸어가고 있다면
  그 어머니는 자신의 성적인 면을 자극시키는 유혹자를 의미한다.
2) 고향의 부모나 돌아가신 부모를 보게 되는 꿈은
  병을 앓거나 구설수가 생긴다.
3) 부인과 동행하는 꿈은
  재물을 잃는다.
4) 가족이 한 방에 모이는 꿈은
  친척 간에 서로 다투게 된다.

얼굴〔顔〕

얼굴은 여성기를 뜻하는 것으로 어떤 사람의 성격이나 인물과 동일시되고 간판이나 서적의 표제를 의미한다.

1. 길몽
1) 얼굴을 손으로 깨끗이 씻는 꿈은
  근심 걱정이 없어지거나 새로운 신분이 생긴다.
2) 얼굴의 한부분을 수술하는 꿈은
  책의 서명, 간판, 내용 등에서 글자를 바꾸어 놓는 경우가 생긴다.

3) 얼굴에 붉은 반점이나 종기가 나는 꿈은
   자신의 일이나 작품이 남의 이목을 받게 된다.
4) 두 개의 얼굴이 겹쳐지는 꿈은
   다른 상표의 선물을 받거나 물건을 옮기게 된다.
5) 볼이 매우 커 보이고 얼굴이 붉은 것을 보면,
   이성 교제가 이루어진다.
6) 이마가 커 보이면
   부귀를 얻고 이마를 다치거나 상하면 근심이 생긴다.
7) 귀가 여러 개거나 귀를 씻는 꿈은
   좋은 벗과 충실한 부하를 얻는다.
8) 귀가 크고 아름답게 보이는 꿈은
   지위가 상승하고 부자가 된다.
9) 처음 만나는 흰 얼굴의 남자와 키스하면
   처음 보는 책을 읽고 만족해한다.

2. 흉몽

1) 얼굴이 검은 아이를 데리고 다니는 꿈은
   몹시 고통스러운 일을 맡게 된다.
2) 얼굴을 수술하거나 치료하는 꿈은
   자신의 신상에 무언가 옮겨지는 일을 행하게 되거나, 기자들에게
   신상이나 사업상의 심문을 받는다.
3) 얼굴 전체를 붕대로 감은 것을 보면
   사기나 교통 사고를 당하게 된다.
4) 얼굴에 주사를 맞았다면
   직장이나 집안일에 변화가 생긴다.
5) 꿈에 복면한 사람을 보면
   자신의 신분을 감추고 감싸줘야 할 사람이 생긴다.

6) 거울에 비친 얼굴이 검게 보이면
   평소에 탐탁치 않게 여기던 사람과 거래하게 된다.
7) 상대방의 얼굴 표정이 사나워 보이면
   일의 성사가 어려워지고 타인으로 하여금 적의를 갖게 된다.
8) 얼굴이 검은 아이를 보면
   싫어하는 일을 맡게 된다.
9) 귀에 상처를 입으면
   신임하던 사람에게 배신을 당하거나 친척간에 불화가 생긴다.

3. 기타
1) 얼굴을 거울에 비쳐 보면
   예기치 않은 사람을 만나거나 소식을 듣게 된다.
2) 쌍둥이를 낳았는데 한 아이는 잘생기고 한 아이는 못생겼으면
   두 가지 일 또는 작품 생산에 우열이 생긴다.

여행(旅行)

여행은 평생을 살아가면서 우연히 닥칠 어려운 일에 대한 불안을 표시한다.

1. 길몽
1) 여행 중에 많은 어려움을 겪는 꿈은
   평소 원하던 일이 이루어지거나 경영하던 사업이 번창한다.
2) 차를 타고 유람을 다니는 꿈은
   관직이 승진됨을 의미한다.
3) 산, 숲을 걸어다니는 꿈은
   길하고 만사가 뜻하는 바대로 된다.

4) 차, 비행기, 배 등을 탄 꿈은
   어떤 단체의 일원으로 보람된 일을 하게 된다.
5) 집을 떠나 여행을 하는 꿈은
   사업, 직장의 일, 대인 관계 등의 일과 관계한다.
6) 교통 사고를 당하는 꿈은
   주위 환경에 큰 변화가 발생하고, 그 변화가 오히려 많은 이득을 가져온다.
7) 기차 여행을 하는 꿈은
   문예 작품의 연재, 직장 생활, 단체 생활, 공동 사업, 계 모임 등이 잘 운영된다.
8) 아프리카와 같은 미개의 나라로 가는 꿈은
   강한 호기심을 의미한다.

2. 흉몽

1) 여행 도중 머리에 벼락을 맞는 꿈은
   간질병이 발병할 수 있다.
   폭풍우를 만나면
   노이로제 증상이 생긴다.
2) 여행지에서 상대방의 말소리가 들리지 않거나 외국인끼리 소근소근하고 있다면
   미지의 상황에 대한 불안, 공포 등을 나타낸다.

예술(藝術)

　예술은 자신의 매력을 많은 사람에게 인정받고 싶어함을 의미하며, 연주회장에 청중이 적거나 악기 소리가 잘 나지 않는 것은 자신 없음을 의미한다.

1. 미술

1) 꿈속에서 미술은
   선악의 분별, 상담, 진리 탐구, 명예, 공적 등을 의미한다.
2) 꿈속에서 조각물은
   서적, 업체, 사업체, 사진, 인물의 내용 등을 의미한다.
3) 추상화를 그리는 꿈은
   정리되지 않은 마음의 갈등을 의미하고, 어떤 계획을 추진하게 한다.
4) 풍경화 혹은 사생활을 그리는 꿈은
   자기의 사업, 소원, 운세, 결혼 문제 등을 결정하게 된다.
5) 그림을 잘못 그리면
   좋지 않은 곳으로 발령을 받게 된다.
6) 꿈속에서 그림을 사는 것은
   서적, 상장, 학위 등을 받게 됨을 의미한다.
7) 남이 그림을 보내 오면
   혼담, 연애 편지, 예고, 경고장 등을 받게 된다.
8) 여러 가지 그림이 담긴 서적을 한장 한장 들쳐 보는 꿈은
   어떠한 사건을 추적하게 된다.
9) 만화책을 읽는 꿈은
   어떤 사건의 전말을 예견하거나 영화 등을 보게 된다.
10) 풍경화를 감상하는 꿈은
    소원, 계획한 일, 운명적인 추세 등을 나타낸다.
11) 그림을 새로 구입하면
    어떤 단체에서 자신의 성실함을 인정받는다.
12) 누드 모델을 그리는 것을 보는 꿈은
    상대방의 심리 변화나 신상 문제에 대해 알고 싶어한다.

13) 춘화도를 보는 꿈은
    역사책, 심리학 서적, 철학 서적 등을 읽게 된다.
14) 상상화를 그리는 꿈은
    현재나 미래에 전혀 예기치 못한 일을 하게 된다.
15) 누드화를 보고 성충동을 일으키면
    어떤 사람의 신상문제를 보게 되고 남의 작품을 보고 마음이 불쾌해진다.
16) 남의 그림을 감상하면
    남의 청원, 연애 편지, 신용장 등을 읽거나 검토할 일이 생긴다.

2. 음악

1) 합창단에서 노래를 부르는 꿈은
   공동 성명, 단체, 모임 등에 가입하게 된다.
2) 다른 사람의 노랫소리를 들으면
   타인이 자신에게 무엇을 호소하거나 자신의 주장이 남에게 불쾌감을 준다.
3) 악기를 연주하는 꿈은
   어떤 일을 통해서 기대한 만큼의 목적을 달성한다.
4) 음악 소리에 도취되어 감격했다면
   정신적으로 타인에게 도움을 받거나 광고지에 매혹된다.
5) 합창단의 합창을 들으면
   어떤 단체가 압력, 선전 등을 해서 마음의 혼란과 동요가 온다.
6) 상대방이 흥겹게 노래하고 춤추는 것을 보면
   상대방이 지상을 통해서 자기 주장을 관철하고 공박한다.
7) 유명 음악인 혹은 인기 가수와 데이트를 하는 꿈은
   인기 있는 직업을 갖거나, 인기 작품을 쓰거나, 인기 가수의 레코드판을 구입하여 듣게 된다.

8) 혼자 노래하는 꿈은
   강력히 자기 주장을 하여 남의 마음을 동요시킨다.
9) 낮은 언덕 밑에서 노래했다면
   부모에게 화근이 생길 수 있다.
10) 악보를 칠판에 그리고 학생들에게 필기시키면
    사업 계획서를 작성하거나 부하 직원에게 직책을 분담하게 된다.
11) 작곡을 하는 꿈은
    사업 계획, 작전 계획, 선전문, 문예 작품 등을 구상하게 된다.

3. 기타

1) 꿈속에서의 지적, 예술적 창조는
   낮에 추구하던 것이 잠재 의식화되어 해답을 얻게 된다.
2) 꿈속에서 필름은
   인쇄물, 기록물, 정신적, 물질적, 자본을 의미한다.
3) 녹음기는
   작품, 음반, 광고, 선전물의 기록 등을 의미한다.

연극(演劇)

연극은 자기의 사업, 소망, 운세 등을 상징적으로 암시하는 것으로 꿈속에서 연극을 보는 것은 꿈속에서 또 꿈을 꾸는 것과 같은 것이다.

1. 길몽

1) 여러 사람이 하는 무용, 체조 등을 자신이 직접 지휘했다면
   다른 사람의 사업을 인수하거나 소액의 투자로 큰 이익을 얻게 된다.

2) 자신이 통치자가 되어 국가를 재건하는 연극을 연출하는데 또 하나의 자기가 관람석에서 박수 갈채를 보내고 있다면
　장차 어떤 사업을 재건하게 되며, 연극 배우는 배우자 또는 가장 친근한 사람을 의미한다.

2. 흉몽

1) 극장 관람을 하는 꿈은
　실속 없이 허명만 높고 소득이 없으며 주변 사람들로부터 버림을 받는다.
2) 무용을 구경하는 꿈은
　과대 광고에 현혹되어 패배를 자초하게 된다.

3. 기타

1) 꿈속에서 줄타기 도중 떨어져 죽는 사람을 보면
　어렵고 힘든 일이 어떤 기관을 통해 이루어진다.
2) 꿈속의 연극에서 주연은
　또 하나의 자아로서 자기의 운세를 대리하는 것이고, 그 밖의 출연자는 그 사건과 결부된 사람이나 일을 의미한다.

연못〔池〕

　연못은 여성을 상징하는 것으로 연못 속에서 물고기가 헤엄치고 있는 것을 바라보고 있는 꿈은 성적 호기심을 나타낸다.

1. 길몽

1) 연못에 물이 많이 있는 꿈은
　부귀하고 번창함을 의미한다.

2) 연못에서 물고기가 놀거나 꽃이 핀 것을 보면
   아들을 얻게 된다.
3) 꿈속에서 동물이 연못으로 들어가면
   어떤 회사에 취직하거나 거래하던 일이 성사된다.
4) 연못에서 수영을 했다면
   혜택을 받아 경영하던 일이 잘 추진된다.
5) 연못이나 우물에 잉어를 넣으면
   크게 출세하거나 관직에 나간다.
6) 연못 속에 뱀이 우글거린다면
   고분을 발굴하여 역사적 유물을 얻는다.

2. 흉몽
1) 연못을 만들기 위해 땅을 파는 꿈은
   후회할 일이 생긴다.
2) 연못이나 강물이 어는 꿈은
   정신적, 물질적 사업이 정체되고 취직 관계도 성사되지 못한다.
3) 연못이 말라 있었다면
   회사의 재정 상태가 빈약해진다.
4) 연못에서 목욕 중 기름이 묻어 더 지저분해졌다면
   애써 일하지만 성과를 얻지 못한다.
5) 연못 속의 풀에 몸이 감겨 나오지 못했다면
   직장이나 학교 등에서 사임하려 하나 그 뜻을 이루지 못한다.

3. 기타
1) 연못 중앙에 연꽃이 피어 있는 꿈은
   귀자를 낳는다.
   연꽃을 심었다면
   남의 질투를 받으므로 주의해야 한다.

2) 연못이나 바다 가운데 무덤이 있는 꿈은
  외무 사원을 많이 거느리거나 해외에 영향을 주는 사업에 관계하게 된다.
3) 꿈속에서 연못 속에 꽂혀 있는 지팡이를 사용했다면
  어떤 단체가 자신에게 임무를 부여한다.
4) 연못에 이끼가 끼어 있었다면
  장애가 되는 사람이나 사악한 마음을 가진 사람을 멀리하게 된다.
5) 황토산 정상의 물 없는 연못에 사람들이 낚시질을 하고 있었다면
  산속에 잠복한 게릴라의 소탕 작전과 관계가 있다.

연주회(演奏會)

연주회는 자신의 매력을 많은 사람에게 인정받고 싶어하는 강한 과시욕을 뜻한다.

1. 길몽

1) 꿈속에서 행진곡을 연주하는 군악대를 많은 사람들과 함께 지켜봤다면
  어떤 회사의 선전 광고물을 보거나 자기가 하고자 하는 일을 잘 추진하게 된다.
2) 반주에 맞춰 노래부르는 꿈은
  단체를 주도하게 된다.
3) 상쾌한 기분으로 노래하는 꿈은
  자신을 남 앞에 과시하거나 권세와 명예를 얻는다
4) 노랫소리가 계속해서 들려왔다면
  어떤 작품이나 소문이 계속 널리 알려짐을 의미한다.

2. 흉몽
1) 연주회장에 청중이 입장하지 않았다면
   자신의 매력에 자신을 갖지 못함을 뜻한다.
2) 연주 도중 악기줄이 끊어지면
   하던 일이 중도에 실패하거나 연인들이 이별하게 된다.
3) 노래 도중 반주가 안 맞거나 가사를 잊어 부르지 못했다면
   어떤 청탁이나 선전 등이 개인이나 단체에 승인되지 못한다.

3. 기타
1) 남이 노래하는데 어울려 북치고 장단을 맞추는 꿈은
   남의 주장을 반항 없이 순순히 따르거나 대리인 역할을 하게 됨을 의미한다.
2) 자신이 악기를 연주하는 꿈은
   자신의 목적을 어떤 사람이나 기관을 통해 달성시킴을 의미한다.
3) 음악 소리에 도취되어 감격했다면
   정신적으로 타인에게 도움을 받거나 선전 광고에 매혹된다.

영화(映畵)

영화는 자신의 일, 작품, 소원의 경향, 운명적 추세 등을 상징한다.

1. 길몽
1) 영화 로케 현장을 보는 꿈은
   문예 작품, 기술 작품 등을 연구, 학습할 일이 생긴다.

2. 기타
1) 같은 화면이 영화 스크린에 여러 번 비치는 꿈은
   신문, 잡지에 비슷한 기사가 실린다.
2) 야외 촬영 중에 많은 사람이 몰려 있다면
   사업상 수정, 보완할 일이 많거나 관심을 갖는 사람이 많이 있게 된다.
3) 영화관이 발견되지 않거나 화면이 잘 보이지 않는다면
   잠을 청해서는 안된다는 반성심의 표현이다.

영화 배우(映畵俳優)

영화 배우는 모든 사람으로부터 언제나 보여지고 있는 사람을 의미한다.

1. 길몽
1) 유명한 배우가 입고 있던 옷을 받아 입었다면
   유명 인사의 지도와 협조를 얻어 유사한 일을 하게 된다.
2) 유명 배우와 데이트를 하는 꿈은
   인기인이 되거나 자신을 과시할 일이 생긴다.
3) 영화 배우, 연극 배우, 탤런트는
   또 하나의 자아, 유명인, 출판인, 기자 등과 관련된 표상이다.
4) 최고의 인기 여배우와 키스를 하면
   최고의 인기 작품에 관한 소식을 듣거나 유명인에 대한 이야기를 읽게 된다.

2. 흉몽
1) 배우의 의상이 화려한 것을 부러워했다면

다른 사람의 작품이나 지위 등이 뛰어남을 보고 패배의식을 갖는다.

예절(禮節)

예절은 책임, 청원, 협력 등을 의미한다.

1. 길몽
1) 상대방의 손을 포개 잡는 꿈은
  제자, 형제, 연인 등으로부터 협조를 얻게 됨을 의미한다.
2) 신이나 우상에게 절을 하는 꿈은
  물질적인 유산을 상속받거나 협조자에게 정중한 부탁을 하게 된다.
3) 누군가 자신의 손을 잡아 끌어올려 주면
  상대방의 도움을 얻어 어려움을 극복한다.
4) 신이나 옛 성인에게 절을 했다면
  권력층에 있는 사람의 힘을 빌어 소원이 이루어진다.

2. 흉몽
1) 절을 했는데 상대방이 맞절을 하거나 고개를 흔드는 꿈은
  자신의 청원이 거절당한다.
2) 인사 형식의 키스를 했다면
  상대방에게 맹세하거나 복종할 일이 생긴다.
3) 상대방이 맞절을 하는 대신 빙그레 웃으면
  청원한 일에 대해 불쾌감을 체험한다.
4) 자신이 신랑이 되어 신부와 맞절을 하는 꿈은
  상대방이 자기의 일을 망쳐 놓았음을 의미한다.
5) 답례하는 상대방을 쳐다보면

그 상대방에게 청탁하거나 보상받을 일이 무산된다.
6) 중환자가 큰절을 받았다면
   병세가 악화되거나 머지않아 죽는다.
7) 꿈속에서 안에 있는 사람의 손을 잡아 끌어 냈다면
   강제적으로 상대방에게 공동 책임을 지우게 된다.
8) 신랑 신부가 맞절을 하면
   하는 일마다 꼬이고 되는 일이 없다.
9) 자꾸만 무언가를 쓰다듬어 주었다면
   불쾌감, 불안감, 불만스러운 일이 생긴다.

3. 기타

1) 상대방에게 절을 하는 꿈은
   상대방에게 청탁할 일이 생긴다.
2) 윗사람이 자기에게 절을 하는 꿈은
   윗사람이 자기에게 청탁할 일이 있음을 의미한다.
3) 꿈속에서 국기에 대한 경례 혹은 장교에 대한 경례는
   충성심을 나타낼 일이 생김을 의미한다.
4) 꿈속에서 쓰다듬어 주었다면
   자위, 과시, 불만, 불쾌, 거세, 불안 등을 암시한다.
5) 위험에 처한 사람의 손을 잡아 구해 주는 꿈은
   어떤 일이나 사람을 구하게 되나 그 사람의 잘못에 공동 책임을 지게 된다.
6) 큰절을 했다면
   일신상에 큰 변화를 바라거나 청원할 일이 생긴다.
7) 조상에게 절을 하면
   집안에 상속을 받거나 소청할 일이 생긴다.
8) 상대방에게 절을 했는데 상대방이 미소를 지었다면
   상대방에게 청탁을 하지만 후일에 서로 나쁜 감정이 생긴다.

오락(娛樂)

오락은 정신적, 물질적 재물이나 작품, 일거리 등을 의미한다.

1. 길몽
1) 보물을 찾으려고 흙을 파헤쳤는데 해골이 나오는 꿈은
   자신의 성실함을 인정받거나 재물, 증서 등을 얻게 된다.
2) 세계적으로 유명한 산 위에서 행동한 꿈은
   어떤 유명 단체나 기업에서 자신의 능력을 과시하게 된다.
3) 높고 험한 산을 정복하면
   자신이 하고 있는 일이 사회적으로 인정을 받는다.
4) 바둑을 두는데 자신이 흰돌을 집었다면
   쉽게 상대방을 공략할 수 있다.
5) 국수급에 속하는 고수와 바둑을 두어 이겼다면
   최고의 세력이나 권리 등을 확보할 수 있다.
6) 낚시질을 하는 꿈은
   계교, 노력의 경향, 인물, 재물 등을 얻게 된다.
7) 낚시줄이 길게 늘어져 있다면
   일의 성사에 오랜 세월과 노력이 필요하다.

2. 흉몽
1) 자신이 술래가 되어 숨은 사람을 찾아다니는 꿈은
   시험 또는 지난 일로 심적 고통을 겪게 된다.
2) 화투를 치려다가 옆으로 밀어 놓는 꿈은
   남이 부탁한 서류를 뒤로 미루게 됨을 의미한다.

3) 화투가 방안에 흩어져 있다면
   어떤 일을 마무리짓지 못하고 심적 갈등을 겪는다.
4) 시골 노인들이 우르르 몰려와 화투를 치자고 했다면
   어떤 기관에 청탁한 일이 쉽게 해결되지 않는다.
5) 꿈에서 아이와 장기를 두다가 아이의 나이를 헤아렸다면
   벅차고 힘든 일거리를 받거나 남의 간섭을 받게 된다.
6) 장기를 두는데 옆사람이 관여했다면
   남의 일에 참견하거나 방해하게 된다.
7) 보물 찾기에서 보물을 발견하지 못하는 꿈은
   취직, 진급, 시험, 당첨 등에서 탈락하게 된다.
8) 안방에서 장기를 두는 것은
   국내 전쟁, 파병 전쟁을 의미한다.
9) 건너방에서 장기를 두는 것은
   외국 전쟁을 의미한다.

3. 기타

1) 동갑과 장기를 두는 꿈은
   자기와 비슷하거나 상대가 될 만한 사람과 사업상 승부를 겨루게 된다.
2) 꿈속에서 낚시 도구를 얻었다면
   사람을 판단하는 방법이나 일에 대한 방도를 찾게 된다.
3) 추첨기를 통해 추첨표를 얻었다면
   어떤 기관에 청원을 해서 자기 뜻대로 이루어지도록 부탁한다.
4) 상대방이 장기알을 한꺼번에 움직여 왔다면
   총공격을 의미한다.
   일진일퇴의 전법을 쓰면
   현실 유지를 의미한다.
5) 바둑이나 장기를 두는 것을 보는 꿈은

어떤 세력 다툼이나 국제 정세의 변화를 한눈에 보게 된다.
6) 화툿장으로 패를 떼어 보면,
계획한 일에 대한 판단을 위해 심사숙고한다.
7) 윷이나 주사위를 던져 점수를 따는 꿈은
나온 숫자와 유사한 성적, 석차 등을 받게 된다.
8) 명함이 상자 가득 담겨져 있는 곳 옆에서 상대방과 화투를 치는 데 장땡이 나오면,
당선, 당첨, 횡재가 있게 된다.
9) 자신이 술래잡기 도중 숨었다면
일에 대한 관심 없음, 피함을 의미한다.
10) 딱지치기, 쇠 던지기, 공기 놀이 등의 장난감 놀이는
어린아이일 경우 학업 성적과 관계가 있고 어른은 사업 성공여부를 전망하게 된다.

옥상(屋上)

옥상은 산꼭대기의 꿈과 같은 의미를 갖는 것으로 성적인 감정의 고조를 뜻한다.

1) 옥상에 올라가서 하늘을 우러러보는 꿈은
정신적인 수도를 한다.
2) 옥상에서 일하거나 앉아 쉬는 꿈은
자신의 일이 고위층에 의해 이루어짐을 의미한다.
3) 옥상에서 가마니를 뒤집어쓰고 있는 사람을 보면
신문에서 체포된 사람이 압송되어 간다는 기사를 보게 된다.

올라가다[登]

올라간다는 것은 대체로 섹스에 대한 원망을 의미한다.

1. 길몽
1) 하늘이나 바위에 올라가는 꿈은
   부귀를 얻는다.
2) 바위 위에 올라가는 꿈은
   좋은 꿈이고 재수가 있다.
3) 작은 돌을 손에 쥐고 장난하는 꿈은
   여러 아들을 얻게 한다.
4) 풀뿌리나 나뭇가지를 움켜잡고 힘겹게 산을 오르면
   해결할 수 없었던 일로 고민하다가 뜻하지 않게 협조자가 나타나 해결해 준다.
5) 낮은 곳에서 높은 곳을 오르면
   지위, 직책, 생활 형편, 소원의 경향 등이 향상된다.
6) 사다리를 타고 올라가면
   진급 혹은 진학이 이루어진다.
7) 쓰러진 사람을 일으켜 세우면
   기울어진 사업이 일어난다.
8) 날아서 높은 곳을 오르면
   가장 신속, 정확하게 소기의 목적을 달성한다.

2. 흉몽
1) 높은 곳을 오르려 하는데 너무 힘이 들고 위험하다는 생각이 드는 꿈은

목적 달성을 위해 몹시 험한 고통이 따르고 끼니까지 걱정하게 된다.
2) 높은 산을 오르다가 미끄러지면
  권세, 직위, 사업 등이 진전되지 못하고 좌절된다.
3) 공중을 향해 세워져 있는 사다리를 오르거나 쳐다보는 꿈은
  소득이 없이 계획만 세우게 된다.
4) 말을 채찍질하여 언덕을 오르는데 고생하면
  심장이 쇠약해져 고통을 받는다.

3. 기타
1) 큰 나무에 올라가는 꿈은
  지위가 향상되고 출세하나
  떨어지거나 부상을 당하는 꿈은
  불길하다.

옷〔服〕

꿈속에서 옷은 사람의 심리 상태를 나타내는 것으로 검은 옷을 잘 안 입는 사람이 검은 옷을 입고 나타나면 자신의 죽음에 대한 원망 혹은 재출발하고자 하는 욕망을 나타낸다.

1. 길몽
1) 잠옷을 새로이 구입하는 꿈은
  배우자, 집, 직업 등이 새로워진다.
2) 하의를 바꾸어 입으면
  직장의 아랫사람과 친분이 새로워진다.
3) 상대방이 흰 옷을 입고 있다면
  자기의 주장을 잘 따르는 사람을 의미한다.

4) 화려한 옷을 입고 거울 속에 자기의 모습을 비춰 보는 것은
연분 있는 사람이나 협조자를 만나게 됨을 의미한다.
5) 옷 여러 벌을 벽에 걸면
취업할 곳이 여러 곳 생긴다.
6) 옷가게에서 옷을 구입하면
협조자나 일거리 등이 생긴다.
7) 옷을 만드는 꿈은
결혼, 작품, 결사, 계획 등이 생기게 된다.
8) 여자가 옷을 입혀 주면
만사가 유리하다.
9) 웨딩드레스를 입고 결혼식장에 들어서면
입학, 계약 등이 이루어진다.
10) 허리띠를 매는 꿈은
결혼, 결연, 규제, 입학, 계약, 과시 등의 일이 생긴다.
11) 옷을 바늘로 기우고 있는 것은
조직을 보완하거나 구성하는 것을 의미한다.
12) 모자, 족두리, 면사포 등을 쓰고 거울을 비춰 보면
반가운 사람을 만나게 된다.
13) 꿈속에서 옷 한 벌을 모두 갖추어 입었다면
하는 일이 모두 만족스럽다.
14) 옷이 물에 흠뻑 젖으면
신분, 사상 등이 크게 변하고 환경에 쉽게 적응한다.
15) 윗사람이 옷을 주면
보상, 권리, 직장 등을 얻게 된다.
16) 노란색이나 황금색 옷을 입으면
남의 시선을 받게 된다.
17) 때, 흙, 약, 피, 대소변, 기름 등이 묻은 옷을 빨았다면
근심거리, 신분, 연고, 사업과 관계된 일이 없어진다.

18) 색동옷을 입은 꿈은
    인기 직업을 갖거나 인기 작품을 쓰게 됨을 암시한다.
19) 대통령, 스승, 신 등이 빛나는 옷을 입은 것을 보는 꿈은
    은혜로운 일, 권위적인 일 등으로 명예로워짐을 암시한다.
20) 여성이 옷을 든든히 입었는데도 속살이 만져지는 꿈은
    이념, 지조를 고수하는 사람의 비밀이나 사생활 등을 알게되어 어떤 영향력을 행사하게 된다.
21) 흰 옷을 입고 있으면
    순수함, 변함, 유산 상속자 등을 암시한다.

2. 흉몽

1) 옷을 벗고 나체로 걸어가는 꿈은
   현직에서 물러나 의지할 곳이 없어진다.
2) 상대방이 빨간 옷을 입고 있는 꿈은
   상대방과 싸우거나 시비가 생기게 된다.
3) 옷을 다른 천으로 여기저기 기워 입으면
   여러 사람의 도움으로 겨우 살아가게 된다.
4) 양말, 버선, 스타킹 등을 벗는 것은
   주변 사람들과 우애가 없거나 한동안 작별할 일이 생기게 된다.
5) 회색 옷을 입은 사람을 보면
   이중 성격을 가진 사람을 만나게 된다.
6) 꿈속에서 매고 있던 허리띠가 끊어지면
   일이 허사가 된다.
7) 검은 천으로 몸을 가리고 있으면
   사망, 거세, 범죄 등을 의미한다.
8) 핑크색 옷을 입고 있으면
   다른 사람에게 사랑을 받거나 질병에 걸리게 된다.
9) 상대방이 어두운 옷을 입고 있는 꿈은

상대방을 만났는데 상대방을 정확히 기억할 수 없게 된다.
10) 맞춘 옷이 잘 맞지 않으면
   주택, 배우자, 직업 등에 불만이 생긴다.
11) 누더기 같은 옷을 입으면
   타인에게 멸시를 받거나 부동산 사업 등이 하락된다.
12) 중환자가 새 옷을 입고 집 주변을 돌아다니면
   그 사람이나 그와 비슷한 사람이 화를 당한다.
13) 벗어 놓은 옷을 찾지 못하면
   의지하던 곳에서 탈피하고 근심, 걱정이 사라지지 않는다.
14) 물 속에 들어가도 옷이 젖지 않으면
   자기의 주장을 내세우지 못하고 그대로 적응한다.
15) 누더기를 입고 있으면
   타인에게 멸시를 받거나 부동산, 사업 등이 하락한다.
16) 헌 옷을 입으면
   신분, 직위, 집, 협조자, 권리 등이 쇠퇴하거나 병에 걸린다.
17) 옷소매가 찢겨져 나가는 꿈은
   처자, 친구, 형제 등의 주변 사람들과 이별을 하게 되거나 사업의 일부가 소용없어진다.
18) 옷고름이 떨어지면
   인연이 끊어진다.
   저고리가 찢어지면
   어떤 기관이나 집에서 탈락하게 된다.

3. 기타

1) 여자의 옷을 하나씩 벗겨 나가는 꿈은
   계약 사항이나 증서를 검토하게 된다.
2) 노란 비옷을 입으면
   관공서와 관계된 일을 상징한다.

3) 옷을 보자기에 싸는 꿈은
   많은 사람들을 모집하게 된다.
4) 옷을 일부러 찢으면
   직장을 옮기게 된다.
5) 옷장이나 트렁크에 차곡차곡 옷을 넣으면
   사업, 생활을 정리하게 된다.
6) 여러 사람이 흰 옷을 입고 있으면
   자기에게 복종할 사람이 많거나 자신의 결백을 주장해야 할 일이 생긴다.
7) 속살이 들여다보이는 옷을 입고 다니면
   자기의 신분이나 업적을 당분간 비밀로 하게 된다.
8) 비치는 옷을 입고 적진을 걸어다녀도 알아보는 사람이 없는 꿈은
   남의 눈을 피해서 교제하거나 염탐하게 됨을 의미한다.
9) 옷을 염색소로 들고 들어가면
   종교 단체에 가입하거나 교도소에 가게 된다.
0) 옷을 꿰매 입는 꿈은
   수술을 해서 몸에 흔적을 남김을 예시한다.
1) 옷에 흙이 묻어 얼룩지는 꿈은
   타인의 사상이 자기의 주관이나 의지를 변경시키지 않은 채 주변에 영향을 미친다.
2) 입고 있는 옷의 일부분이 다른 색으로 물들면
   타의적, 사회적인 자극이나 영향을 미치게 된다.
3) 옷을 계속해서 갈아입으면
   직장, 배우자, 동업자, 집 등을 여러 번 변경하게 된다.
4) 상대방이 입던 옷을 벗겨 주었다면,
   상대방의 책임이나 업적을 이어받게 된다.
5) 얼룩옷이나 여러 색이 혼합된 옷을 입으면
   다양한 일을 하게 된다.

요리(料理)

요리는 강렬한 애정이나 욕정을 조절할 수 없어 힘든 경우에 나타난다.

1. 길몽
1) 생선, 새 등을 요리해 먹는 꿈은
   신분이나 지위가 높은 사람의 도움으로 소원 성취하게 됨을 암시한다.
2) 소금, 술, 식초 등이 나오는 꿈은
   모든 일이 길하다.
3) 찬거리를 부엌으로 많이 들여오면
   근일내에 사업 자금이나 일거리 등이 생긴다.
4) 파, 마늘을 많이 소유하면
   많은 사업 자금이 생겨 놀라운 일을 하게 된다.
5) 고기를 한두 근 사오면
   소량의 수입이 생긴다.
6) 음식에 고춧가루를 넣어 먹으면
   열정적이고 자주적인 일에 종사한다.
7) 간장독에 간장이 넘어서 그 주변에 고였다면
   대외적인 일에 투자하게 된다.
   넘쳐서 흘러 버리면
   재물이 줄어 든다.
8) 음식을 만드는데 설탕을 넣으면
   기분 좋게 일하게 되고 그 결과에 많은 사람들이 감탄을 하게 된다.
9) 반찬거리가 부엌에 가득 쌓여 있으면

자금이 없어 실행치 못한 사업의 자금이 해결된다.
10) 태몽에 파, 마늘을 구입했다면
    태아가 성장하여 성직자나 교육자가 된다.
11) 된장이나 고추장 단지에 구더기가 득실거리면
    사업 자금으로 의외의 일에 투자하게 된다.
12) 갖가지의 과자가 그릇 가득 담겨 있으면
    고급스러운 일거리를 맡게 되거나 진행중인 혼담이 성사된다.
13) 사탕을 먹는 꿈은
    소원하던 일이나 하고 싶던 일이 이루어진다.
14) 냉면을 맛있게 먹으면
    해결되지 않아 방치해 두었던 일이 해결된다.
15) 호두를 한 입에 깨물어 먹으면
    일에 성과를 얻게 된다.
16) 참기름 한 병을 다 먹는 태몽은
    장차 태아가 큰 진리를 깨우치거나 진리를 베푸는 것을 암시한다.

2. 흉몽
1) 돼지 고기를 요리해 먹는 꿈은
   질병이 생긴다.
2) 소금을 얻는 꿈은
   우환이 생김을 암시한다.
3) 음식이 너무 시다고 느껴지면
   맡은 일이 잘못됐다고 생각하게 된다.
4) 고기 조각을 씹는 꿈은
   답답한 일에 직면하게 됨을 암시한다.
5) 집안에 식초 냄새가 진동하면
   자기에 관한 소문이 돌고 그 일로 많은 걱정을 한다.

6) 밥상에 밥은 없고 반찬만 즐비하면
   사소한 곳에만 집중하여 일을 건성으로 처리하게 된다.
7) 고깃국에 건데기는 없이 국물만 있는 국을 먹었다면
   열심히 일을 하고도 충분한 보상을 받지 못한다.
8) 유난히 매끄러운 미역국을 먹으면
   입학, 취직 시험 등에 낙방하거나 계획에 차질이 생긴다.

3. 기타
1) 식초를 혀 끝으로 맛보는 꿈은
   타인에게 경멸을 받게 된다.
   식초를 선물받으면
   멀리서 소식이 온다.
   식초를 만들면
   임신을 하게 된다.
2) 들판에 산더미처럼 쌓인 소금을 보면
   사업을 벌이거나 부채를 지게 된다.
3) 찌개가 냄비 속에서 보글보글 끓고 있으면
   사랑하고픈 이성을 만나나 상대방이 냉담하여 짝사랑을 하게 된다.
4) 어떤 집에서 밥을 먹는데 주인은 쌀밥이고 자기는 잡곡밥이라면
   똑같은 일에 대한 보상이 다름을 암시한다.
5) 국수와 같은 밀가루 음식을 먹으면
   파벌 체제의 어떤 단체가 결합하는 데 기여하게 되고 가벼운 감기를 앓는다.
6) 김장하는 꿈은
   일의 성사 과정, 일의 정리와 투자, 저축 등의 일을 암시한다.
7) 김장거리를 수북이 쌓아 놓으면
   많은 재물이나 자료 등을 얻게 된다.

8) 다양한 크기의 간장독에 간장이 가득 찬 것은
여러 사업을 벌이거나 형제들 사이의 재산 차이를 뜻한다.
9) 조미료 양의 많고 적음은
재물의 많고 적음을 나타낸다.

용(龍)

　용은 사회적으로 권력이나 명예를 가진 사람, 출세한 사람을 뜻하며 세력, 기관, 단체, 사업체 등을 암시하는 것으로 꿈에 용을 보면 대체로 대길하다.

1. 길몽
1) 용이 구름 속에서 큰 소리를 치는 꿈은
작품이나 사업이 크게 성공하여 큰 소문이 난다.
2) 용이 대문 안으로 들어오면
귀인이 집에 들어오거나 취직을 한다.
3) 용을 타고 나는 꿈은
정치가나 단체의 장이 되어 세인의 이목을 집중시키게 됨을 암시한다.
4) 용이 공중에서 불을 뿜으면
계몽 사업, 작품 등으로 세상을 감동시키게 된다.
5) 자신이 용으로 변하면
세력가가 되거나 좋은 작품으로 명성이 알려지게 된다.
6) 불난 집에서 용이 하늘로 오르는 것을 보면
사업의 번창으로 큰 이득을 얻는다.
7) 큰 뱀이 용이 되어 하늘로 오르면
평범한 연구가 크게 성공하여 명예를 얻는다.
8) 용이 승천한 후 그 자리에 작은 교회가 생기면

목적했던 일을 이루고 후세에 업적을 남긴다.
9) 승천하려는 용의 꼬리를 잡았다가 놓쳤다면
  꼬이던 일이 풀리고 출세할 사람과 만나게 된다.
10) 물 속에서 자고 있는 용을 보면
  금은보화를 얻거나 어떤 기관에 소속된 일과 관계한다.
11) 무기를 사용하여 용을 죽이면
  장애물을 제거하고 승리한다.
12) 용이 바다에서 하늘로 올라가는 것을 보면
  성공 기반이 마련된다.
13) 용의 조각품이나 분장을 보면
  희귀한 서적, 물건 등으로 그 업적이 길이 남는다.
14) 용이 하늘에서 담배를 피우고 있으면
  정치, 법령, 사상, 진리 등을 세상에 널리 알려 사회 풍토를 쇄신할 일이 생긴다.
15) 용을 두 팔로 안고 있으면
  많은 일거리가 들어오고 뜻밖의 사람을 만난다.
16) 이무기가 용이 되어 구름 속에서 두 개의 불덩이를 떨어뜨리면
  자손이 성공하여 세상을 놀라게 할 업적을 남긴다.
17) 용이 하늘에서 불을 토해 도시를 태우면
  매스컴을 통해 정치, 법령, 사상, 진리 등의 사회 풍조를 새롭게 한다.
18) 용이 불을 토해 등이 뜨거워지면
  세력 있는 협조자에 의해 출세하거나 사업이 융성해진다.
19) 꼬리가 여러 개 달린 용은
  산하 단체를 여러 개 가진 기업체나 뛰어난 재주를 가진 사람을 암시한다.
20) 다른 물체가 용으로 변하면
  작품, 일, 사업 등이 성취되어 재물이 생긴다.

21) 적룡·흑룡이 몸을 뒤틀며 하늘로 오르는 것은
두 권력자, 두 개의 권력 단체, 훌륭한 남녀 한 쌍을 암시하고
이것이 태몽일 경우
태아가 훌륭한 인물이 될 것임을 암시한다.
22) 용을 타고 하늘을 나는 꿈은
정치가나 지도자가 되거나 고시 합격 또는 소원 성취 등을 암시한다.
23) 태몽에 개펄에서 용의 머리를 캐내면
아이가 장차 단체 의장이 되거나 권세를 얻게 된다.
24) 용을 해치거나 잡아서 꼼짝못하게 하는 꿈은
어떤 힘겨운 일을 이루게 된다.

2. 흉몽

1) 용이 하늘에서 떨어졌다면
지위, 권세 등이 몰락한다.
2) 권세가가 용과 싸우다 쫓기는 꿈은
뜻한 바가 이루어지지 않음을 암시한다.
3) 두 마리의 용이 서로 마주 보고 접근하여 오면
두 세력 단체가 싸우게 된다.
4) 용이 나자빠져 있는 태몽은
장차 아이가 패륜아가 되거나 요절할 것을 암시한다.
5) 방안에서 헤매는 용을 보는 태몽은
아이가 초년에는 성공하나 중도에서 실패하여 큰 뜻을 이루지 못한다.
6) 용이 땅에 서 있는 태몽은
아이가 인물이 뛰어나나 성공하지 못하게 된다.
7) 용이 구름 속에서 눈을 부릅뜨고 있다가 빗방울을 떨어뜨리는 태몽을 꾸면

태아가 유산된다.

3. 기타
1) 용과 싸우다 잠을 깨면
   어려운 일에 도전하나 그 결과를 예측하지 못한다.
2) 용이 사람을 물어 죽였다면
   권력가에 의해 어떤 일이 성사되거나 어떤 사람의 파멸을 보게 된다.
3) 승천하는 용이 희미하게 보이면
   세인의 주목을 받으나 곧 잊혀지게 된다.
4) 용이 뱀, 여성, 호랑이 등으로 변하여 싸움을 걸어오는 꿈은
   명예를 잃거나 여러 번의 고비 끝에 사업이 성취됨을 암시한다
   (수험생 등에 부합되는 꿈).
5) 용이 날아서 완전히 보이지 않게 되면
   권력이나 명성이 널리 알려지나 차츰 사라지게 된다.
6) 정치인이 용과 싸우다 쫓겼다면
   노력하지만 명예와 권세를 얻지 못한다.
7) 용에게 잡히거나 물리면
   소원이 이루어진다.

우물〔井〕

우물은 '구멍'으로 해석되거나 물이 솟아나온다는 뜻에서 '샘'으로도 해석된다.

1. 길몽
1) 우물물이 도도하게 넘쳐 흐르는 꿈은
   대길한 것으로 집안이 흥하고 자손이 많으며 좋은 인연과 재물

을 얻는다.
2) 내 몸이 우물 안에 비쳐지면
   관직을 얻는다.
3) 우물이 무너지면
   멀리서 소식이 온다.

2. 흉몽

1) 우물에 빠지는 꿈은
   예상치 못한 재난이 발생하고 수하인에게 어려움이 생긴다.
2) 우물이 탁해 보이면
   신경 계통에 병이 나기 쉽고 여색을 경계해야만 한다.
3) 우물이 말라 버리면
   친인척 간에 불화가 생기나 부인일 경우는 무방하다.
4) 우물 안에 숨었다면
   감옥에 가는 등의 일이 생긴다.
5) 술에 취해 우물에서 떨어지면
   관과 시비가 생겨 흉하다.
6) 우물에서 소리가 들리는 것을 들여다보았다면
   구설수가 생긴다.

3. 기타

1) 집안에 우물이 있으면
   집안이 대길하고 번창하며, 여자가 출세한다.
   우물이 없으면
   아이가 병들기 쉽다.

우편(郵便)

우편물을 받는 것은 자신이나 다른 사람의 과거에 의심을 갖게 됨을 암시한다.

1. 길몽

1) 봉투에 파란 도장이 찍혀 있으면
   누군가 등기로 돈을 부쳐 올 징조이다.
2) 소포를 받았는데 돌아가신 스승의 유물이나 사진이 들어 있으면
   스승이 저술한 서적을 선물 받는다.
3) 전보를 받게 되는 꿈은
   실제로 전보를 받거나 호출장, 입학, 취직 등의 통지서를 받는다.
4) 연애 편지를 받는 꿈은
   실제로 연애 편지를 받거나 사업상의 일이 들어오게 된다.
5) 우체국, 우편함에 편지를 넣으면
   어떤 기관에 청탁했던 일이 이루어진다.
6) 우체부가 가방이 넘치도록 편지를 담고 열어젖힌 채로 걸어오는 걸 보면
   장기간에 걸쳐 많은 양의 편지를 받게 된다.
7) 10세 소년이 소포 한 개, 편지 세 장, 가마니 한 개를 받은 꿈을 꾸면
   다음날 소포, 편지 등을 받는다.
8) 정신 이상인 여자가 연애 편지를 쓰는 것을 보면
   언론·출판사에서 작품 청탁을 받는다.

2. 흉몽

1) 어린 소년이 문 안으로 누런 봉투를 넣고 가면
   부고를 받게 된다.

2) 편지 봉투 안에 수표가 들어 있으면
주소 불명의 부전지가 붙어 반환되어 온다.

3. 기타
1) 편지 발신인의 주소를 읽어 가는데 차츰 아래쪽이 희미해지면
발신인의 주소가 변경된다.
2) 아버님이 사망했다는 부고장을 받으면
사업이나 소원이 성취됐다는 연락을 받거나 실제로 부고를 받는다.
3) 누런 봉투의 편지를 받으면
신문 기사, 관보, 부고, 청첩장 등을 받게 된다.

운동(運動)

운동 경기는 정신적 갈등이나 사업의 성패, 이데올로기의 선택 등을 암시하고 운동 기구는 협조자, 협조 기관, 심사 기관 등을 암시한다.

1. 개요
1) 야구장, 운동장, 체육관 등은
사건 현장, 기관, 사업장, 신문, 잡지의 지연 등을 상징한다.
2) 꿈속에서의 선수는
이념, 인적 자원, 설득력, 공격 성향 등을 의미한다.
3) 꿈속에서의 우승기, 우승컵, 메달, 상금은
명예, 권세, 이권, 재물 등을 의미한다.
4) 꿈속에서의 관중은
대중, 비평가, 독자, 경쟁자 등을 암시한다.

2. 길몽

1) 마라톤에서 일등을 하면
   사업이나 진급에 행운이 따른다.
2) 야구 경기에서 홈런을 치면
   성공하여 명성을 떨치게 된다.
3) 자신의 구령에 맞춰 여러 사람이 체조를 하면
   자기의 지휘 능력이나 교화 사업이 타인의 인정을 받아 잘 추진 되어진다.
4) 자신이 찬 공이 운동장 밖까지 날아가면
   공로를 인정받거나 능력을 과시하게 된다.
5) 학생들이 맨손 체조를 하고 있으면
   사업이나 학문적 선전을 적극 지원해 줄 사람이 나타난다.
6) 자국의 선수가 국제 경기에서 이기면
   작품의 응모에서 선택되어지거나 사업의 주도권이 주어진다.

3. 흉몽

1) 스탠드에 관람자가 많은 꿈은
   자신의 일이 어려움에 부딪히게 됨을 암시한다.
2) 검도나 펜싱을 하면
   논쟁할 일이 생긴다.

4. 기타

1) 마라톤 선수와 관련된 꿈은
   오랜 시간 많은 노력을 요하는 사업, 이념, 투쟁 등을 암시한다.
2) 공을 주고받으면
   시비가 생겨 잘잘못을 가리게 된다.
3) 투기는

공격 성향, 투쟁적인 일, 사업의 성패 여부 등을 암시한다.

운전수(運轉手)

운전수는 자신의 노력 없이 욕망을 만족시키고 싶어하는 것을 뜻한다.

1) 버스를 운전사와 단 둘이 타고 가면
   어떤 단체의 대표가 자기와 여러 가지 일로 타협한다.
2) 택시를 기다리거나 승차를 거부당하는 꿈은
   청탁한 일이나 소원 등이 이루어지기를 기다리게 되거나 이루어지지 않게 된다.
3) 꿈에서의 자동차, 배, 비행기 등의 운전자는
   회사의 사장을 의미한다.
4) 꿈에서의 기사, 선원, 파일럿은
   지도자, 부대장, 남편, 직장의 장 등을 암시한다.
5) 자신이 기사가 되어 운전을 하면
   지휘자, 책임자, 사업 경영자가 되고
   뒷자리에 앉으면
   상대방이 자기의 주장을 잘 따라 준다.

웃음〔笑〕

웃음은 욕정을 억누르거나 속이려는 태도를 상징한다.

1) 알 수 없는 웃음 소리를 들으면
   타인의 비웃음을 사게 된다.
2) 여러 사람이 떠들썩하게 웃으면

여러 사람의 비웃음을 사게 된다.
3) 서로 마주 보고 빙그레 웃으면
   상대방과 다투거나 냉대를 받게 된다.
4) 상대방이 통쾌하게 웃으면
   자기 꾀에 넘어가 병에 걸린다.
5) 청중과 함께 웃으면
   상대방과 사소한 일로 다투게 된다.
6) 자신이 타인에게 미소를 지으면
   자신의 기쁨을 남에게 자랑하게 된다.
7) 상대방이 미소 짓는 것을 보면
   실제의 그 상대방에게 불쾌함을 당한다.
8) 자신이 통쾌하게 웃으면
   근심, 걱정이 해소되거나 소원이 이루어지고, 남이 복종하게 된다.

울다〔泣〕

꿈속에서의 울음은 현실에서의 기쁨을 나타낸다.

1. 길몽
1) 큰소리로 시원스럽게 울면
   기쁘고 만족스러운 일이 생긴다.
2) 가족이 죽어 크게 울면
   일이 성사되거나 유산을 상속받게 된다.
3) 자기가 대성통곡 하면
   소원한 일이 이루어지고 자신의 신변 얘기가 여러 사람에게 전달된다.
4) 죽은 사람 때문에 크게 울면

일의 성사로 크게 만족하고 소문이 난다.
5) 국가나 사회적인 장례식에서 군중이 울면
   국가나 사회의 질서나 행정이 새로워진다.
6) 여러 사람들과 같이 통곡하면
   축하할 일이 생긴다.
7) 울음을 그쳤다가 다시 울기를 반복하면
   울음 횟수만큼의 기쁜 일이 생긴다.
8) 크게 기뻐서 울면
   기쁨, 만족, 신비감 등을 경험한다.

2. 흉몽

1) 상대방이 노래를 부르거나 흐느껴 울면
   제3자로부터 희롱을 당하거나 해를 당한다.
2) 신세 타령 하고 슬퍼했다면
   현실에 불만을 갖게 된다.
3) 시체 앞에서 다른 사람들과 함께 울면
   유산이나 재물로 다투게 된다.
4) 울고 있는 어린아이를 달래면
   어떤 일을 수습하지 못하고 고통을 당한다.
5) 모르는 여자가 흐느껴 울면
   좋지 못한 일이 생긴다.
6) 상대방이나 배우자가 못생겨서 슬퍼했다면
   상대방의 대접에 불만을 갖게 된다.
7) 상대방이 엉엉 소리 내어 울었다면
   상대방에게 압도당하거나 불행한 일이 생긴다.
8) 조상이 슬퍼하고 있다면
   호주나 상사에게 불행이 닥치고 그로 인해 자신도 영향을 받는다.

3. 기타
1) 흐느껴 우는 것은
   소원이 성취되어 기쁘나 다른 사람이 알지 못하기를 바라는 것이다.
2) 사람이 죽어 슬퍼하면
   일이 성사되지만 약간의 불만이 생기게 된다.
3) 시원스럽게 울지 못하면
   속시원한 일이 있어도 섭섭해하거나 답답한 일이 생긴다.
4) 서로 마주 보고 울면
   시비가 생기나 곧 냉정을 찾는다.
5) 링컨은 꿈에서 밤마다 흐느껴 우는 소리를 듣고
   자신의 죽음을 예견했다.

원숭이[猿]

원숭이란 자신의 마음속의 동물적인 충동이나 경향을 의미하는 것으로 꿈에 원숭이를 보면 독단적인 일과 성급한 일을 삼가해야 한다.

1. 길몽
1) 원숭이는
   중개인, 재주꾼, 배우, 질투심 강한 사람 등을 상징한다.
2) 높은 곳으로 올라가는 원숭이를 보면
   지위가 상승한다.
3) 흰 원숭이를 보면
   높은 지위를 얻는다.
4) 원숭이의 귀가 잘려나가면

사기성이 짙은 사람과 절연하게 된다.

2. 흉몽

1) 서로 싸우고 있는 원숭이를 보면
   연기자를 보거나 자기를 모방하는 사람을 책하게 된다.
2) 원숭이가 자기를 똑바로 쳐다보면
   교활한 사람과 싸우거나 모욕을 당한다.
3) 원숭이가 자위행위 하는 것을 보면
   간사한 사람이 자기를 부채질하여 분노하게 된다.
4) 정글에서 원숭이 무리에게 조롱당하면
   라이벌에게 고통을 당한다.

유령(幽靈)

유령은 어린애의 꿈에서는 어머니를 상징하고 어른들의 꿈에서는 자기 자신의 악마적인 생각을 뜻한다.

1) 귀신을 보는 꿈은
   재수가 좋다.
2) 귀신과 싸워 이기면
   길하다
   지면
   흉하다.
   싸워서 승부가 안 날 경우에는
   건강해지고 명이 길어진다
3) 지옥에 떨어지거나 귀신에게 시달림을 당하는 꿈은
   길하다.

4) 도깨비를 보면
   예기치 않은 놀라운 일이 생긴다.
5) 머리를 풀고 공중을 날며 자기의 머리를 휘어잡는 유령을 보면
   정신병 내지 두통을 앓게 된다.

음식(飮食)

음식은 정신적·물질적 자산, 대화, 독서, 성욕, 명예욕, 권리욕 등을 의미하고, 욕망을 만족시키는 것에 대한 공포감이나 수치심을 뜻한다.

1. 음식

1) 음식을 먹으면
   어떤 일을 책임지거나 권리를 주장하게 된다.
2) 음식을 대접받으면
   대접한 사람이 시킨 일을 책임지게 된다.
3) 음식을 혼자 먹으면
   어떤 일을 혼자하게 된다.
4) 음식을 남에게 대접하면
   상대를 설득하여 자기 일을 맡기게 된다.
5) 남이 주는 음식이 좋은 음식이면
   좋은 일거리가 주어진다.
6) 야외에서 음식을 먹으면
   한동안 공개적인 일이나 외근을 하게 된다.
7) 음식을 쟁반에 가득 차려 윗사람을 대접하면
   소원, 취직, 입학 등이 원만히 이루어진다.
8) 남보다 크고 화려한 그릇에 담겨진 음식을 먹는 꿈은
   직책, 권한 등이 남보다 우위임을 의미한다.

9) 음식을 씹지 않고 그냥 마시는 꿈은
    일거리, 재물, 업적, 책임, 보류, 저축 등을 상징한다.
10) 상대방과 나란히 앉아 식사를 하면
    의견 일치를 보고 결혼, 사업, 계약 등이 성사된다.
11) 남에게 빼앗길까봐 숨어서 음식을 먹는 꿈은
    어떤 일을 혼자서 해결하게 됨을 암시한다.
12) 음식을 여러 사람이 나누어 먹으면
    협력하여 처리할 일이 생긴다.
13) 음식을 깨물어 먹으면
    계획서나 일 등을 잘 가다듬어서 어떤 일을 성취하게 된다.
14) 음식을 먹고 만족감을 느끼면
    성욕, 식욕, 물욕, 지배욕 등을 만족시킬 수 있다.

2. 밥

1) 밥을 많이 먹으면
   점점 부자가 된다.
2) 밥맛이 없거나 식사를 중단하게 되면
   주어진 책임을 완수하지 못한다.

3. 떡

1) 떡을 먹으면
   구하는 바를 얻는다.
2) 떡을 불에 구워 먹으면
   흉하고 약속한 일이 무산된다.
3) 큰 시루의 떡을 혼자 다 먹었다면
   장차 큰 일을 맡아 성공적으로 수행하게 된다.

4. 국

1) 고기가 없는 국물만 있는 국을 마시면
   해놓은 일에 대하여 적은 이익을 배당받거나 꾐에 빠지게 된다.
2) 미역국을 먹으면
   시험에 떨어지거나 관계 있는 단체가 해산된다.

5. 음식상

1) 음식상의 과일이나 다과류를 보기만 하고 먹지 않으면
   일에 직접적인 관여나 책임을 지지 않고 일이 진행됨을 조망하게 된다.
2) 몇 명의 거인이 상에서 음식을 먹는 소리가 뚜렷하게 들리면
   학설이나 토론석상에서 논쟁하는 소리를 듣게 된다.
3) 잘 차려진 잔칫상을 보면
   좋은 회의 안건이나 토론 내용이 많다.
4) 진수 성찬(珍羞盛饌)으로 차려진 음식상을 받았다면
   자신이 제시한 의견이나 아이디어 등이 좋은 평판을 얻는다.
5) 밥 없이 반찬만 놓여진 상을 받으면
   주된 일을 하지 못하고 부수적인 일만 하게 된다.
6) 음식상 옆에 파란 똥이 있었다면
   빚보증을 섰던 일에 사고가 생겨 빚을 걸머지게 되거나 창피를 당하게 된다.

6. 잔치상

1) 꿈속에서 잔칫집에 모인 사람들은
   직원, 친구 등을 의미한다.
2) 잔칫집에서 음식을 맛있게 먹었다면
   자신의 일이나 정부 당국에 부탁한 일이 잘 처리된다.

3) 유명 인사들이 모인 만찬회 석상에서 자신이 함께 음식을 먹으면
저명 인사나 문학 단체에서 개최하는 파티나 세미나에 초대받게 된다.

7. 음식점
1) 꿈에서의 음식을 먹는 장소는
자기집, 사업장, 기관 등을 암시한다.
2) 음식점을 찾아서 여기저기 기웃거리면
성욕 해소 장소나 취직할 곳을 찾지 못한다.
3) 부엌에서 일하는 주방장은
회사의 재무부서나 계획부서에서 일하는 사람을 의미한다.
4) 연인과 중국집에서 음식을 먹으면
혼인이나 사업에 문제가 발생한다.

8. 기타
1) 젖을 먹으면
길하고 녹봉이 늘어난다.
2) 임금이 내리는 어주를 마시면
어떤 중책을 맡거나 명예·권리가 주어진다.
3) 음식을 먹으려는 데 갑자기 황금색 대변으로 변하면
어떤 일을 처리하지도 않았는데 그 일로 돈이 생기거나 상품화 된다.
4) 만두를 보기만 하고 못 먹으면
좋은 일이 생기고
먹어 버리면
구설수가 없어지고 무사하게 된다.
5) 생고기를 먹는 꿈은
흉하고

익은 고기를 먹는 꿈은
길하다.
6) 날음식을 먹으면
생소하거나 온전한 일을 감상하게 된다.
7) 상한 음식을 먹으면
일이 헛수고가 되고 불쾌한 일을 경험한다.
8) 꿀이나 엿을 먹으면
불길하고 만사가 순조롭지 못하다.

의자(椅子)

의자나 테이블의 배치되어진 분위기는 사람의 심리 상태를 나타낸다.
의자나 테이블이 어지럽게 배치되어 있을 땐 이성을 잃은 흥분 상태로 간주될 수 있다.

1) 여러 사람이 나란히 하여 동향으로 앉아 있으면
다수가 어울려 일할 일이 생기며, 의견의 일치를 가져온다.
2) 조용히 의자에 앉아 있으면
소망하는 회사에 취직되거나 학교에 입학할 운이다.
3) 의자에 앉지 못하게 되는 꿈은
일하던 곳에서 실직되거나 입시나 취직 등에서 실패한다.

이불

이불 또는 침대는 잠을 자고 싶어하는 욕구와 성적인 만족을 원하는 양쪽을 다 나타내고 있다.
또한 이불은 사업이나 경력, 편안히 쉴 수 있는 곳을 의미한다.

1. 이불

1) 이불이 더러워졌다는 이유로 잠을 이루지 못하는 꿈은
   남편에게 성적인 만족을 얻지 못하는 여성들이 자주 꾸는 꿈이다.
2) 이불을 찢는 꿈은
   사업이나 결혼 생활 등에 실패를 가져오는 불길한 징조이다.
3) 요나 이불을 펴는 꿈은
   모든 일이 평화롭고, 편안하고 조용해진다.
4) 이불을 개는 꿈은
   하고 있는 일을 그만두거나 새로운 일을 시작하게 된다.
5) 비단 이불을 보는 꿈은
   사업이나 결혼 생활 등이 성공적으로 이루어진다.
6) 이불이나 커텐 등이 떨어지는 꿈은
   가족이 병이 들 징조이다.
7) 이불 위에 피가 묻는 것을 보는 꿈은
   좋지 않은 일이 생기거나 아내가 간통하는 일이 생길 징조이다.
8) 이불 위에 개미 등과 같은 벌레가 많이 모이는 꿈은
   좋지 않은 일이 생길 징조이다.
9) 방에 펴놓은 이불을 찢는 꿈은
   일하는 곳에서 실직할 징조이므로 매사에 조심하는 것이 좋다.

2. 침대

1) 침대를 방으로 새로이 들여오는 꿈은
   사업 기초가 이루어지고 결혼하지 못한 사람은 결혼하게 될 징조이다.
2) 침대를 방에서 내가는 꿈은
   사업을 중단하거나 직업을 바꾸거나 이혼하는 일이 생길 수 있다.

3) 침대의 다리가 부러지는 꿈은
    사업상 어려움이 생기거나 밑에 있는 사람을 잃는다.
4) 침대에서 떨어지는 꿈은
    직장, 사업, 지위나 명예, 권리, 결혼 등을 잃을 징조이다.
5) 야전용 침대에 누워 있는 꿈은
    병원에 입원하거나 직장일에 근심이 생긴다.
6) 침대에 개미나 빈대가 기어오르는 꿈은
    경제적으로 어려움이 생기거나 사람들로부터 시달림을 받는다.

이사(移徙)

이사를 하는 꿈은 모든 일을 개선할 징조이다.

1) 이사를 가기 전이나 후에 집이 무너지는 꿈을 꾸면
    큰 행운이 찾아온다. 그러나 일부가 무너지는 꿈은 좋지 않은 징조이다.
2) 새로운 집으로 이사하는 꿈은
    새로운 사업이나 취직, 혹은 직업을 바꾸거나 혼담이 성립된다.
3) 이사한 새로운 집으로 이삿짐을 들여놓는 꿈은
    사업이 호기를 띠게 되고 청탁했던 일이 이루어진다.
4) 이삿짐이 많았던 꿈은
    사업 자금을 대줄 사람이 나타나 사업 밑천이 많아지고, 여러 번 짐을 나르게 되면 근심·걱정이 많아진다.
5) 이삿짐을 꾸리는 꿈은
    상당한 시간이 소요되었던 일이나 혼사 등이 성립된다.
6) 이사 가야겠다고 생각하거나 말하는 등 이사할 준비를 하였던 꿈은
    직장을 옮기거나 사업 계획, 새로운 배우자를 얻으려 여러 곳에 청탁하게 된다.

7) 이사한 집의 방을 꼼꼼히 살피는 꿈은
　새로이 식구로 들어온 사람에 대해 성품을 살피거나 외모 등에 궁금증을 갖는다.

이층(二層)

　이층에 있는 꿈은 꿈속에서 자유로움을 느끼고 있는 것에 대한 표현이며, 이층, 삼층 따위는 일반적으로 자유롭고 개방적인 장소를 나타낸다.

1) 이층으로 올라가는 꿈을 꾸면
　성가신 일로부터 탈출하여 자유로이 되고 싶거나 해방되기를 원하는 것을 의미한다.
2) 층을 올리거나 주위에 다른 하나의 벽을 쌓는 꿈은
　이중성을 지닌 사업 또는 이론 형성 등의 일을 하게 된다.
3) 고층 건물에 일이 있어서 출입했던 꿈은
　보통을 넘어선 아주 큰 일을 하게 되거나 고위 관직에 오르게 된다.

인사

　꿈에서는 대개 자기가 인사하는 것보다 상대방으로부터 인사를 받는 경우가 많다. 이는 사회적으로 높은 지위나 남보다 우월한 위치에 오르는 것을 바라는 것을 의미한다.

1. 길몽

1) 귀한 사람에게 절하고 만나는 꿈은
　복과 덕이 좋아진다.
2) 큰절을 하는 꿈은

자기 몸에 큰 변화를 바라거나 크게 부탁할 일이 생긴다.
3) 상대방에게 절을 하는 꿈은
   상대방에게 어떤 청탁을 하여 그 보답을 받게 된다. 그러나 역으로 자기가 절을 받는다면 그에게 어떠한 보답이라도 해야 할 처지에 놓이게 되는 것을 의미한다.
4) 상대방이 절하는 것을 받지 않고 무시하는 꿈은
   청탁한 일이나 원하는 일에 어려움이 생긴다.
5) 윗사람이 자기에게 먼저 절하는 꿈은
   상대방이 아무리 윗사람이라 할지라도 자기에게 청탁을 하거나 도움을 받으려고 한다.
6) 움직이지 못하는 중병 환자가 절을 받는 꿈은
   병이 악화되거나 곧 사망하게 된다.
7) 신이나 우상에게 절하는 꿈은
   어떤 권력층 사람에게 부탁해 놓았던 일이 틀림없이 성사된다.
8) 상대방이 답례하는 꿈은
   상대방에게 부탁, 청원하였던 일이 실패로 돌아간다.
9) 죽은 사람 앞에 절하는 꿈은
   정신적·물질적 유산을 물려받게 된다.

인형(人形)

꿈에서 인형을 보게 된다면 건강이 나빠져 병이 생기거나 사망할 징조이다. 또한 인형은 아기가 탄생하는 것에 대한 두려움이나 특정 인물에 대한 적대감을 나타낸다.

1) 인형이 누군가와 닮아 있는 꿈은
   닮아 있는 사람에 대한 미움을 나타낸다.
2) 인형이 말을 하는 꿈은
   자신의 악한 마음을 바로 고쳐 사람의 도리를 실천하는 것을 의미한다.
3) 인형의 다리가 빠져 있는 꿈은
성적 능력을 상실하는 것에 대한 두려움을 의미한다.

입[口]

비밀을 발설하는 것에 대한 의미이다. 입이 없는 인형, 사람의 꿈이나 키스하는 꿈은 자신이 비밀을 의식해 언행이 부자연스럽게 되어 도리어 비밀을 드러내게 되는 경향이 있다. 꼭 다문 입은 여성의 성기를 뜻한다.

1. 입

1) 입이 큰 사람을 보는 꿈은
권력가나 큰 부자, 의욕이 왕성한 사람을 만날 운이다.
2) 입 속에 머리카락이 가득 찬 꿈은
집안에 환자가 발생하여 오래도록 고생을 한다.
3) 입 속에서 벌레가 나오는 꿈은
재난과 어려움이 사라지고 행복해진다.
4) 입이 막히고 음식을 먹지 못하는 꿈은
위급한 병에 걸릴 징조이다. 만약에 여성의 꿈이 이와 같으면 구설수에 오르게 된다.
5) 입 안으로 물건 등을 삼키는 꿈은
회사, 기관, 집안 등에 집기나 가재 도구 등 무언가를 끌어 들여 권리를 행사하게 된다.
6) 입으로 음식을 먹는 꿈은
어떠한 일에 책임을 지고 해결하거나 권리를 얻으며 일거리를 감정하거나 식별하거나 감상하는 것을 의미한다.

2. 혀

1) 자신의 혀가 갈라지는 꿈은
   집안이나 회사에서 주도권을 잃는다.
2) 상대방이 혀를 길게 내민 꿈은
   상대방의 감언이설에 속을 수 있으니 조심하는 것이 좋다.
3) 혀가 여성의 음부 속에서 나왔다 들어갔다 하는 꿈은
   어떤 생산 기관의 주동자가 자신의 과대 선전을 했다가 물러서는 수가 있다.
4) 타인의 혀 끝이 양쪽으로 갈라지는 것을 본 꿈은
   거짓말을 잘하는 사람이거나 두 가지 방법의 경영 방침을 가진 업체를 나타낸다.

3. 치아

1) 이가 모두 빠져 버리는 꿈은
   조직이나 사업 등을 새롭게 할 일이 생긴다.
   일부만 남는 꿈은
   가문이나 사업이 망할 운이다.
2) 이가 부러지는 꿈은
   다치거나 질병, 계획의 실패나 일의 종결 등과 관련이 있다.
3) 아이의 이가 다시 나는 것을 보는 꿈은
   소원이 이루어지거나 사업의 번창 등 인적 자원이나 새로운 식구가 늘어날 운이다.
4) 이가 누렇거나 검으면
   집안이나 사업상에 우환이 발생한다.
5) 아팠던 이가 빠지는 꿈은
   근심과 걱정이 해결되고, 환자의 사망, 저질 고용인의 실직과 관련이 있다.

6) 어금니가 빠졌는데 피가 나지 않는 꿈은
부모상을 당할 운이다.
7) 타인의 이가 빠져 피가 나는 것을 본 꿈은
죽음, 퇴직, 거세, 일의 성취 등으로 자신에게 이익이 돌아온다.

잎[葉]

나무가 몸을 뜻하므로 무성한 잎은 감정이나 성욕이 강함을 의미한다.
시들은 잎 또는 낙엽은 감정이나 성적 욕구가 약하다는 것을 의미한다.

1. 길몽
1) 낙엽이 쌓여 있는 것을 보는 꿈은
재물이 생기거나 사업이 번창한다.
2) 낙엽을 긁어 모으는 꿈은
돈을 융자할 일이 생기며, 정신적·물질적 자본을 축적한다.
3) 푸른 나뭇잎을 따는 꿈은
회사나 공공 단체에 입사 또는 가입하여 인정받게 된다.
4) 다른 사람이 자기에게 낙엽을 짊어지고 오는 꿈은
자기에게 자본금을 댈 사람이 나타난다.
5) 잎이 무성한 나무에 꽃이 만발한 꿈은
대단히 길한 꿈이며, 재물이 생기고 운수가 크게 따른다.

2. 흉몽
1) 낙엽이 바람에 뒹구는 것을 보는 꿈은
슬픈 소식을 듣게 될 운이다.
2) 푸른 나뭇잎이 시들어 떨어져 쌓여 있는 꿈은

전쟁이나 천재지변 등으로 인해 무수한 생명이 죽는다.
3) 화초를 남에게 나누어 주는 꿈은
집안의 재산이 모이지 않고 흩어진다.

ㅈ

자동차

자동차는 운전 방법이 어렵기 때문에 꿈속에서 자신이 억제 할 수 없는 자신의 충동적인 욕구를 의미하고 있다.

1. 버스

1) 버스 안에서 서 있다가 빈자리가 생겨서 앉는 꿈은
   외근에 관계되는 일을 하다가 내근을 맡게 되거나 혹은 완전한 책임을 수여받게 된다.
2) 방안에 버스가 들어와 있는 꿈은
   어떤 기관에서 추천을 받거나 기관내에서 단체 항의를 받아 권세가 불안하다.
3) 차가 떠나버려서 승차를 하지 못하는 꿈은
   취직이나 입학, 모집 등에서 낙방하게 된다.

2. 택시

1) 택시를 타는 꿈은
   자신을 이끌어 줄 상대를 갖고 싶다는 바램의 표현이다.
2) 택시 종점은
   일의 시발점 또는 종착점의 상징이다.
3) 택시에서 내려 주는 물건을 받는 꿈은
   기관, 회사 등에서 일, 권리, 이득, 명예를 얻게 된다.
4) 택시가 방에 들어오는 꿈은
   어떤 기관의 추대를 받거나, 단체 또는 집단이 항의해 오거나 데모대와 직면하게 된다.

5) 택시의 창을 통해 본 사건은
   사업 도중이나 생활 도중에 생길 문제와 사건을 상징하거나 상대방에 관한 일을 암시한다.
6) 택시에 휘발유를 채우면
   사업 자금을 투자하게 된다.
7) 파손된 택시를 꿈에 보면
   새 사업을 시작한다.

3. 분뇨차

1) 분뇨차가 자신의 집의 분뇨를 퍼가는 꿈은
   재물을 잃어버리거나 세금을 납부하게 될 징조이다.
2) 냄새를 풍기는 분뇨차의 옆을 지나가는 꿈은
   어떤 기관이나 단체에서 악성 루머를 퍼트리거나 자기 신변에 관한 소문이 난다.

4. 자가용

1) 자신이 운전하는 승용차가 수렁에 빠지는 꿈은
   운영 중인 사업이 운영난에 빠져 힘들게 된다.
2) 기분이 좋아 자가용을 운전하는 꿈은
   어떠한 기업체를 경영하게 되거나 지휘권을 갖게 되며 가정을 잘 이끌어 나간다.
3) 자기집 마당에 여러 대의 자가용이 주차되어 있는 꿈은
   사업상 협력자가 많음을 나타낸다.
4) 승용차 여러 대 중에서 한 대만 사람이 타고 나머지는 빈 차로 있는 꿈은
   자신이 여러 회사에 청탁한 일이 한 곳에서만 이루어짐을 의미한다.
5) 자신이 탄 승용차가 다른 것과 충돌하는 꿈은

직장, 가정 혹은 회사에서 타인과의 합의점을 찾게 된다.
6) 자기의 차가 꿈속에서 불에 타는 꿈은
그 불타는 차로 인하여 사업이 발전한다.
7) 사랑하는 사람과 함께 자가용으로 드라이브를 하는 꿈은
애인이 실제 있는 사람이면 혼담이나 결혼 생활이 원만해짐을 의미한다.

5. 트럭
1) 트럭에 곡식, 동물, 상품, 연료 등을 싣고 오는 꿈은
막대한 재물이 생긴다.
2) 트럭에 이삿짐을 싣는 것을 보는 꿈은
어느 기관에서 많은 일을 청탁하거나 사업을 새로이 정비하거나 변경할 구상을 갖게 된다.
3) 화물차가 나무 사이로 달리거나 서 있는 꿈은
방어가 소홀해진 틈을 타서 범죄 집단이 침투할 수 있다.

6. 차바퀴
1) 차바퀴에 펑크가 나서 교체하는 꿈은
하고 있는 일이나 사업 체계를 재검토한다.
2) 차바퀴가 빠지는 꿈은
활동력 혹은 기타의 세력 등이 상실된다.
3) 차바퀴의 대가 부러지는 꿈은
재산의 큰 손실을 가져오는 흉한 징조이다.

7. 교통 사고
1) 자신이 차에 치어 죽는 꿈은
사업, 작품, 소원, 업무 등이 어떠한 기관이나 권력자에 의해 이루어진다.
2) 교통 사고가 나서 사망하거나 다친 것을 보는 꿈은
자신과 밀접한 연관이 있는 사람에게 특별한 일이 생긴다.

3) 고장이나 사고로 인해 차가 정지하는 꿈은
   계획했던 일이나 모임, 계약, 사업 등이 취소된다.
4) 차가 강물에 빠지거나 떠내려가는 꿈은
   큰 기업체와 같은 어떤 강한 세력의 압력에 밀려 사업 기반을 상실하게 된다.
5) 차가 전복되는 꿈은
   사업, 소원, 결혼 등이 실패하게 된다.

8. 기타
1) 차 둘레에 많은 사람이 모여 있는 꿈은
   많은 사람이 어떤 기업체에 청탁하거나 시비에 휘말리게 된다.
2) 차를 탄 채로 하늘을 나는 꿈은
   자기가 하고 있는 사업이 여러 사람의 관심을 끌어 번성하고 현실에 만족하게 된다.
3) 차 앞이 대문 바깥쪽으로 향해 있는 꿈은
   일이 계획성 있게 빨리 잘 추진된다.
   그러나 안으로 향해져 있으면
   반대 의사가 있을 수 있다.
4) 차를 도중에서 타는 꿈은
   직장에 취직되거나 어떤 단체에 가입할 일이 생긴다.
5) 차를 타지 않고 쳐다만 보고 있는 꿈은
   부탁한 기관이나 결혼 상담자의 내부 사정을 상세히 알아 볼 일이 생기며 정보만 얻고 결정을 내리지 못한다.
6) 큰 붓을 가지고 차를 타고 가다 내린 꿈은
   문학 작품을 출판하거나 잡지사에 작품을 연재하게 된다.
7) 차 안에 시체를 싣고 달리는 꿈은
   오래도록 재물 운이 트일 운이다.
8) 방에 검은 택시가 들어와 있는 꿈은
   미혼자는 결혼을 서두르게 되고 집안 사람 중에 누군가가 사망하게 된다.

9) 차에 휘발유를 넣는 꿈은
   새로이 사업 자금을 많이 투자하게 된다.
10) 차를 타고서 집으로 오는 꿈은
    어떤 회사의 대표가 자기와 여러 가지의 일로 타협할 일이 생긴다.
11) 구급차에 타는 꿈은
    봉사 기관에서 구원의 손길이 이루어져 일이 잘 성사된다.
12) 문 앞 혹은 마당에 차가 있는데 아무도 없는 꿈은
    초상날 일과 관계가 있다.

자물쇠 [金建]

자물쇠는 운세, 재물, 가문, 단체 등의 상징이다.

1) 자물쇠를 열쇠로 여는 꿈은
   운세가 트여서 재물을 얻거나 진급할 운이다.
2) 자물쇠로 문을 잠그는 꿈은
   기관, 단체, 회사, 집, 가문과의 관계가 끝나 버리는 것을 의미한다.

자살(自殺)

자신의 성격 중에서 좋지 않은 면을 제거하려고 하거나 다시 태어나고 싶다는 소망을 나타낸다.

1) 자살하는 꿈은
   지금까지 하던 일이나 사업의 진로를 변경하거나 직장, 집, 사상 등을 변화시켜 새로운 기분으로 일을 시작하게 된다.
2) 독약(극약)을 먹고 자살하는 꿈은

어떠한 일을 처리할 때에 과학적인 방법으로 기발한 성과를 이루게 된다.
3) 목을 매달아 자살하는 꿈은
신병이 낫고 운수가 트인다.

자전거[自轉車]

오토바이 혹은 자전거는 단체적인 성격이 배제되어진 개인과의 대화나 사고, 연락처, 사업체 등을 상징한다.
혼자서 페달을 밟는 동작은 자기 자신을 위로하는 행위를 나타내기도 한다.

1) 자전거나 오토바이를 타고 신나게 달리는 꿈은
하는 모든 일이 시원스럽게 성사된다.
2) 자전거나 오토바이의 뒷자리에 타는 꿈은
지도자, 안내자, 혹은 경영자들이 자신의 의사대로 잘 따라 준다.
3) 자전거를 서투르게 타는 꿈은
사업이나 어떤 협력자를 잘 조절하기가 어려워진다.
4) 자전거로 경사진 곳을 오르면
어떠한 일, 소원 등을 실행하는 데 장해물이 많아 이루어지기 힘들다.

작은 새[小鳥]

작고 귀여운 새는 대체로 여성, 암컷을, 주둥이가 예리하거나 큰 새는 남성을 상징한다. 그러나 새가 일의 상징일 때에는 무관하다.

1. 뻐꾸기
1) 뻐꾸기나 두견새를 보는 꿈은
   먼 곳에서 손님이 찾아올 징조이다.
2) 뻐꾸기나 두견새의 알을 얻는 꿈은
   뜻밖의 진귀한 물건을 얻거나 권리, 재물이 생긴다.

2. 참새
1) 참새가 방안으로 날아들거나 품에 안기는 꿈은
   평범한 여아를 출산할 징조이다.
2) 무수한 참새가 무리를 지어 나는 것을 보는 꿈은
   자신의 지휘를 받는 무리가 잘 따라 주거나 많은 작품을 발표하게 된다.
3) 참새 떼가 전답이나 털어놓은 곡식을 먹는 꿈은
   고용인을 많이 얻을 징조이다.

3. 비둘기
1) 비둘기 떼에게 먹이를 나눠 주는 꿈은
   선량한 무리들을 키우는 일에 관계할 일이 생긴다.
2) 비둘기에 관한 태몽을 꾸면
   평화적인 일에 관계한다거나 성품이 착하고 사회 봉사에 적극적인 여성, 일반적으로 여선생, 의사, 간호원 등이 될 사람이 태어난다.
3) 푸른 비둘기의 다리에 끈이 매여져 있는 꿈은
   가출 여성이나 화류계 여성과 일시적으로 동거를 하게 될 수 있다.

4. 제비

1) 제비가 잠시 날아와서 앉았다 사라지는 꿈은
   아름다운 여성이 찾아오거나 한동안 동거할 여성을 만나게 된다.
2) 한 마리의 제비를 가까이하는 꿈은
   재능 있고 아름다운 자식을 낳는다.

5. 기타

1) 꾀꼬리가 품으로 날아오거나 붙잡는 꿈은
   아름다운 여성이나 명예 등을 얻게 될 수 있다.
2) 까마귀와 까치가 시체를 파먹는 것을 보는 꿈은
   하고 있는 사업이 번성하여 무수한 사람을 고용하게 되고, 집안에 좋은 일이 있어 잔치를 벌여 손님을 접대할 일이 생긴다.
3) 매를 보는 꿈은
   큰 운이 따르므로 많은 사람의 지도자가 된다.
   그러나 삼가하지 않는 꿈은
   다른 사람과 원한 관계를 맺게 될 수도 있다.

장갑

단체, 형제, 수하자, 능력 등의 일을 보호하고, 숨기며, 계약 사항은 실행할 일과 연관된 표상이다.

1) 좋은 털장갑이나 가죽 장갑을 끼는 꿈은
   형제간의 우애가 더욱 두터워지거나 협력자 혹은 협력기관이 생긴다.
2) 작업용 장갑을 빠는 꿈은
   같이 일하던 사람과의 계약이 해소된다.

3) 여성이 장갑을 낀 손으로 얼굴을 가리는 꿈은
   임신을 두려워하고 있는 것을 상징한다.
4) 남성이 고무 장갑을 끼는 꿈은
   콘돔을 사용하는 것의 상징이다.

장례식(葬禮式)

이제까지의 복잡한 인간 관계로부터 해방되어서 자신이 있어야 할 자세로 되돌아가고 싶다거나 혼자 되고 싶다는 소망을 의미한다.

1) 상여 앞에 수많은 만장이 휘날리고 조문객이 많이 따르는 태몽은
   태어날 아이가 훌륭한 사람이 되어 장차 명예로운 일을 성취시켜 많은 사람들이 그를 기리게 될 것이다.
2) 어느 집 마당이나 길가에 상여가 있는 꿈은
   세상에 발표할 일이 생기거나 결혼 등의 좋은 일이 이루어진다.
3) 장의차가 대문 안으로 들어와 있는 꿈은
   어떤 기관에서 재정상 상의할 일이 생긴다.
4) 장의차가 달리는 것을 보는 꿈은
   하는 일이 순조롭게 잘 진행되거나 사업체나 집이 이사하게 될 징조이다.
5) 국장 행렬을 구경하는 꿈은
   사회적, 국가적으로 생애 최고의 명예와 관련된 일이 생긴다.
6) 조의금을 내는 꿈은
   자기의 일과 관련된 기관에 청원서를 내거나 부탁할 일이 생긴다.
7) 남편이 사망하여 아내가 상복을 입는 꿈은
   하던 일이 이루어져 부유해진다.
8) 장송곡이 장내에 울려 퍼지는 꿈은

결혼식장에 참석하거나 하던 일이 이루어져 각서를 작성하여 낭독할 일이 생기며, 소문날 일이 생길 운이다.
9) 상제가 여러 명 있는 꿈은
　유산이나 권리를 배분해야 할 일이 일어난다.
10) 자신의 집에 초상이 나서 곡성이 나거나 상여가 있는 꿈은
　소원이나 사업이 크게 성취되어 소문이 난다.
11) 다른 사람의 집에 초상난 것을 보는 꿈은
　그 사람의 집 또는 동일시할 수 있는 집에 잔치가 있거나 사업상 크게 소문날 일을 예시한다.
12) 여성이 상복을 입는 꿈은
　유산의 상속이나 결혼, 남편의 출세, 사업 쇄신 등을 상징한다.
13) 사람들이 떼지어 곡성을 하는 꿈은
　자신이 여러 사람의 시비에 휘말리게 되어 불쾌한 일이 생긴다.

재봉틀

1) 재봉틀을 사오거나 방안에 들여놓는 꿈은
　사업에 활기를 띠거나 사업체를 이끌어 갈 능력이 생기거나 협조 기관이 나타나게 된다.
2) 옷감을 재단하는 꿈은
　계획, 취직, 결혼, 사업 등의 일을 시작한다.
3) 양복점 재단사가 재단하는 꿈은
　어떠한 기관의 실무자가 자신이 부탁한 일을 진행시키고 있다는 것을 의미한다.

전염병(傳染病)

사람들에게 좋지 않은 영향이나 해를 입힐 것 같은 사상이라든가 습관, 욕망 등을 의미한다.

1) 전염병을 앓는 꿈은
  사상, 종교, 유행 등에 몰입하여 감화된다.
2) 손과 발에 피고름이 나는 꿈은
  하던 사업이 번창해진다.
3) 병을 앓고 있는 환자가 약을 먹는 꿈은
  그 병이 차차 나아질 징조이다.

전쟁(戰爭)

전쟁의 꿈은 자신의 체험이나 전쟁에 관한 지식에 의해서 형성되지만 전쟁과는 상관없이 힘겹고 두려우며 고통스러운 일들을 의미한다.

1. 길몽
1) 전쟁터에서 적을 죽이기도 하고 자신이 적과 싸워서 전사한 꿈은
  자기의 노력이나 작품에서 생기는 어려운 난관을 잘 극복하고 성과를 보게 된다.
2) 전쟁이 발발하여 군대가 이동하는 꿈은
  자기가 계획한 일이나 사업을 뜻대로 추진하여 크게 시작하거나 사업 성과가 발표된다.
3) 형제간에 때리면서 싸우는 꿈은
  우애가 두터워지고 좋은 일이 생길 수이다.

4) 타인이 나를 죽이는 꿈은
   재수가 좋으며 하는 일마다 좋은 일이 있다.
5) 여성이 대검을 가지고 있는 꿈은
   하는 일마다 운이 따르며 재수가 있다.
6) 전쟁터에서 부상을 당하는 꿈은
   현실에서 남으로부터 높임을 받게 되고, 모든 일에 적극적이어서 남이 하지 못하는 일도 성공적으로 성사시킨다.
7) 전쟁에서 폭사당하거나 포로가 된 꿈은
   어떤 기관이나 사람에게 청탁한 일이나 작품, 소원이 성취되거나 당선되어 소문이 난다.
8) 자신이 선전 포고문을 낭독하는 꿈은
   어떠한 일을 추진하기 위해서 성명서를 내거나 사업 계획서를 공개할 일이 생긴다.

2. 흉몽

1) 전쟁이 점차로 격렬해지는 꿈은
   치열하면 치열할수록 하는 일이 복잡해지고 어려움에 부딪히게 된다.
2) 전쟁이 발발하여 피난가는 꿈은
   집안 일이나 기관에 부탁한 일이 잘되지 않거나 실패한다.
3) 사망한 사람의 몸에서 총이나 칼을 빼어 가지는 꿈은
   계획한 일이 원만히 진행되지만 다른 곳에서 좋지 않은 일이 생길 징조이다.
4) 전쟁에서 패배하는 꿈은
   하는 일마다 실패를 되풀이한다.
5) 제3차 세계 대전이 일어나는 꿈은
   복잡하고 어려운 일이나 단체적인 일과 관련있다.
6) 다른 사람과 말다툼을 하는 꿈은

사랑하는 사람과 이별하거나 가까이 지내는 사람과 헤어질 수가 있다.

전화(電話)

전화기는 중개인, 중계 기관, 소식통, 정체 불명의 사람 등을 나타내는 상징이다.
전화는 자신이 무엇인가에 대해서 자문자답하고 있는 것을 의미하는 것이기도 하다.

1) 전화로 상대방을 불러내는 꿈은
   어느 기관이나 회사를 통해서 청원할 일이 생긴다.
2) 전화벨 소리를 듣는 꿈은
   바깥으로부터 새로운 소식이나 뉴스 거리를 접하게 된다.
3) 전화 중에 수화기를 붙잡고 짜증내거나 웃는 꿈은
   상대방을 누르거나 소원이 이루어진다.
4) 상대방과 대화할 수 있는 꿈은
   상대방과의 그 대화 내용이 주로 청탁이나 사건에 관한 일이다.
5) 공중 전화 박스에서 전화를 거는 꿈은
   중개인이나 중계 기관 같은 제3자를 통해서 상대방에게 청탁할 일이 생긴다.
6) 전화기가 천장이나 전주 등 높은 곳에 매달려 있어 전화를 하지 못하는 꿈은
   남에게 부탁한 일이나 사업 청탁이 의도대로 이루어지지 않아 막연하게 된다.
7) 대화 내용이 희미한 꿈은
   자기 혼자 스스로 일을 판단하게 될 징조이다.
8) 전화기를 새롭게 가설하는 꿈은

정신적 협력자나 협력 기관이 생기거나 좋은 일이 생긴다.
9) 자신의 집에 전화선을 설치하면
기관 또는 사회적으로 권세, 소식, 사업, 방도 등의 일이 이루어진다.

절[寺]

절은 학원, 연구원, 수도원, 교회, 기관, 단체, 교도소, 정신병원 등을 상징한다.

1) 불전에 절하고 춤을 추는 꿈은
사회적으로 기반을 닦고 출세할 운이다.
2) 절에서 물건을 얻어 가지는 꿈은
태몽이면 그 물건의 상징 의의와 함께 어떤 기관이나 단체에서 신분이 귀해짐을 예시한다.
3) 절에서 물을 마시거나 목욕을 하는 꿈은
기관, 학교, 회사 등에서 취직이나 입학 및 기타의 소원이 이루어진다.
4) 법당 밖으로 목탁 소리가 울려 퍼지는 꿈은
세상에 소문나거나 감동을 줄 일이 생긴다.
5) 법당 안에 있는 사천왕이 눈을 부릅뜬 꿈은
태몽이면 태어날 아이가 장차 군인 또는 경찰관으로 출세할 징조이다.

조개[貝]

조개는 일, 집, 사업체, 여성 등을 뜻하는 것으로 꿈에 조개를 보면 귀한 아들 혹은 귀한 지위를 얻는다.

1) 조개를 까서 그릇에 담으면
   작품을 논하거나 청탁을 받는다.
2) 조개에서 진주가 나오는 꿈은
   진리나 보물 등을 얻게 됨을 암시한다.
3) 꿈에 많은 조개를 잡으면
   임신한 여자일 경우에는 여자 아이를 낳기 쉬우며 장차 아기가 많은 재물·사업체·창작물 등을 성취시킨다.
4) 해변이나 개천에서 많은 조개를 잡으면
   이혼녀일 경우 혼담이 오고 자기의 창작물을 남에게 보여주게 된다.
5) 마을 개울이나 산에서 조개를 주우면
   재물이나 학설을 모으게 된다.
6) 하늘에서 떨어지는 조개를 받아 먹으면
   공적을 세워 재물을 얻게 된다.
7) 꿈에 소라를 보면
   이별하게 된다.
8) 조개가 발가락을 물면
   자신의 청탁이 어떤 기관에서 진행되게 된다.
9) 적은 양의 조개 껍데기가 수백 배의 자갈더미로 변하면
   복권을 타거나 장문의 글을 쓰게 된다.
10) 조개 껍질을 그릇에 담으면
    연구 성과를 얻게 되거나 작품에 문제가 발생하게 된다.

11) 가득 쌓아 올린 조개 껍데기가 수백 배의 자갈더미로 변하면
정리한 원고가 가치 있는 것으로 세상에 널리 알려진다.

종교(宗敎)

종교는 선악, 실제 인물, 소원, 중매자 등을 상징한다.

1. 기독교
1) 꿈속에서의 하나님은
양심, 진리, 우주 법칙, 대자연의 섭리, 군주, 통치자, 성직자, 백성, 은인, 부인, 절대적인 힘을 갖는 제3자 등을 상징한다.
2) 어려움에 처한 상황에서 하나님을 찾았다면
절대적인 협조자에게 도움을 청하거나 진리, 양심에 호소할 일이 생긴다.
3) 정치가가 하나님을 찾는 꿈은
통치자에게 건의하거나 백성의 여론을 조사하게 된다.
4) 교인이 하나님께 기도하는 꿈은
진리, 양심 등에 호소하며 깨닫거나 반성하게 되고 신부에게 고해성사하거나 도움을 받게 된다.
5) 천당에 가서 보좌에 앉아 있는 하나님을 보면
통치자, 성직자, 부처님 등을 만나거나 성경이나 불경을 연구하게 된다.
6) 하나님의 계시를 받는 꿈은
잠재 의식의 힘으로 진리를 깨닫거나 예지와 판단을 하는 일과 관계한다.
7) 하늘에서 하나님의 음성이 크게 들리면
진리나 사회적 고발을 자기가 아닌 또 하나의 자아가 대신하게 된다.

8) 하나님에게 천당가게 해달라고 비는 꿈은
   높은 관직에 오르거나 결혼과 관계된 일을 하게 된다.
9) 산에서 하나님이 영세물을 손수 입에 넣어 주는 꿈은
   입학, 취직, 입당 등을 허락받는다.
10) 하나님이 구름을 타고 내려오는 것을 보는 꿈은
    학자, 기관장, 혹은 위대한 사람, 책 등에 영향을 받게 됨을 암시한다.
11) 하나님이 교회에 나타나는 것을 보는 꿈은
    훌륭한 성직자나 기관장과 접하게 된다.
12) 걸어가는 하나님의 뒷모습을 보면
    어떤 지도자가 자기의 부탁을 들어주거나 명예로운 일을 이룬다.
13) 하나님이 찬란한 의상을 걸치고 나타난 것을 우러러보는 꿈은
    국가적, 사회적으로 위대한 지도자가 나타나거나 진리의 서적이 간행된다.
14) 꿈에서의 하나님의 조각상이나 초상화는
    성경책 등의 진리서, 혹은 옛 성인의 위대한 업적을 상징한다.
15) 꿈에서의 성모 마리아는
    은혜롭고 자애로운 사람, 어머니, 지도자, 애인, 위대한 학자, 감동적인 예술 작품 등을 상징한다.
16) 성모 마리아 앞에서 기도하는 꿈은
    제3자의 도움으로 소원이 이루어지는 것을 나타낸다.
17) 성모 마리아상에서 빛이 나거나 자기에게 빛을 발산하면
    신앙적인 깨달음을 얻거나 위대한 업적을 보게 된다.
18) 꿈에서의 행동하는 성모 마리아는
    은혜로운 협조자, 예언자, 인자한 지도자 등을 의미한다.
19) 꿈에서의 신부와 목사는
    선생, 법관, 승려, 실제 인물 등을 상징하며, 교양 서적, 선악 등과 관련이 있다.

20) 꿈에서의 전도사는
    실제 인물, 외무원, 외판원, 중매자, 일거리 등을 상징한다.
21) 꿈에서의 신도는
    학생, 구직자, 연구생, 정신적인 일거리 등을 상징한다.
22) 유명한 목사와 함께 걸어가면
    어떤 지도자나 학자와 접하게 되고 감명 깊은 책을 읽게 된다.
23) 신도에게 설교하거나 성경을 읽어 주면
    강연 혹은 논문을 발표하거나 남을 설득하게 된다.
24) 자신의 설교에 의해 많은 사람이 죽거나 잠들면
    자기의 사상을 많은 사람들이 따른다.
25) 자신이 수녀원에 들어가면
    학교, 회사, 교도소 등에 들어갈 일이 생기고, 자기의 작품이나 일거리가 당국으로부터 심사를 받는다.
26) 천당을 구경하면
    성스럽고 아름다운 곳을 가거나 목사, 성가대, 신자들과 관계하고, 절이나 관청의 일에 관계한다.

2. 불교

1) 꿈에서의 부처님은
   은인, 고승, 법사, 위대한 사람, 성직자를 의미한다.
2) 석가모니와 불상을 보면
   은인, 학자, 권력자 등과 접하게 되고 학문이나 사업상 지도를 받게 된다.
3) 약수터 밑에 부처님이 조각되어 있고 그 옆에 절 이름이 써 있는 꿈은
   이것은 장차 어떤 사람이 저술할 책의 저자 사진과 출판사명을 예시한 것이다.
4) 석가모니 손가락의 피를 마시는 꿈은

어떤 진리 탐구자로부터 정신적으로 감화받는 일이 생김을 암시하는 것이다.
5) 석가모니가 흘린 핏자국을 뒤따라가면
   훌륭한 학자나 지도자의 업적이나 행적을 따르거나 지도를 받게 된다.
6) 석가모니가 좌선하는 것을 보는 꿈은
   진리 탐구자나 학자가 연구에 몰두하는 것을 보게 된다.
7) 스님에게 시주를 많이 하는 꿈은
   소청이 많아지고 잡곡을 시주하면 작품 심사에 탈락하거나 학문을 연구해도 인정받지 못한다.
8) 꿈에서의 불상은
   위대한 사람의 업적이나 저서, 불경, 성경, 진리, 사업체 등을 의미한다.

3. 기타

1) 태몽에 스님이 문턱에서 염불을 하고 있으면
   태아가 장차 큰 학자가 되고 꽹과리를 두드리면 무관으로 이름을 날린다.
2) 태몽에 관음보살상을 얻으면
   훌륭한 자녀를 얻게 되고 훌륭한 작품, 학위, 명예 등을 얻게 된다.

죽음〔死〕

죽음은 지금까지 관심을 갖고 있거나 성취해야만 하는 일 등이 새로워지거나 이루어짐을 상징하는 것으로 꿈에 부모의 죽음을 보는 경우가 많다.

여성이 모친의 죽음을 보거나 남성이 부친의 죽음을 보는 것은 자신이 동성인 부모로 변해서 이성의 부모와 친해지고 싶어하는 욕망을 나타내거나 부모의 죽음을 미리 연습하여 그 슬픔으로부터 익숙해지려 하는 것으로 해석된다.

1) 사형 선고를 받고 죽으면
   갑자기 운수 대통하여 출세하거나 병세가 호전된다.
2) 돌아가신 아버지를 만나면
   길하다.
3) 사람이 죽어 망하면
   반대로 장수하고 복받는다.
4) 자신이 죽었다면
   귀인을 만나 출세하거나 미혼자일 경우 좋은 아내를 맞는다.
5) 소, 사슴, 돼지, 호랑이 등을 죽이면
   좋은 일이 생기고 귀중한 것을 얻는다.
6) 사람을 죽이는 것은
   크게 길하고 부귀를 얻는다.
7) 꿈에 새를 죽이면
   처와 첩에게 재난이 없다.
8) 죽은 사람과 음식을 먹으면
   만사 형통한다.
9) 타인에 의해 죽음을 당하면

명이 길어진다.
10) 다른 사람이 죽는 것을 보면
　　크게 길하고
　　부모 형제가 죽는 것을 보면
　　그 죽는 부모 형제가 장수하고 자신도 길하다.
11) 부모상을 당하고 대성 통곡하는 꿈은
　　정신적 안정과 물질적 부를 얻고 계획한 일을 착수하게 됨을 암시한다.
12) 부고를 받으면
　　편지나 통지를 받는다.
13) 병원에서 수술 도중 죽었다면
　　물건 혹은 부동산 매매가 이루어지고 기쁜 소식을 전해 듣게 된다.
14) 막연하게 누군가가 죽을 것이라는 생각을 가졌다면
　　전혀 기대하지 않았던 일이 이루어지고 복잡하여 해결이 어려웠던 일의 실마리가 풀린다.
15) 자신이 아무 고통없이 안락사했다면
　　제출한 서류나 출품한 작품이 좋은 결과를 얻는다.
16) 죽은 사람의 소지품, 유서 등이 자기에게 배달되면
　　자신이 TV, 라디오 등에 출연하거나 매스컴을 타게 된다.
17) 남과 더불어 통곡했다면
　　축하할 일이 생기고
　　혼자 울었다면
　　술과 음식이 생긴다.
18) 꿈에 죽은 사람이 웃으면
　　중병이 낫고
　　죽은 사람이 말을 하면
　　번창한다.

19) 죽은 사람이 자기를 안아 주면
대길하다.
그러나 죽은 사람을 안고 울면
흉하다.
20) 죽은 사람을 목욕시키면
재수가 있고 만사 형통한다.
21) 자신이 죽은 사람의 영혼이라고 생각했다면
물질적 만족감은 없어도 정신적으로 큰 만족을 느낄 수 있는 일을 하게 된다.
22) 집에 초상이 나면
직장에서의 문제가 자연스럽게 해결된다.
23) 상여 앞에 만장이 서 있는 것을 보면
일마다 거듭 실패하게 되나 근일내에 어떤 기관의 협조를 받아 놀라운 일을 성취하여 명성을 얻는다.
24) 조상에게 제사를 지내면
윗사람이나 권력을 가진 사람에게 일을 부탁하게 된다.
25) 혼사를 앞두고 초상이 나면
결혼식이 연기되거나 어떤 대사를 연기하게 된다.
26) 조상의 묘에 성묘를 하면
주변 사람에게 부탁할 일이 생긴다.
27) 태몽에 상여가 나가는데 만장이 펄럭이고 조객이 많다면
사회에 명성을 떨칠 훌륭한 인물이 태어난다.
28) 사람이나 짐승 등이 죽으면
자신 없었던 일, 꺼려 했던 일이 해결된다.
29) 자기가 수술받다 죽으면
집의 매매, 결혼, 사업, 작품 등이 성사된다.

쥐[鼠]

쥐는 대의를 지닌 사람이나 노력가, 소개인, 관리, 회사원, 일거리 등과 관계가 있다.

1. 길몽

1) 쥐가 고양이나 호랑이 등 다른 형태로 변하는 꿈은
   하급 공직에서 상위직으로 승진하는 등 하고 있는 일이 장애물 없이 순탄하게 풀려 나간다.
2) 쥐구멍에서 쥐가 머리를 내밀고 있는 것을 본 꿈은
   자기 자신이나 사업 등에 관심을 가지고 지켜보고 있는 사람이 있다는 것을 의미한다.
3) 창고에 쌓아 둔 곡식을 쥐 떼들이 나타나 먹어 치운 꿈은
   큰 사업이 성취되거나 하고 있는 일이 크게 번창한다.
4) 박쥐가 자기에게 달려들거나 무는 꿈은
   자기에게 권리나 명예, 직분이 주어진다.
5) 쥐를 잡아 죽이는 꿈은
   다른 사람을 설득하거나 다른 일이 성사되어 재산의 손실을 막는다.
6) 도망치는 쥐를 돌로 잡는 꿈은
   잔꾀를 부리는 사람, 소인배 혹은 연구하는 사람을 설득시켜 일을 성사시킨다.
7) 우리 안에 실험용 흰 쥐가 있는 꿈은
   정신적, 물질적 자본이 생긴다. 연구 대상물의 상징이기도 하다.
8) 방안에 들어온 쥐를 잡는 꿈은
   직장에서 횡령을 하려는 자 등 어떤 단체에서 부정하는 자를 밝히는 일이 생기게 되거나 일의 중개자를 찾게 된다.

9) 나무에 다람쥐가 오르는 것을 보는 꿈은
직장 등에서 승진을 하거나 남 앞에서 권위를 세운다.
10) 산등성이 구멍마다 쥐가 있는 것을 보는 꿈은
자신의 상품이나 업무가 사회적으로 획기적인 반응을 일으키게 될 징조이다.
11) 페스트균을 옮기는 쥐를 잡은 꿈은
베스트셀러가 될 작품을 저술하는 일에 관계한다.
12) 쥐에게 발가락을 물리는 꿈은
뜻밖의 협조자가 생겨 사업의 형세가 좋아진다.

2. 흉몽

1) 잡으려던 쥐가 쥐구멍 속으로 사라진 꿈은
목적했던 일이나 계획했던 일이 잘되지 않는다.
2) 들판에 널려 있는 곡식이나 기타의 농산물을 먹는 쥐 떼를 보는 꿈은
그해에 흉년이나 천재지변이나 사업 실패의 운세에 놓일 수이다.

3. 기타

1) 쥐가 큰 물체의 아랫부분을 갉아먹는 꿈은
거창한 사업을 시작하거나 단체를 와해시킬 일에 관계하게 된다.

지도(地圖)

방법이나 사업 계획, 사업 기반, 백과 사전, 권세, 이권, 행원 등의 일에 관련이 있다.

1) 지도상의 한 지점을 지적하고 설명하는 꿈은
회사나 기관에서 전근 혹은 승진을 하게 되고, 구매처나 거래처, 계약 상대를 확보하게 된다.

2) 지도를 사서 보는 꿈은
   백과 사전을 구입하거나 사업의 방도가 생기고 안내서, 청원서, 계약서 따위를 보게 되며 계약이 성립된다.
3) 지구의를 사오는 꿈은
   권리가 생기거나 시험에 합격할 운이다.
4) 세계 지도를 얻는 꿈은
   태몽일 경우에는 태어날 아이가 미래에 사장이나 관리인, 지배자 혹은 세계적인 인물이나 사회적 지도자가 되리라는 것을 예견한다.
5) 상대방이 약도를 지적하면서 길을 알려 주면
   부동산을 통하여 집, 토지, 물건 등을 매매하거나 흥정할 일이 생긴다.
6) 다른 사람에게 지도를 받는 꿈은
   결혼, 계약 등의 방법이나 권리가 생긴다.
7) 벽에 걸려 있는 세계 지도를 손으로 쓸거나 구멍을 내는 꿈은
   전세계 내지는 전국에 시장을 확보할 일이 생기거나 사업이 왕성하게 이루어진다.

지붕

지붕과 옥상은 두상, 상층부, 고위급, 고독, 은퇴, 죽음, 간판, 명예 등을 상징하는 부위로서 지붕은 그 모양에 의해서 여러 가지 심리 상태를 나타낸다.

1. 길몽
1) 지붕을 수리하거나 기와를 잇는 것을 보는 꿈은
   가업이 번창하고 하던 일이 완성되거나 거래처를 옮기게 된다.
2) 기와 지붕이 적색, 청색, 홍색, 흑색 등 총천연색의 기와로 장식되어

있는 꿈은
사업체나 기관, 서적 등에서 유별난 일이 일어나게 된다.
3) 사다리를 이용해서 지붕에 올라가면
회사, 기관에서 승진을 하거나, 상위 관리자들과의 거래가 이루어진다.
4) 지붕 위에서 닭이 크게 우는 꿈은
장차 고급 관리가 될 징조이다.
5) 추녀 밑에 들어가 비를 피하는 꿈은
권력가의 도움으로 사업을 경영할 일이 생긴다.

2. 흉몽

1) 지붕이 무너지고 파괴되는 꿈은
신분이나 사업, 단체 등이 몰락하거나 붕괴된다.
2) 사람들이 지붕 위에 빽빽히 서 있는 것을 보는 꿈은
집안이나 직장에 우환이 생긴다.
3) 호랑이나 고양이 등이 지붕에서 내려다보는 꿈은
어떠한 권력가가 해를 끼치거나 압력을 가할 일이 생길 수 있다.

지팡이(스틱)

지팡이는 협력자, 방법, 권리, 단체 세력, 직위 등을 상징한다.

1) 지팡이로 상대방을 때리는 꿈은
하고 있는 일에 압력을 받거나 협조자, 권력, 능력 등에 의해 자극을 받거나 그 일로 인해 시비, 탄핵할 일이 생긴다.
2) 쌍지팡이를 짚고 걸어다니는 꿈은
두 사람의 협조자 또는 협조 기관과 관계하여 새로운 대책을 마

련하여 정신적 문제가 잘 해결되는 등 소원을 성취한다.
3) 지팡이가 굵어지거나 길게 늘어나는 등 형태가 갑자기 변하는 꿈은
권력, 세력, 권리, 지휘 능력 등이 확장되는 것을 의미한다.
4) 연못 속에 꽂혀진 지팡이를 구하여 걷는 꿈은
어느 기관이나 회사에서 직권이 부여된다.

지하실(地下室)

지하실에 내려가는 것 같은 꿈은 어떤 것인가 비밀스러울 것 같다거나 쉽지 않은 문제에 부딪히게 되었을 때 주로 나타난다.

1) 지하실을 들여다보는 꿈은
무슨 비밀스러운 일이나 학문 등에 연구, 탐사, 관심을 갖게 된다.
2) 어두컴컴한 지하실 안을 헤매다가 깨어나는 꿈은
알려야 할 일을 알리지 못하고 범죄인으로 몰려서 괴로움을 당한다.
3) 지하실에 물이 가득 찬 꿈은
대단히 많은 재물이나 돈이 들어온다.
그러나 물이 얼어 있는 꿈은
자금 등이 동결 상태에 있게 된다.

짊어지다

무엇인가를 짊어지고 걸어가는 꿈은 자기의 고뇌를 걱정하고 있는 것을 의미한다.

1) 산을 짊어지는 꿈은
   큰 권세나 권력을 얻게 될 징조이다.
2) 해나 달을 안거나 짊어지는 꿈은
   높은 관리가 될 운이다.
3) 대변을 짊어지고 집에 돌아오는 꿈은
   큰 부자가 될 운이다.

집[家]

집은 몸 전체를 상징하며 집 내부의 방이나 거실, 계단 같은 것은 몸의 일부분을 표시하여 그 형체에 따라 인격의 특성을 나타내고 있다.
집은 기관, 회사, 사업체, 인체, 업적, 무덤, 사건 무대 및 일의 시작과 끝을 암시한다.

1. 집

1) 자신의 집이 초라해 보이는 꿈은
   만사가 순조로우며, 일이 뜻대로 진행이 된다.
   또한 귀한 사람을 만나게 되어 크게 성공하는 수도 있다.
2) 집터를 닦는 꿈은
   사업 판도나 세력권을 형성할 일에 관계하며, 그 자리에 집을 지으면 정신적, 물질적 사업을 시작하게 된다.
3) 자기가 깨끗이 집을 청소하는 꿈을 꾸면
   손님이 방문하거나 멀리서 좋은 소식을 듣게 된다.
4) 집안에 형제가 매우 가난해 보이는 꿈은
   재수가 있으며, 만사 형통하다.
5) 남이 집에서 나가는 꿈은
   연분을 끊을 사람과의 관계나 걱정거리가 해결된다.

6) 자기집의 마당에 큰 길이 나 있는 꿈은
   운수가 대통하며 재수가 있다.
   매사 모든 일에 적극적으로 대처한다면 협조자가 나타나는 등 출세길이 보장된다.
7) 자신의 집안에 풀이 많이 나 있는 꿈은
   집안에 우환이 일어날 불길한 징조이다.
   이 꿈은 집안에 재산을 축내는 사람이 생길 운이다.
8) 많은 사람들이 자기집 안팎에 모여 웅성대는 꿈은
   친척 중에 누군가가 사망하거나 우환이 발생한다.
9) 남의 집에 들어가는 꿈은
   남이 자신을 찾아오거나 자기에게 부탁할 일이 생긴다.
10) 외출 후에 집으로 들어가는 꿈은
    사업체를 해체하게 되거나 회사에서 실직하게 된다.
11) 많은 사람들이 자신의 집으로 몰려오는 꿈에서 그 많은 사람들은
    사업이나 작품 등을 어떤 기관이나 단체에서 관심, 시비, 평가할 대상을 의미한다.

2. 건물

1) 빌딩 같은 고층 건물은
   실제의 건물이나 기업의 계급적 관념, 거대한 업체, 지도의 업적, 이념, 하문, 법규 등을 나타낸다.
2) 3층 건물이라면
   아래층은 하층 기관, 2층은 중간 기관, 3층은 상층 기관을 의미한다.
3) 건물에 불이 활활 타오르는 것을 보는 꿈은
   불길이 세찰수록 계획한 일이 순조롭게 진행된다.
4) A건물에서 술을 마시고 B건물에서 소변을 보는 꿈은
   A기관에서 맡겨진 일 등을 B기관에서 이루어지게 한다.

5) 공공 건물을 짓는 꿈은
사업체, 조직체 등을 구성하게 된다.

3. 새집
1) 새집은
새로운 회사나 기관, 단체, 사업체, 새색시, 무덤 등을 암시한다.
2) 새집에 이사하는 꿈은
자신의 몸이 귀하게 될 징조이다.
3) 새집의 여러 방을 살피는 꿈은
새로 시집온 사람에 대해 여러 가지를 살펴볼 일이 생기게 된다.
4) 환자가 새로이 건축한 집에 들어가 나오지 않는 꿈은
병이 최악의 상태로 악화되거나 근시일내에 사망하게 된다.

4. 궁성
1) 궁성이 화려하게 꾸며진 것을 보는 꿈은
만사에 운이 따르며 기쁜 일이 생긴다.
중대한 계획을 세우거나 중책을 맡게 된다.
2) 궁성 안으로 임금이 들어가는 꿈은
운수 대통하며 모든 일에 막힘이 없다.

5. 친정집
1) 꿈속에서의 친정집은
현재의 자기의 집이나 기관, 회사, 직장, 사업장 등을 암시한다.
2) 친정집에서 시집으로 오는 꿈은
일이 성사될 장소나 관청, 직장 등에 볼일이 생기게 된다.
3) 친정으로 가다가 시집으로 발길을 돌리는 꿈은
의욕을 가지고 진행하던 일을 포기하거나 헤어졌던 사람과 다시

만날 일과 관계한다.
4) 친정에 있던 부인이 물건을 가지고 시댁으로 오는 꿈은
   태몽이면 아이를 산부인과 병원에 가서 낳게 되리라는 것을 예시한다.

6. 고향집(친척집)

1) 꿈속에서의 고향집은
   현재 살고 있는 자신의 집 또는 직장, 사업장, 자기 일을 청탁한 기관, 회사나 일의 종결 등을 상징한다.
2) 삼촌의 집을 방문하는 꿈은
   자신에게 많은 협조를 해줄 사람을 찾아가거나 사업체를 찾아가게 된다.

7. 문

1) 자기집 문을 다시 만들어 다는 꿈은
   귀한 아이가 태어날 징조이며, 장차 어른이 되어 큰 인물이 될 것을 예시해 주고 있다.
2) 자기집 대문이 스스로 활짝 열리는 꿈은
   가만히 있어도 저절로 협력자가 나타난다.
3) 자기집 대문이 높아 보이거나 커 보이는 꿈은
   큰 부자가 되거나 고위 관직을 차지하게 될 징조이며, 복이 저절로 굴러 들어오는 운수 대통한 운세이다.
4) 문이 돌로 만들어진 꿈은
   장수를 할 징조이다.
5) 자기집 대문 앞에 개울이 생기는 꿈은
   만사가 마음먹은 대로 이루어지지 않는다. 방해꾼이 나타나 일을 방해하게 되는데, 이는 진퇴양난에 빠지게 되는 불길한 운세이므로 조심해야 할 것이다.

6) 자기집 문이 스스로 망가지는 꿈은
　도둑이 들거나 고용인이 주인 모르게 물건을 훔쳐 달아날 수이다.
7) 자기집 대문이 잠겨져 들어갈 수 없는 꿈은
　매사에 실패를 겪게 되는, 운수가 막히는 흉몽이다.

8. 누각

1) 자기집에 누각을 높이 세우는 꿈은
　그동안 계획했던 일이 순조로이 진행되고 만사에 즐거움을 느끼게 된다.
2) 높은 누각에 올라서 음주 행각하는 꿈은
　부유하고 귀하게 될 징조이다.

9. 건축

1) 자기집을 건축하는 꿈은
　만사에 기쁜 일이 있고 계획한 일이 어려움을 이겨내고 협력자의 도움을 받아 성공을 거두게 된다.
2) 집을 증축하는 꿈은
　사람들을 많이 사귀게 되거나 사업을 확장할 일이 있다.

10. 집수리

1) 집을 고치는 꿈을 꾸면
　수복이 강영하고 가업이 번성한다.
　기존에 있던 사업을 완벽하게 하거나 자본을 더 투자할 일이 생길 수이다.
2) 창고를 짓거나 수리하는 꿈은
　만약 장사를 하는 사람이면 장사가 잘 되고 부자는 더욱 부자가 되며 예능인이나 연예인들은 이름이 더욱 유명해진다.
3) 벽을 바르고 색칠하며, 꾸미는 꿈은
사회에 사업 결과 등을 발표하거나 광고를 하며 작품의 뒷마무리를 하게 된다.

11. 집의 파손(파괴)
1) 집이 저절로 무너지는 꿈은
자기의 노력 없이도 사회적인 추세에 있어서나 압력, 이념, 학설 등에 의해서 더욱더 좋고 새로워질 일에 참여한다.
2) 스스로가 자기의 집을 무너뜨리는 꿈은
계획 사업, 조직, 소망을 변경하거나 넓게는 국가적 변동 사항 등으로 담화문 등을 발표하게 된다.
3) 집이 아무 이유 없이 일부가 파손된 꿈은
질병에 걸리게 되거나 신분, 사업 등이 몰락한다.
4) 자기집의 대들보가 무너지는 꿈은
뜻밖의 곤란을 당하거나 타인의 모함에 의해 직위를 상실하는 일이 있으며 애인과 이별할 수이다.
5) 타인이 자기집을 허물어 내는 꿈은
타인의 강요에 의해서 사업이나 진로를 바꾸게 되거나 자포자기 할 일이 생기게 된다.

12. 기타
1) 전통적인 한옥이나 초가집과 관계가 있는 꿈은
시골길을 거닐게 되거나 고고학적인 일에 종사하게 된다.
2) 연립 주택 단지를 지나가면
어떤 일을 시행함에 있어 여러 과정을 통하여 이루어진다.
3) 목재, 시멘트 등 건축 자재를 확보하는 꿈은

인재, 연구 자료, 사업 자금을 확보하게 된다.
4) 무당집에 가서 푸닥거리를 하는 꿈은
   신문이나 잡지에 자기와 관계된 기사가 나오게 된다.
5) 움막집에 들어가는 꿈은
   미인계 등 여자와 관련된 음모에 빠질 수 있고 중병에 걸릴 위험이 있고 사망할 수도 있다.

ㅊ

창(槍)

창은 강하고 왕성한 페니스에 대한 동경을 의미한다.

1) 창을 던져 상대방을 겨냥하면
   어떤 일을 협동하여 성사시키게 된다.
2) 창을 던져 상대방을 맞히면
   단체의 힘이나 학설 등으로 일을 성사시킨다.
3) 창으로 상대방을 찌른 채 뽑지 않으면
   힘든 일을 성취하는 데 상당한 시간이 걸리게 된다.
4) 창이나 방패에 빛이나 광채가 나면
   지위와 녹봉이 높아진다.

창녀(娼女)

창녀란 자유롭게 애정을 표현할 수 있는 상대를 뜻한다.

1) 창녀와 나란히 걷거나 놀면
   모임이나 술좌석에서 여자를 포옹하게 된다.
2) 꿈속에서 창녀는
   다루기 힘든 사람, 선전원, 간사한 사람, 술, 악기, 안주, 외설잡지 등을 암시한다.
3) 창녀를 넘어뜨려 몸에서 피가 나는 것을 보면
   공술을 마시거나 자기의 주장이 관철된다.

채소(菜蔬)

채소는 재물, 작품, 일거리 등을 의미한다.

1. 길몽

1) 꿈에 가지를 보면
   만사가 뜻대로 된다.
   가지를 먹으면
   부인이 임신을 하거나 혼담이 이루어지는 등 길하다.
   가지를 타인에게 주면
   재산을 상실하는 등 흉하다.
2) 들에서 나물을 캐면
   자손에게 좋은 일이 일어나고 세상을 평안하게 살게 되나 여자를 조심해야 된다.
3) 꿈에 감자를 보면
   부인이 재주 있는 아들을 갖게 된다.
4) 파릇파릇한 새싹이 갑자기 동물로 변하여 커가고 있으면
   사업, 작품 등이 진전을 보이기 시작한다.
5) 시장에서 청과류를 사왔다면
   재물이 생긴다.
6) 수삼이나 건삼을 잔뜩 캐오거나 사오면
   많은 재물이 생기고 가치 있는 제품이 생산된다.
7) 인삼을 얻거나 보면
   여러 방면에서 남의 이목을 받게 된다.

2. 흉몽

1) 파, 마늘 등을 먹으면
   아랫사람이나 동료가 배신을 하게 되고 다른 사람과 다투게 되므로 모든 일에 조심해야 한다.
2) 감자를 남에게 주면
   돈 문제로 고통받게 되므로 돈 관리를 잘해야지 그렇지 않으면 손재를 보고 고생을 하게 된다.
3) 꿈에 파, 마늘 등을 캐면
   다른 사람과 의견 차이로 심하게 다투게 되고 남이 알아서는 안 될 비밀을 폭로하게 된다.
4) 물에 떠 있는 시든 배추를 건지면
   집안에 나쁜 일이 생긴다.
5) 해초류를 바다에서 건져 오면
   재물과 관계하여 시비가 생긴다.

책(册)

책이란 학문적, 성적 욕구를 충족시켜 주는 것을 의미한다.

1. 길몽

1) 오색 영롱한 경서를 보면
   부귀해진다.
2) 남에게 책을 받거나 가르쳐 주면
   부귀해진다.
3) 열심히 글을 읽으면
   귀한 아들을 얻는다.
4) 꿈에 책을 얻어 읽으면
   학문 연구와 관련된 직업을 얻거나 책을 구입한다.

5) 상대방에게 책을 읽게 하면
상대방과 의견 일치를 보고 그의 뜻을 따르게 된다.
6) 가까운 사람에게 노트를 빌리면
친구간에 우정이 돈독해지고 상대방과 약속을 하게 된다.
7) 이성이 자기 책의 문구를 읽으면
그의 의견에 동조하거나 의견 일치를 보게 된다.
8) 태몽에 책을 얻거나 많은 책을 소유하고 있다면
학문 연구에 정진할 후계자를 얻는다.

2. 기타

1) 꿈에 상대방의 책을 어깨 너머로 보면
상대방의 비밀이나 마음을 알려고 한다.
2) 꿈에서 책은
정신, 스승, 교리, 진리, 지침, 방법 등을 의미한다.
책의 내용은
사상, 예언, 형식을 암시하거나 실제의 서적 혹은 다른 서적을 비유하기도 한다.
3) 태몽에 벌거벗은 아이가 책을 옆에 낀 채 말을 하고 있으면
어린아이는 학문적 업적을, 책은 교리를 의미한다.

천둥〔雷〕

천둥은 최근에 있었던 정신적 쇼크를 암시하는 것으로 꿈속에서의 천둥에 대한 두려움은 현실에 대한 두려움을 뜻한다.

1. 천둥

1) 맑은 날씨인데 천둥 소리가 요란해지면
   톱 뉴스를 듣거나 경고할 일이 생긴다.
2) 어딘지 모르는 곳에서 천둥 소리가 작게 들리면
   외국에서 소식이 오게 된다.
3) 우뢰 소리가 사방에서 들려오면
   장사를 할 경우 큰 이득을 본다.
4) 꿈에 우뢰 소리에 놀랐다면
   이사를 하는 것이 좋다.
5) 우뢰가 울리고 번개가 치면
   관리는 승진하고, 상인은 장사가 잘 되며, 학자는 이름을 날린다.
6) 맑은 하늘에 뇌성이 울리면
   사회적 톱 뉴스, 경고, 계명 등이 생긴다.
7) 뇌성이 멀리서 들려 오는 꿈은
   멀리서 먼 훗날 어떤 소식이 전해 올 것을 암시하는 것이다.
8) 뇌성과 함께 번개가 치면
   사업, 권세, 명성을 세상에 알리게 된다.
9) 태몽에 용이 구름 위에 올라 뇌성 벽력을 쳤다면
   태아가 장차 지도자가 되거나 세상을 계몽하게 된다.

2. 번개

1) 꿈에 번개가 온누리를 밝게 하면
   안 풀리던 일이 술술 풀리고 반가운 소식을 듣게 된다.
2) 번개를 보거나 몸, 창문, 방안에 비치는 꿈은
   만사가 순조로움을 암시한다.

3. 벼락

1) 길을 가는데 벼락이 등에 떨어지면
   사업의 동반자나 협조자에게 좋은 일이 일어난다.
2) 벼락 맞아 죽으면
   국제적, 사회적으로 최소의 명예를 얻게 된다.
3) 벼락을 맞으면
   부자가 되거나 귀하게 된다.
4) 벼락이 가까이에 떨어지면
   야반 도주하게 된다.
   집에 떨어지면
   재앙이 온다.
5) 길에 떨어진 벼락이 구르는 것을 보면
   고시나 시험에 합격하여 사람들로부터 경의를 받게 된다.
6) 나무가 벼락을 맞아 꺾어진 것을 보면
   사업에 타격을 입거나 추진 중인 일이 잘 풀리지 않는다.
7) 나무가 벼락 맞아 부러지면
   어떤 사업체가 망함을 보게 된다.

천정(天井)

천정은 두뇌적인 성장, 지적 성숙을 암시하는 것으로 천정이 낮아 불편한 것은 지식을 높이려는 의지를 표시하고, 반대로 너무 높으면 당신이 당신의 일이나 학문에 지쳐 있음을 의미한다.

1. 길몽

1) 꿈에서의 천정은

고위급 인사, 상류층, 정신 부위, 중복되는 일 등을 상징한다.
2) 나무가 천정을 뚫고 올라가는 것을 보면
사업이 번창한다.
3) 천정에 꽃을 장식한 꽃병이 있는데, 그 밑을 사람들이 지나다니면
사업 성과나 작품 등을 발표하여 이름을 날리게 된다.
4) 천정에 연화 무늬가 새겨져 있으면
학업을 연마하거나 행운이 생긴다.
5) 천정에 청룡, 황룡 등이 얽혀 있는 그림을 보면
업적, 작품 등이 매스컴을 통해 광고되어 명예를 얻는다.
6) 방안에 앉아 뚫린 천정 사이로 많은 별을 보면
고위층을 통해 사업, 작품 등이 성과를 얻는다.

2. 흉몽

1) 천정이 무너진 구멍으로 새가 날아가고 있는 것을 보면
재해로 인한 인명 희생을 본다.
2) 천정이 무너지는 것을 보면
주변 사람이 죽거나 윗사람의 기세가 약해진다.
3) 천정이 너무 높으면
고위층과 가깝게 지내지 못한다.
천정이 서 있기 힘들 정도로 낮으면
궁색한 문제가 생긴다.
4) 천정에 불이 붙어 거칠게 번지면
은밀히 청탁한 일이 타인에게 알려지게 되고 그로 인해 피해를 입는다.

3. 기타

1) 천정에 거미줄, 전선 등이 얽혀 있으면
두통을 앓거나 상부에 청탁한 일의 성사 여부를 알 수 없다.

2) 동물이 천정을 뚫고 들어오면
   수명이 짧고 조실부모하기 쉽다.
3) 천정에 파리 떼가 많으면
   부인에게 병환이 생기거나 신문·잡지 등에 글을 발표하게 된다.

철책(鐵柵)

철책은 여리고 견고하여 몸과 마음을 터놓지 못하는 여성을 뜻한다.

1) 철조망을 뚫고 안으로 들어오면
   비범한 능력으로 어떤 기관을 움직여 어려운 일을 쉽게 해결한다.
2) 개가 철조망 안에서 밖으로 내다보고 있으면
   상대방이 사생활이나 주장을 침해당하지 않기 위해 노력하는 것을 보게 된다.
3) 앞에 있는 철조망의 울타리가 제거되거나 낮아지는 꿈은
   평탄한 사업 성사를 암시한다.

촛불

촛불은 운이 좋으며 재수가 있는 꿈이다. 더구나 촛불에 불을 붙이는 꿈이라면 앞으로 좋은 사업 계획을 가져도 좋을 것이다.

1) 방안에 촛불이 환하게 켜져 있으면
   사업이나 소원이 바라는 대로 이루어질 수 있으며 근심이나 걱정이 없어진다.
2) 촛불이 꺼지면

기다리던 소식이나 희망이 감감하다.
3) 호롱불을 들고 밤길을 가면
앞으로 협력자나 은인을 만날 운이다.

총포(銃砲)

총포는 남성의 공격성이나 남성기를 뜻하는 것으로 발사된 탄환의 위력에 따라 꿈의 해석이 달라진다.

1. 길몽
1) 상대방이 권총을 버리거나 떨어뜨리면
어떤 힘든 일에서 해방되고 때로는 경쟁에서 승리하게 된다.
2) 상대방의 권총을 빼앗으면
그의 권리를 양도받거나 단체의 장이 된다.
3) 기관총을 쏘아 적을 무참히 사살하면
어떤 기관에 의해 자신의 소원을 성취하게 된다.
4) 총을 쏘아 적을 사살하면
여러 방면으로 소원한 일이 이루어진다.
5) 공중에서 누군가가 자기에게 총을 겨냥하고 있으면
시위가 일어나거나 어떤 단체에서 직위를 부여받는다.
6) 요란하게 총소리가 들리면
멀리서 소식이 오거나 세상에 널리 알릴 일이 생긴다.
7) 소리가 안 나는 권총을 사용하면
필요한 자금이나 방법이 은밀하게 생긴다.
8) 적과 싸우는데 양쪽 주머니에서 작은 권총 두 개가 나와 이것을 사용하면
미혼자일 경우 혼담이 오가고 사업상의 계약이 성사된다.

2. 흉몽
1) 상대방이 총구를 겨누어 자신을 위협하면
   역상, 고통, 불안 등을 경험하고 병을 얻는다.
2) 기관총을 겨누고 있는데 총알을 피해 갔다면
   어려움을 극복하거나 어떤 기관에 의해 일의 성사가 방해를 받는다.
3) 상대방이 총구를 겨누고 있어 두려움에서 떨고 있으면
   질병, 불안, 고통 등으로 만사가 잘 안 된다.

3. 기타
1) 공포를 발사하면
   실속 없이 소문만 무성하다.
2) 죽은 시체의 권총을 빼앗아 차면
   소원은 이루어지나 빚을 갚지 못해 심적 부담을 안게 된다.

춤〔舞〕

춤은 감정의 해방을 원하는 기분을 상징하는 것으로 타인과의 접촉을 통해 자신의 능력이나 세계를 향상시키고자 하는 욕구를 의미한다.

1. 길몽
1) 여러 사람이 하는 체조나 무용을 자신이 지휘하면
   다른 사람의 사업을 인수하거나 적은 투자로 큰 이익을 얻는다.

2. 흉몽
1) 혼자서 춤을 추면
   구설수가 생긴다.

2) 손뼉 치며 노래하고 춤을 추면
   병과 재난이 생긴다.
3) 음악에 맞추어 춤을 추면
   과격 단체로부터 가입을 의뢰받거나 가입한다.
4) 남이 춤추는 것을 구경만 하면
   과장된 광고에 현혹되어 실패하게 된다.
5) 무기류, 즉 장대, 칼, 총 따위를 들고 춤을 추면
   상대방의 글을 비평하고 탄핵할 일이 생긴다.

치아(齒牙)

치아는 가족, 일가 친척, 직원, 권력, 방도, 조직, 거세, 생리, 경도 등을 나타낸다.

1) 치아의 일부분이 빠지는 꿈은
   자기가 하고 있는 일의 일부분에 변동이 오게 된다.
2) 의치가 밝게 빛이 나는 꿈은
   재능이 뛰어난 직원을 구하게 되거나 훌륭한 사람과 접하게 된다.
3) 이가 흔들리는 꿈은
   신분이 위험하거나 사업이나 조직 등이 부실하고, 직장에서 실직 당할 것을 두려워한다.
4) 이에 물려서 자국이 나는 꿈은
   계약이나 권리 양도와 관계가 있다.

친구(親舊)

친구는 실제의 인물이거나 그 친구와 맞먹는 사람, 분신, 아내, 남편, 동료, 동업자 등과 동일시된다.

1) 친구나 애인에게서 공책을 빌려 오는 꿈은
애정, 약속, 우정 등이 성사되어진다.
2) 친구가 자기에게 충고해 주는 꿈은
자신이 아닌 또 하나의 자아, 즉 분신이다.
3) 친한 친구들과 같은 무리에서 함께 놀려고 했으나 모두가 싫어하게 되는 꿈은
실제로 자신이 친구들로부터 따돌림을 당하고 있다는 것을 나타낸다.

ㅋ

카메라

사람의 마음을 여기저기 탐색하는 것에 대한 상징이다.

1) 카메라가 잘 만들어졌다, 좋다 등을 이야기하는 꿈은
   마음속 깊숙이 내재해 있었던 것을 허물없이 이야기할 수 있을 것 같은 기분으로 기뻐하고 있음을 의미한다.
2) 자신이 카메라로 찍혀지는 꿈은
   남이 자신을 이해해 주길 바란다거나 많은 사람들로부터 주목을 받거나 인정을 받고 싶어 하는 소망을 상징한다.
3) 초점이 잘 맞지 않거나 퇴색한 사진을 찍는 꿈은
   알고 싶으면서도 아는 것이 두렵거나, 모르는 채로 있는 편이 낫다고 생각하고 있는 것을 상징한다.

칼[刀]

칼은 협력자, 방법, 권력, 명예, 힘, 위험물, 비판자, 펜 등을 상징한다.
또한 가장 전형적인 남성 성기의 상징이다.

1. 길몽

1) 군도를 얻는 꿈은
   자신의 지위가 높아지고 학문 연구, 정치, 작전, 사업 등 여러 방면으로 몰두하게 된다.
2) 알지 못하는 사람이 은장도를 처녀에게 주는 꿈은

미혼녀는 훌륭한 배우자와 인연을 맺어 결혼을 한다.
3) 칼을 빼내어 들고 있는 꿈은
  남의 글을 비평할 일이 생기거나, 좋은 방법, 능력, 협력자에 의해 계획한 일이 순조로이 진행된다.
4) 여성이 큰 대검을 차거나 빼어 들은 꿈은
  운수 대통하고 대길하다.
5) 상대방을 칼로 베는 꿈은
  어떤 일을 성사시키려고 많은 사람들과 접촉하여 성취한다. 언론에 의한 일을 상징하기도 한다.
6) 남에게 도끼를 받는 꿈은
  길하며 진급의 운이 있다.
7) 나무를 찍는 도끼를 보는 꿈은
  틀림없이 중요한 직책을 맡게 되며, 장수할 수이다.

  2. 흉몽
1) 상대방과 칼싸움을 하는 꿈은
  지상을 통한 논쟁, 언쟁, 시비, 자기와 능력이 비슷한 사람과의 경쟁 등 일의 어려움이 있다.
2) 어떤 사람이 칼춤을 추는 것을 보는 꿈은
  어떤 사람이 자신의 일에 시비, 비평, 도전 등을 가한다.
3) 칼이 녹슬거나 부러지는 꿈은
  정신적, 육체적 병을 앓거나 도와 주는 사람이 튼튼하지 못하고, 실패, 좌절, 성적 불능 등의 일이 있게 된다.
4) 처녀가 자신의 가슴을 단도로 찔렀다 뽑는 꿈은
  병을 얻게 되어 수술을 하게 될 운이다.
5) 의사가 자신을 칼로 수술하는 꿈은
  자기가 하고 있는 일이나 작문, 논문을 평가받게 되고, 이를 비판하고 검토하게 된다.

3. 기타
1) 칼로 물건을 자르는 꿈은
    일을 하는 데 어떤 방법에 의하여 공적·사적인 일, 사건 등을 정확히 구분하거나 비판, 정리하게 된다.
2) 칼을 휘둘러 황룡을 베어 큰소리와 함께 죽는 것을 보는 꿈은
    적을 물리친 승전의 사건을 신문에서 보게 됨을 암시한다.

커튼

커튼은 차단, 한계, 비밀, 종결과 폐쇄, 인연, 집, 결혼, 애정 등을 상징한다.

1) 침실에 핑크색의 커튼을 치는 꿈은
    애인과의 사랑이 깊어지거나 결혼 생활에 만족하며, 행복해진다.
2) 모기장을 친 곳에 누워 있는 꿈은
    빈틈없이 자기를 보호하며 어떤 일을 기다리게 된다.
3) 사랑하는 사람이 자기 방 창문에 커튼치는 것을 보는 꿈은
    장애가 있어 자신의 마음을 전달할 수 없게 된다.
4) 방문에 걸어 놓았던 발을 떼는 꿈은
    자신의 집안 식구였던 며느리, 양부, 양자, 의형제 등과 인연을 끊게 된다.
5) 극장의 막이 내려지는 꿈은
    일의 끝이나 절망 등과 연관되며, 죽음이 임박했음을 예견한다.

코[鼻]

코는 감별, 검토, 심사, 탐지, 의지력, 품위, 자존심 등을 상징하며 남성의 상징이기도 하다. 이는 물질, 대인 관계, 자기 주장 등을 의미한다.

1. 길몽
1) 코가 무척 큰 사람을 보는 꿈은
  물질면에서 풍요롭고, 품위가 있는 사람을 만나게 된다.
2) 자기의 코에 빨간 점이 있는 것을 보는 꿈은
  자존심이나 인기가 높아져 시선을 받으며 어떤 일에 성공하여 남에게 존경을 받는다.
3) 어떤 사람을 만났을 때 그의 코가 매우 커 보이는 꿈은
  사회적으로 존경과 인정을 받는 사람을 만나게 된다.
4) 자신이 코끼리가 되는 꿈은
  큰 부귀를 얻거나 어떤 권리를 획득하게 된다.
5) 코가 갑자기 길게 늘어나는 꿈은
  지도관이 되어 권리를 행사하거나 존경을 받게 된다.

2. 흉몽
1) 코가 다치게 되는 꿈은
  다른 사람과 심하게 다툴 일이 생기거나 어떤 사람으로부터 중상 모략을 당하게 된다.
2) 코를 수술받거나 치료받는 꿈은
  자신이 하는 일에 심사 당국이 간섭하게 된다.
3) 코가 없어져 버리는 꿈은
  공들여 쌓아 올린 명예나, 권세 등이 떨어진다.

4) 코에 상처가 나서 곪거나 염증을 일으키는 꿈은
    감추었던 비밀이나 죄상이 밝혀지거나 자존심이 상하게 된다.
5) 코가 비뚤어진 사람을 대하는 꿈은
    천박한 사람이나 훼방꾼을 만난다.

3. 기타

1) 코가 아주 작은 사람을 보는 꿈은
    사회적으로 지위가 낮은 사람이나 가난한 사람과 만나게 된다.
2) 병원에 가서 의사 앞에 자주 코를 푸는 꿈은
    관공서 등에 갈 일이 생기며 기자, 수사관, 심사관 앞에서 자기의 주장과 소신을 내세우게 된다.

키스

일반적으로 상대방의 입을 막아 아무것도 언급하지 못하게 하려는 욕망의 상징이다.

1) 애인과의 키스가 열렬하고 몹시 만족스러웠던 꿈은
    상대방으로부터 기쁜 소식이나 고백, 결혼 승낙 등을 얻거나 좋은 소식이 오며, 많은 일거리를 부탁받게 된다.
2) 유명한 사람들과 키스하는 꿈은
    실제의 인물이나 동일 인물에 대해서 어떠한 것을 알게 되며, 최고의 명예, 명성에 관한 소식을 듣게 된다.
3) 키스를 했는데 상대방 여성이 입을 열지 않거나 불만스러웠던 꿈은
    누군가에게 잘못을 하여 자백, 용서 등을 받으려고 하나 받아 주지 않는다.
4) 키스를 하는 꿈은
    무슨 일을 하든 끝맺지 못하고 자신의 능력을 비관하게 된다.

5) 키스를 하는데 성기가 팽창하는 꿈은
   아랫사람에게 훈계, 자백을 강요하지만 성과를 얻지 못하고 불쾌함을 체험하게 됨을 의미한다.
6) 어떤 형태로든 키스를 하는 꿈은
   고대하던 소식이 오거나 미심쩍었던 사실을 알게 되어 누군가를 고발할 일이 생긴다.
7) 오랫동안 키스를 하는 꿈은
   누구를 만나든 그 사람에 대해 많은 것을 알아내거나 깊이 알게 된다.
8) 애무 형식의 키스를 하는 꿈은
   일의 미수, 불만, 심적 갈등 등을 경험하게 되며, 어떤 일거리에 대해 깊이 연구하게 된다.

E

타는 것

타는 것은 지위, 권세, 재능, 명예 등을 상징한다.

1. 길몽
1) 들것을 타고 가는 꿈은
   동업자, 협조자, 추대자, 천거자 등의 도움으로 자신의 지위가 높아진다.
2) 가마의 문을 열어 놓고 가는 꿈은
   운세가 대통하고, 하는 일이 순조롭게 잘 풀린다.
3) 그네를 타는 꿈은
   자신이 원하는 기업체, 기관, 단체 등에서 자기의 능력과 재주를 과시할 수이다.
4) 가마를 타고 가는 꿈은
   직위를 얻거나 세력을 얻으며, 단체의 지도자가 된다.
5) 인력거를 타고 가는 꿈은
   협조 기관에 부탁할 일이나 직위, 작품 등의 일에 관계한다.

2. 흉몽
1) 두 사람이 들것을 맞대어 잡고 있는 꿈은
   의견의 대립이나 권력 투쟁, 일의 침체 등이 있게 된다.
2) 환자나 노인이 가마를 타고 사라지는 꿈은
   가정에 화근이 생기는 등 불행한 사건이 발생한다.

타올

자신의 성격이나 아름다움을 자랑스럽게 내보이고 싶다는 기분을 나타낸다.

1) 많은 사람들이 수건을 동여매고 달리는 것을 보는 꿈은
   남의 의견에 불복하고 자기 주장이 강한 사람을 만나게 된다.
2) 수건을 어깨에 둘러쓸 때 그 자락이 손까지 닿아 있는 꿈은
   여러 사람들이 자신의 직업을 인정해 준다.
3) 여성이 수건을 쓴 채 앉아 있는 것을 보는 꿈은
   자기의 주장을 남들이 받아들여 주지 않는다.
4) 수건에 승리라고 적혀진 것을 머리에 맨 꿈은
   정신적으로 어려운 문제를 경험하지만 잘 극복해 나간다.

태양(太陽)

남성적인 부친을 상징한다. 또한 생명의 흥망 성쇠를 나타낸다.

1) 황금빛 태양이 땅에 떨어져 구르는 것을 보는 꿈은
   자신의 업적이 세상에 발표되어 큰 영향을 미치게 된다.
2) 햇빛이 방안을 넓게 비치는 꿈은
   위대한 인물이나 업적, 관리, 법규 등으로 인해 명예를 획득하게 된다.
3) 어두운 방이나 마루에 햇빛이 환히 드는 꿈은
   경사, 부귀, 영광된 일이 일어난다.
4) 햇빛이 따사로운 느낌을 주는 꿈은

은혜, 사랑, 자비를 경험할 일과 관련된다.
5) 햇빛이 화사하게 빛나는 꿈은
   영광, 경사, 명예, 소원 충족, 근심 해소 등을 나타낸다.
6) 햇살이 자신의 몸을 휘감고 있었던 꿈은
   질병을 앓고 있는 사람은 치료가 되며, 직장인은 승진이 되고, 계획했던 일은 성공을 하게 된다.
7) 태양이 일그러져 보이는 꿈은
   사업이나 권세 등이 퇴보하게 된다.

털[毛]

털은 협조, 수명, 정력, 인품, 자만심, 근심거리, 흉계 등을 상징한다. 견고하고 짧은 털은 남성적인 것, 부드럽고 긴 털은 여성적인 것을 나타낸다.

1. 길몽

1) 뱃속에 있던 털을 끄집어내는 꿈은
   타지에 있던 친척이나 동기, 가까운 사람이 돌아온다.
2) 몸에 원숭이와 같이 털이 나 있는 꿈은
   어떤 단체의 우두머리로 추천을 받거나 많은 사람들로부터 도움을 받는다.
3) 머리를 빗을 때 비듬, 이 등이 떨어지는 꿈은
   고민스럽고 근심, 걱정되는 일이나 꼬이기만 하던 일이 일시에 풀린다.
4) 눈썹이 하얗게 되는 꿈은
   어떤 모임에서든지 중책을 맡게 되며, 긴 털이 나면 장수하거나 부귀를 누리는 사람이 된다.
5) 처녀나 총각이 머리를 길게 한 꿈은

고집쟁이이긴 하지만 매사에 열정적이고 솔선 수범하는 협조자를 만나게 된다.
6) 멋을 부리기 위하여 머리를 깎거나 손질하는 꿈은
소원이 성사되거나 뜻밖의 좋은 소식을 접하게 된다.
7) 머리를 감거나 깔끔하게 빗은 꿈은
근심하던 일이 원만히 풀리고 멀리서 반가운 손님이 온다.
8) 면도를 하거나 이발하는 꿈은
속시원한 일이 생기거나 만사가 다 만족스럽게 된다.
9) 머리카락이 하얀 백발로 보이는 꿈은
장수하며, 운수 대통할 징조이다.

2. 흉몽

1) 남의 몸에 털이 난 것을 보는 꿈은
상대방이 신분을 위장하거나 진실을 이야기하지 않아 그로 인하여 싸움하게 될 일이 생긴다.
2) 누군가가 머리를 감고 깔끔히 빗는 것을 보는 꿈은
자신을 자해하거나 자신이 잘못되는 것을 남이 좋아하는 일을 당하게 된다.
3) 머리카락이 엉켜서 빗질하기가 어려운 꿈은
근심, 걱정거리가 생기고 일이 잘 풀리지 않는다.
4) 이발소에 갔을 때 자기보다 먼저 이발하고 있는 사람을 보는 꿈은
회사, 단체 등에서 동료가 자기보다 먼저 진급, 승진을 하게 된다.
5) 머리를 빡빡 깎은 여자를 보는 꿈은
믿고 의지하던 사람과 결별하게 된다.
6) 타인에 의해 강제로 머리가 잘리는 꿈은
직계 가족(배우자, 자녀) 중 누군가가 해를 당하게 된다.
7) 머리가 흰 사람들이 무리 지어 음식을 먹고 있는 광경을 본 꿈은

근심거리가 생겨 괴로워하는 사람들을 만나게 될 징조이다.
8) 손등이나 종아리에 털이 난 사람을 보는 꿈은
　　수단이 능수 능란하므로 그와 관계한 일은 실패하게 된다.

텔레비전

　　텔레비전은 공보 기관, 체육 기관, 책, 영화관, 광고, 교육, 꿈 내용의 대리물의 상징이다.

1) 가족들이 모여서 텔레비전을 보는 꿈은
　　윗사람의 명령에 복종하게 되며, 어떠한 기관에서 교육받을 일이 생긴다.
2) 새롭게 구입한 텔레비전을 설치하는 꿈은
　　어떤 기관을 통하여 자신을 선전하거나 전화, 라디오 등을 바꿔 놓는다.
3) 텔레비전에 광고 선전하는 꿈은
　　자신의 유식함을 선전하고 싶다는 것을 나타낸다.

ㅍ

파티

탄생 축하의 파티나 크리스마스 파티 등은 축복받고 싶어하거나 칭찬받고 싶어하는 소망을 나타낸다.

1) 부모 형제가 모여서 파티를 하는 꿈은
   모든 일이 순조로이 이루어지며, 먼 곳에서 좋은 소식이 들려 온다.
2) 결혼 잔치에 술잔이 뒹구는 꿈은
   근심거리가 많다.
3) 사람들을 불러모아 잔치를 베푸는 꿈은
   점점 부자가 될 징조이다.

팔

팔과 손은 힘, 권력, 권리, 욕심, 협력자, 형제, 단체 등의 일을 상징한다.

1. 길몽

1) 상대방에게 두 팔을 올려서 V자형을 지어 보이는 꿈은
   경쟁 상태의 일에서 기필코 승리를 한다.
2) 한 사람에게 여러 개의 팔이 달려 있는 것을 보는 꿈은
   다수의 부하를 지휘하는 우두머리격의 사람과 만날 운이다.

2. 흉몽

1) 팔이 부러지는 꿈은
   이제까지 축적했던 세력이 무너지거나 협력자와 결별하게 된다.
2) 팔에 붕대를 감는 꿈은
   부하 세력, 협력 세력, 정치 세력, 병력, 권력 등이 퇴보하거나 많은 손실이 있다.
3) 손가락이 잘리는 꿈은
   친구를 잃을 징조이나, 여러 개 생기는 꿈은 새로운 친구가 나타나 도움을 준다.

편지(片紙)

편지는 통지서, 명령서, 관보, 입장권, 여권, 소개장, 보증서 등을 상징하며, 대개의 경우 자신의 과거를 알게 하는 뜻을 나타낸다.

1. 길몽

1) 우체통에 편지를 넣는 꿈은
   어떠한 기관에 청탁하였던 일이 순조로이 이루어진다.
2) 작고한 은사의 유물이나 사진이 들어 있는 소포를 받는 꿈은
   은사나 협력자가 저술한 서적을 선물받게 될 징조이다.
3) 봉투에 파란 도장이 찍혀 있는 꿈은
   누군가가 등기 우편으로 돈을 보내 온다.
4) 우편 배달부가 가방 가득히 편지를 많이 담아서 오는 걸 보는 꿈은
   오랜 기간 편지를 많이 받는다.
5) 정신 이상의 여자가 연애 편지를 쓰는 꿈은
   잡지사, 신문사 등 언론사에서 작품 청탁을 해 온다.

6) 연애 편지를 받아 보는 꿈은
사업이나 작품 문제로 다른 기관에서 청탁해 올 일이 있다.

2. 흉몽

1) 아이가 편지를 가져와 보이는 꿈은
누군가와 시비할 일이 생기는 수도 있다.
2) 편지 봉투를 봉하는 꿈은
사업상의 목적을 이루기가 어렵다.
3) 수표가 편지 봉투 안에 들어 있는 꿈은
주소 불명으로 인해 편지가 반송되어 올 수가 있다.
4) 발신인의 주소가 점점 희미하게 보이는 꿈은
발신인의 주소가 바뀌게 될 징조이다.

포켓

마음의 너그러움과 깊은 생각, 금고, 창고, 집, 그릇, 기관, 연고지 등을 상징한다.

1) 호주머니에서 권총이 생겨서 사용하는 꿈은
집안 사람 또는 형제 같은 사람에게 사업 자금이나 일의 방법을 얻게 된다.
2) 학생이 양쪽 주머니에 밤을 가득 주워 담는 꿈은
대학 입시에 합격할 징조이다.
3) 학자가 금화를 호주머니 가득 주워 담는 꿈은
황금같이 귀한 지식이나 방법, 재물을 충분히 얻게 된다.
4) 호주머니에서 물건을 찾지 못하는 꿈은
위탁했던 일이나 장차 하고자 하는 사업의 방법을 얻지 못한다.

폭풍(暴風)

폭풍이나 바람은 거센 마음, 정력, 기세, 능력, 세력, 유행성, 파괴력, 압력 등을 상징하며 정리되지 않고 혼란스러운 생각을 나타내기도 한다.

1. 길몽
1) 바람이 거세게 불어 불길이 치솟는 꿈은
   사회적인 협조를 얻게 되어 사업이 더욱 번성한다.
2) 집이나 자신이 바람에 의해 공중을 날아다니는 꿈은
   세상에 과시할 일이나 병세의 호전 등을 나타내며 운세가 대통한다.

2. 흉몽
1) 태풍, 폭풍이 부는데도 작업을 하는 꿈은
   사회적 권력기관의 압력에 의해 진행 중인 일이 중단되어 난관에 부딪힌다.
2) 거센 바람으로 고목 나무가 꺾이거나 쓰러지는 꿈은
   뛰어난 인재, 재산, 신분, 기업체 등이 압력이나 사망으로 몰락한다.
3) 비바람이 사납게 몰아치는 꿈은
   국가나 사회의 혼란이나 신변의 위험, 불안과 질식 상태를 경험하게 된다.
4) 자신의 집이 바람에 의해 날아가 공중에 뜨는 꿈은
   사업 기반이나 직장, 지위 등을 상실한다.
5) 태풍으로 인하여 파도가 거세어져 집, 나무, 사람 등이 쓰러지는 꿈은
   자신의 능력이나 재산 따위를 자랑하다가 봉변을 당하거나 몰락

하게 되며 환난, 고통의 일과 관계하기도 한다.
6) 바람에 의해 돌이나 자갈 등이 날리는 꿈은
   신앙적인 기적이 일어나는 것을 보고, 황진을 일으키면 전란이나 질병으로 인해 고통받을 일이 생긴다.
7) 바람으로 인해서 옷이나 모자 등이 날아가는 꿈은
   외세의 침범이나 타인에 의해서 정신적, 물질적으로 손실을 가져오거나 어떤 일을 부탁할 일이 생긴다.

피 [血]

피는 진리나 사랑, 교리, 재물, 생명력, 감화력, 돈 등을 상징한다.

1. 길몽

1) 다른 사람이 코피를 흘리는 것을 보게 되는 꿈은
   그 사람으로부터 많은 재산을 얻거나 정신적으로 도움을 받게 된다.
2) 동물의 목을 잘랐을 때 피를 보게 되는 꿈은
   어떤 일이나 작품 등이 소원하는 대로 성취되어 재물을 얻거나 정신적으로 감동을 받는다.
3) 사람이 죽어서 선혈이 낭자한 꿈은
   사회적인 일 또는 집안일로 인하여 얻어진 막대한 재산을 다룰 수 있다.
4) 상대방이 피 흘리는 것을 보며 만족해하거나 무관심을 나타내는 꿈은
   추진중인 일이 성사되거나 큰 돈이 생겨 즐거워하고, 세상에 소문을 퍼뜨린다.
5) 시체에서 피가 매우 많이 흐르는 것을 보는 꿈은
   대하 소설을 저술하거나 진리의 서적으로 감동을 주며, 혁신을

가져온다.
6) 뱃속에 피가 고여서 불룩해지는 꿈은
    막대한 재산을 모으게 된다.
7) 신 또는 성인의 손가락 피를 마시는 꿈은
    훌륭한 학자나 진리의 탐구자가 펼치는 참된 교리, 지식을 얻게 된다.
8) 강이나 호수가 핏빛으로 물드는 꿈은
    진리, 교리, 사상 등으로 많은 사람을 지도하여 교화시킨다.
9) 묘에서 피가 흐르는 꿈은
    협력자, 협력 기관, 금융 기관 등에서 막대한 돈을 얻어 쓸 수 있게 된다.

2. 흉몽

1) 몸에 묻은 피를 닦아내거나 피가 묻은 옷을 빨게 되는 꿈은
    계약이 해약되거나 증거의 인멸, 재산의 손실이 있게 된다.
2) 다른 사람을 흉기로 찔렀는데도 피가 나오지 않는 꿈은
    추진하던 일이나 사업이 성사되어도 크게 만족을 얻지 못한다.
3) 코피가 터지는 꿈은
    정신적, 물질적으로 발표할 일이 생기거나 손실을 가져오는 수도 있다.
4) 상대방이 피를 흘리는 것을 보고 무서워 도망치는 꿈은
    재산을 얻을 기회를 상실하거나 계획중이던 일이 미수에 그친다.
5) 타인의 몸에서 피가 나는 것을 보는 꿈은
    정신적, 물질적 등 여러 방면으로 남이 피해를 입는 것을 보게 된다.
6) 자기의 몸에서 피가 흐르는 꿈은
    정신적, 물질적 손해가 있다.
7) 다른 사람의 옷에 피가 묻혀 있는 것을 보는 꿈은

그 사람이 횡사한 것을 보게 되거나 전해 듣는다.

3. 기타
1) 몸에 피가 묻는 꿈은
   계약서, 증서, 재정 보증 등과 관계한다.
2) 자신이 찌른 사람의 몸에서 나온 피가 자신의 몸에 묻는 꿈은
   상대방에게 돈을 요구할 일이 있게 되거나 남의 사업을 도와주어 재산을 얻게 된다.
3) 피 묻은 옷을 숨기는 꿈은
   증거 인멸을 도모하거나 계약 사항, 치부 등을 공개하지 않아도 된다.

ㅎ

하늘 〔天〕

하늘은 넓은 세계와 깊은 진리, 으뜸의 권세, 임금, 부모, 남편, 윤리, 도덕, 운세, 천명 등과 관련 있는 국가나 사회의 최고 권력 기관이나 사업 기반을 상징한다.

1. 길몽

1) 하늘과 땅이 하나로 합쳐지는 꿈은
   만사가 형통하다.
2) 하늘에서 광채가 전신을 비추는 꿈은
   재앙이 사라지고 병을 앓고 있는 사람은 병이 치유된다.
3) 아침 해가 솟아오르는 꿈은
   자손이 번성하고 만사 형통이다.
4) 날개가 생겨서 하늘을 날아다니는 꿈은
   공직에 합격해서 출세를 하게 된다.
5) 하늘로 날아오르는 꿈은
   만사가 순조로워서 성공을 하게 되며, 장차 부귀를 누리게 된다. 출세, 득세, 명예, 진급 등을 나타낸다.
6) 하늘의 문을 통하여 하늘로 들어가는 꿈은
   한평생 최고의 목적이 달성되거나 영광된 자리 또는 최고의 세력 기구 내에 있을 것을 예시한다.
7) 티 한점 없이 푸르고 맑은 하늘을 쳐다보는 꿈은
   소망하던 일이 성취된다.
8) 하늘 문이 열렸다가 닫히는 것을 보는 꿈은
   연구하던 일이 좋은 결과를 얻거나 진급을 하게 된다. 등용문, 명예직, 진리 탐구의 목표 등의 성사 여부를 상징한다.

9) 하늘의 태양이 광채가 찬란하고 구름 한 점 없이 개어 보이는 꿈은
모든 일이 의도한 대로 성취되어지고 많은 사람들로부터 존경을 받는다.
10) 상대방이 하늘로 올라가거나 동물, 기구 및 기타의 물체가 오르는 것을 보는 꿈은
상대방이나 자신의 일을 사회적으로 공개, 과시, 성공할 일이 생긴다.

2. 흉몽

1) 하늘이 무너지거나 두 갈래로 갈라지는 꿈은
부모가 병으로 고생하거나 부모상을 당하기 쉬우며, 협력 세력, 스승과의 인연이 끊어지거나 국가나 사회적 환난이 생긴다.
2) 하늘이 크게 열리는 것을 보는 꿈은
구설수에 오르며, 만사가 순조로이 풀리지 않는다.
3) 하늘에서 어떤 물체가 완전히 분해되어 버리는 꿈은
형제처럼 가까이 지내던 사람이 사망하거나 행방 불명이 되며, 진행 중이던 사업이 어려움에 부딪히게 된다.
4) 뇌성과 함께 나타난 무지개를 보는 꿈은
사회적 변화나, 소문 거리, 국가간의 회담 등을 신문에서 보게 되며, 은근히 걱정하고 있었던 국가의 일이 현실로 나타나게 된다.
5) 하늘에서 갑자기 떨어지는 꿈은
불시에 재난을 당할 징조이다.

3. 기타

1) 하늘에서 사람들의 목소리가 들렸던 꿈은
자신과 상관된 여러 가지의 일이 우후 죽순 격으로 발생한다.
2) 천둥 소리가 사방에서 나는 꿈은

장사를 한다면 큰 이득이 생기나 국가적 차원에서 좋지 않은 일이 생긴다.

하수구(下水溝)

하수구, 웅덩이, 시궁창, 개천 등에 관한 꿈은 선악이나, 청탁의 엄격한 구별에 대한 반발을 의미한다.

1) 개천에서 어떤 시체를 발견하는 꿈은
   직장, 단체, 조직 등에서 자기의 일이나 작품이 성취 직전에 놓여 있음을 예시한다.
2) 하수구의 탁류에서 수영을 하는 꿈은
   독감이나 열병을 앓아 꽤 오랫동안 고생을 한다.
3) 도랑이나, 시궁창을 따라서 걷는 꿈은
   불량배, 화류계 따위의 세계에 대한 동경심을 나타낸다.

하인(下人)

일꾼, 가정부, 종, 사환, 급사 등은 가족, 부하, 동료, 협력자 등과 동일시되며 어떤 일에 대한 상징이다.

1) 가성무가 가져다 주는 음식을 먹는 꿈은
   직장, 기관의 실무자나 협력자가 자신에게 일을 맡긴다.
2) 일하는 사람이 마당을 쓰는 것을 보는 꿈은
   자신에 관한 일을 다른 기관의 실무자가 대신 해준다.
3) 자기 자신이 가정부가 되는 꿈은
   출가하거나 취직 또는 상대방의 일을 도와줄 일이 생긴다.

해안(海岸)

해안은 정신적인 일이나 물질적 사업, 관습 등과 관계가 있다.

1) 넓은 바다에서 수영을 하는 꿈은
   사업이나 외국 유학, 직장, 기관 등에서 혜택을 받거나 일이 순조롭게 진행된다.
2) 물이 없는 갯바닥에 조개, 게, 고기 등이 있는 것을 보는 꿈은
   정신적, 물질적 사업에서 많은 이익을 얻게 된다.
3) 강물 또는 바다 위를 평지를 걷듯이 걷는 꿈은
   모든 일이 자기에게 유리하도록 진행된다.
4) 바닷물이 점차 밀려 나가는 것을 보는 꿈은
   어떤 강한 세력이나 기존의 사상에서 점차적으로 탈피한다.
5) 파도가 부딪치는 바위에 서 있는 꿈은
   상대방과의 시비 거리가 생기거나, 타인 또는 사회적 관습을 따르게 된다.
6) 바닷물이 육지로 들어왔다 나간 흔적을 보는 꿈은
   어떤 일을 진행시키다가 중도에 포기한다.

혁대(革帶)

결혼, 결연, 규제, 압박, 억압, 계약 등의 상징이다.

1) 매고 있던 허리띠가 끊어지는 꿈은
   일의 청탁, 계약, 결연 등이 허사가 된다.
2) 벨트가 풀어지자 사라지는 꿈은

억압받던 곳에서 해방되고 일의 청탁, 결연 등이 허사가 된다.
3) 여자가 의관을 두르고 띠를 두르는 것을 보는 꿈은
   아들을 출산할 징조이다.

형무소(刑務所)

욕망, 욕정 또는 자유를 속박하는 것을 상징한다.

1) 형무소에 들어가서 매를 맞는 꿈은
   사업이 번성하고 부유해진다.
2) 죄수가 감옥에서 탈옥하는 꿈은
   앓고 있는 병에서 회복되며 길하다.
3) 자기가 남에게 사형 선고를 내리는 꿈은
   소송할 일이 끊이질 않는다.

호랑이[虎]

명예, 권력, 재물, 박사, 학자, 기관 등을 상징한다.

1. 길몽
1) 호랑이나 사자가 우는 소리를 듣는 꿈은
   세인의 이목을 한몸에 받는다.
2) 호랑이가 사자에게 물리는 것을 보는 꿈은
   만사가 순조롭게 진행된다.
3) 자신의 앞에 호랑이나 사자가 앉아 있는 꿈은
   여러 계층의 사람들이 자신에게 굴복당한다.
4) 호랑이가 앞 뒤로 쫓아다니는 꿈은
   남에게 협조를 받거나 계획한 일을 진행시킨다.

5) 몸집이 작은 동물이 점점 커져서 호랑이가 되는 꿈은
   작은 일부터 시작하여 점점 발전하여 번성한다.
6) 호랑이를 이끌고 다니는 꿈은
   사람들을 자기 마음대로 부릴 수 있으며 큰일을 성공시킨다.
7) 화려한 집으로 호랑이를 탄 채 들어가는 꿈은
   권력자가 되거나 재산을 획득한다.
8) 호랑이와 성교하는 꿈은
   큰 사업이나 작품 등이 이루어진다.
9) 호랑이, 사자와 같은 맹수와 싸워서 승리하는 꿈은
   만사가 순조롭게 진행되어 성공한다.
10) 호랑이나 사자를 죽이는 꿈은
    난관을 극복하고 계획한 일을 성공시킨다.
11) 호랑이가 문 밖에 움츠리고 있는 것을 보는 꿈은
    얼마 있지 않아 큰 인재를 만나거나 훌륭한 작품을 만들 수 있다.

2. 흉몽

1) 호랑이가 무서워서 벌벌 떨었던 꿈은
   제3자에 의하여 정신적 고통을 받거나, 어려운 일거리나 세도가에게 시달림을 당한다.
2) 호랑이, 사자가 자기를 피해 달아나는 꿈은
   대체로 권력의 상실이나 사업 실패 등이 따른다.
3) 호랑이, 사자에게 쫓겨다니는 꿈은
   진행하고 싶은 일이 어려움에 직면한다.

3. 기타

1) 집에서 키우는 동물이 표범 등에게 물려가는 꿈은
   제3자에 의하여 근심, 걱정이 해결되거나 재산의 손실이 있게 된

다.
2) 호랑이나 사자를 타고 달리는 꿈은
   권력자, 공공 단체 등의 협조를 받게 된다.
3) 호랑이를 타고 가다 작은 짐승으로 바꿔 타는 꿈은
   일을 그만두거나, 높은 관직에서 물러나거나 낮은 관직으로 옮기게 된다.

홍수(洪水)

홍수는 정열이나 의욕의 고조 등을 나타낸다.

1. 길몽
1) 홍수나 바닷물이 집안으로 밀려 들어오는 꿈은
   막대한 재산이 생겨서 부자가 된다.
2) 홍수가 자기 앞으로 밀어 닥치거나 곡식을 휩쓸어 덮어 버리는 꿈은
   국가나 사회적 세력, 영향력이 작용하여 이념, 사상, 사업, 학문 등의 획기적인 변화를 가져온다.
3) 홍수가 나서 산 같은 곳에 올라가 피하는 꿈은
   전란에서 구출된다.
4) 들판이 물바다가 되면서 구렁이에게 감기는 꿈은
   재산가, 세력가, 사상가와 인연을 맺게 되거나 명예, 권리를 얻게 된다.

2. 흉몽
1) 집안으로 큰 물이 들어와 홍수가 나는 꿈은
   자식을 잃을 징조이다.
2) 홍수가 났는데 탁하고 흙탕물인 꿈은
   사회적인 재난이나 환난이 닥쳐 온다.

화살〔矢〕

화살은 권력, 소망, 입학, 입사, 결혼, 이별 등과 관련이 있다

1) 활을 쏘아 적중시키는 꿈은
   소망하는 일이나 입학, 시험, 취직, 연애 등의 일이 성사된다.
2) 날아가는 새를 활로 쏘아 맞추는 꿈은
   관직에 등용되거나 공개적인 일이 이루어진다.
3) 활을 쏘다가 활시위가 끊어지는 꿈은
   좌절, 배신, 이별 등을 만나게 된다.
4) 남이 쏜 화살이 자신의 몸에 맞는 꿈은
   기관, 회사, 관청을 통하여 일이 이루어지거나 결혼 신청을 받게 되고, 병을 앓기도 한다.

화장(化粧)

화장을 한다거나 악세사리를 달아서 멋을 내는 꿈은 일반적으로 자신을 숨기고 싶다는 기분을 나타낸다.

1. 길몽
1) 애인이 화장품을 사다 주는 꿈은
   상대방이 선물을 주거나 애정의 표현을 한다.
2) 여러 가지 종류의 화장품을 늘어놓고 화장하는 꿈은
   주위에 변화를 주거나 자신이 하는 일이 돋보이게 된다.
3) 거울을 보면서 화장을 하는 꿈은
   자기 이외의 다른 사람이나, 자기의 일, 마음 등을 변화시킬 일이 생긴다.

2. 흉몽

1) 화장이 지워져서 흉하게 보이는 꿈은
   상대방을 원망하거나 미워할 일이 생기며, 간판, 벽화 등이 퇴색해진 것을 볼 수 있다.
2) 친구가 알아볼 수 없을 정도로 화장을 진하게 한 꿈은
   상대방에게 주도권을 빼앗기거나 사업체의 명의나 상호, 간판 등이 변하게 된다.
3) 상대방이 화장하고 있는 것을 보는 꿈은
   상대방이 본마음을 속이거나 과대 선전을 하는 것에 대해 불쾌감을 가진다.

화장실(化粧室)

자신의 일을 대신 처리해 줄 기관이나 회사, 사업장, 작전 본부, 모의 장소, 사창굴, 첩의 집, 부정한 곳, 재물의 발생지 등을 나타낸다.

1. 길몽

1) 화장실에 들어가는 꿈은
   자신의 목적을 달성할 수 있는 장소를 택할 수 있다.
2) 화장실에서 대소변을 보면
   소원이나 부탁한 일이 성사된다.
3) 화장실에서 화장을 고치거나 손을 씻는 꿈은
   소원 만족, 근심, 걱정의 해결, 신분이 돋보이게 되는 일과 관련되어 있다.

2. 흉몽
1) 남녀가 함께 화장실에 들어가는 꿈은
   간통 혹은 이익을 가로채려는 사람을 상징한다.
2) 식당 옆의 화장실에 들어가면
   창녀와 성관계를 가질 일이 생긴다.
3) 화장실 문이 열린 곳을 들여다보는 꿈은
   음란한 여성을 만나게 된다.

화재(火災)

자신의 마음속에 일시적인 정열이 깃들어 있음을 나타낸다.

1) 큰 불이 나서 하늘을 태우는 것 같은 꿈은
   세상이 태평할 징조이다.
2) 불이 나서 도망가는 꿈은
   화근이 생겨서 마음 깊이 고통을 당하거나 좋지 않은 일이 생긴다.
3) 집에 불이 났으나 불길은 못 보고 검은 연기만 퍼져 오르는 꿈은
   집안, 회사, 기관 등에 좋지 않는 일이 일어난다.

희로 애락(喜怒哀樂)

희로 애락(喜怒哀樂)의 표현은 사업, 친분 관계, 미래, 재산, 기분 등을 나타낸다.

1. 길몽
1) 우는 것을 멈췄다가 다시 우는 꿈은

즐거운 일이 생길 징조이다.
2) 대성 통곡(大聲痛哭)하는 꿈은
　　즐겁고 만족할 만한 일이 일어난다.
3) 상대방과 마주보며 웃는 꿈은
　　상대방과 의사 소통이 원만히 이루어진다.
4) 분노가 폭발하여 극에 달하는 꿈은
　　상대방을 공격하여 승리한다.
5) 상대방의 표정이 무표정해 보이는 꿈은
　　상대방으로부터 근심, 걱정거리가 해결된다.
6) 영적인 존재에 대하여 불안이나 공포를 느끼는 꿈은
　　상대방에게 존경심이 생기거나 감동의 마음이 나타난다.
7) 자신이 건강하다고 느끼는 꿈은
　　자기의 자신만만함을 나타낸 것이다.
8) 하겠다 혹은 하고 싶다라는 마음이 일어나는 꿈은
　　어떤 일에 대한 의욕과 추진력이 생긴다.
9) 승리감에 기뻐하는 꿈은
　　경영 중인 사업이나 일의 성공을 보장한다는 의미이다.
10) 어떠한 물건이나 대상을 보며 황홀한 느낌을 받는 꿈은
　　감동을 받거나 이상적인 경험을 하게 된다.
11) 만족감을 느끼는 꿈은
　　풍요로운 일과 관계가 있다.
12) 상대방이 활발하게 보이는 꿈은
　　상대방과의 거래가 순조롭게 진행된다.
13) 하늘에서 어린아이가 우는 소리를 듣는 꿈은
　　어떤 업적이나 작품이 세상에 널리 알려진다.
14) 사람이 죽게 되어 대성 통곡하는 꿈은
　　일의 성공적 성사로 인해 크게 만족하여 주변에 소문이 난다.
15) 보행시나 비행기, 자동차 등의 승차시에 편안함을 느끼는 꿈은

· 사업이 순탄하며 일신이 편안하고 계획 중인 일이 만족스럽게 진행된다.
16) 영적인 존재나 은인, 조상 등이 자신을 사랑하는 태도를 보여주는 꿈은
협력자나 은인을 만나 큰 협조를 받게 된다.
17) 고통 뒤에 편안함을 느끼는 꿈은
고생 뒤에 기쁨이 있다.

2. 흉몽

1) 서로간에 빙그레 웃는 꿈은
구박을 받거나 상대방과 싸울 일이 일어난다.
2) 처음 보는 여성이 흐느껴 우는 꿈은
집안이나 자신의 신상에 좋지 않은 일이 생긴다.
3) 상대방이 즐거워하는 것을 보는 꿈은
불만이나 불쾌한 일을 경험하게 된다.
4) 여러 사람과 함께 웃는 꿈은
남과 다투거나 헐뜯는 일이 발생하게 된다.
5) 죽은 사람 앞에서 다른 사람과 같이 우는 꿈은
유산이나 재산을 놓고 서로 싸우게 된다.
6) 상대방이 시원스럽게 웃는 것을 보는 꿈은
교활한 사람의 흉계에 빠지거나 병을 앓게 된다.
7) 신세를 한탄하며 슬퍼하는 꿈은
자신의 신분이나 직장, 사업 등에서 만족을 얻지 못한다.
8) 남이 흐느껴 울거나 노래를 부르는 꿈은
어떤 사람이 자신을 모함하거나 해를 끼친다.
9) 비위가 상하여 화를 내는 꿈은
상대방을 공격하거나 다투게 된다.
10) 이성이 애정을 표현하는 꿈은

어떤 사람에게 유혹을 당할 수가 있다.
11) 추하다고 생각되어지는 꿈은
    싫어하는 사람이나 물건 등을 보게 된다.
12) 오물이 몸에 묻어서 불쾌함을 느낀 꿈은
    수치스러운 일이나 죄책감, 근심, 걱정 등으로 마음이 편하지 않다.
13) 마음이 불안해지는 꿈은
    현실에서도 심리적으로 불안함을 나타낸 것이다.
14) 상대방이 화를 내는 꿈은
    상대방에게 위압당하거나 꾸중을 당하게 된다.
15) 상대방을 동정하는 마음이 생기는 꿈은
    어떤 일에 대한 책임으로 인해서 고통을 느낀다.
16) 누군가에게 쫓김을 당해 불안해하는 꿈은
    일을 진행하는 과정에서 초조, 불안, 번민 등으로 불안을 경험하게 된다.
17) 죄가 드러날까 초조해하는 꿈은
    사업이나 직무를 이행함에 있어서 불안한 감정을 경험하게 된다.
18) 다른 사람의 일을 부러워하는 꿈은
    불만이나 불쾌, 패배감을 맛보게 된다.
19) 신체적으로 통증을 느끼는 꿈은
    사업, 기타의 일에 고통이 따른다.
20) 갈증을 느끼면서도 해소하지 못하는 꿈은
    여러 일들이 만족스럽지 못한 것을 나타낸다.
21) 끝이 없음을 느끼는 꿈은
    영원함, 비현실적인 일, 허무한 일 등과 관계가 있다.
22) 배고픔을 느끼는 꿈은
    부족함, 불만, 고통 등의 일이 일어난다.
23) 상대방을 불쌍히 여겨 살려 주는 꿈은

어떤 일이나 사건으로 인하여 자신이 불리해지며, 피해를 입을 수 있다.
24) 상대방이 온화하고 순해 보이는 꿈은
   일이 적극적이지 못하고 취약함을 나타낸다.
24) 놀라운 일로 인해 탄성을 지르는 꿈은
   남에게 하소연할 일이 일어난다.
25) 남을 미워하고 질투하는 꿈은
   패배 의식을 느끼거나 증오, 비교하는 마음이 생기게 된다.
26) 떳떳하지 못한 일로 불쾌한 감정을 느끼는 꿈은
   현실에서 불쾌감이나 불만을 느낄 일이 생긴다.
27) 기분이 울적해지는 꿈은
   근심거리가 생겨서 마음이 답답하게 된다.
28) 상대방의 불순한 말과 행동으로 인해 불쾌함을 느끼는 꿈은
   직장, 회사, 기관 등에서 일로 인해 불쾌한 일을 당하거나 불만을 느끼게 된다.
29) 어린아이가 우는 것을 달래는 꿈은
   어떤 일을 처리하지 못해서 어려움을 당하게 된다.
30) 선조가 슬퍼하는 것을 보는 꿈은
   호주 혹은 직장 상사에게 불행한 일이 생겨서 그 영향을 받게 된다.
31) 시간이 늦음을 생각하는 꿈은
   어떤 일에 대한 목표에 도달하지 못함을 나타낸다.

3. 기타
1) 서로 마주 보며 우는 꿈은
   시비를 벌이게 되지만 곧 이성을 되찾는다.
2) 어떤 물건이나 물체가 섬세하고 아름답다고 느껴지는 꿈은
   인연이나 조직, 인품, 계약 등이 치밀함을 의미한다.

3) 딱딱하게 굳어졌다고 생각되는 꿈은
  견고하고 고정된 일 등과 관련이 있다.
4) 무표정하게 슬퍼하는 꿈은
  기쁘기는 하지만 한편으로는 불만을 가지게 된다.

부록

태몽

태몽(胎夢)

태몽이 무조건 좋다 나쁘다라고 평가하기보다는 먼저 태몽 속에 나타난 모습, 행위에 따라서 어떻게 변하느냐 하는 것을 분석해야 한다.

ㄱ

1) 가구의 위치를 바꾸거나 돌려놓는 꿈은
 임신 중에 유산할 우려가 있으므로 매사에 몸조심을 해야 한다.
2) 갓난 아이가 책을 가지고 놀며 말하는 꿈은
 장차 아이가 강단에 서거나 연구하는 일에 종사하고 유명해진다.
3) 강가에서 게를 잡는 꿈은
 장차 태아가 교수직이나 연구, 학문하는 일에 종사하여 정진하게 된다.
4) 강변에서 빛나는 수석을 줍는 꿈은
 아이가 관리나 관직에 높이 오르고 학자로 크게 성공한다.
5) 강에서 해가 떠오르는 것을 보는 꿈은
 아들을 얻게 되나 금방 잃게 된다.
6) 거북을 타거나 만지는 꿈은
 장차 회사, 단체, 그룹의 지도자나 우두머리가 될 아들을 얻게 된다.
7) 거울을 얻는 꿈은
 자신을 평생 받들어 모실 자식을 얻는다.
8) 고구마가 산같이 쌓여 있는 것을 보는 꿈은
 군중을 다스리거나 대가족의 집안을 다스리게 된다.
9) 고구마를 먹는 꿈은

건강한 태아를 얻으며, 그 태아가 장차 집안의 기둥이 된다.
10) 고구마를 안고 있는 꿈은
    예능 방면이나 학구적인 방면에서 크게 될 수 있다.
11) 고구마 밭을 걸어다니는 꿈은
    작품이나 공예에서 뛰어난 인물이 나온다.
12) 고목에 꽃이 피는 꿈은
    많은 사람을 계몽하고 깨우칠 선구자적인 아들을 얻게 된다.
13) 고추를 보는 꿈은
    아들을 낳을 징조이나 그 고추를 푸대에 담아두면 아들의 몸에 상처를 입힐 수 있다.
14) 곤충의 표본을 보는 꿈은
    크게 출세를 하거나 혹은 염세주의자가 될 수 있다.
15) 곤충이 나는 것을 보는 꿈은
    장차 연예인으로 이름을 날리게 된다.
16) 과일을 따는 꿈은
    아들을 잉태할 징조이다.
    그러나 과일을 먹는 꿈은
    태아를 유산시킬 우려가 있다.
17) 과일을 수확하여 광에 쌓아 놓거나 담는 꿈은
    장차 큰 규모의 사업체를 운영하면서 사람들로부터 존경을 받을 아이가 태어난다.
18) 구렁이가 쥐구멍으로 들어가는 것을 보는 꿈은
    태아가 유산되거나 유아기에 사망한다.
19) 구렁이가 즐비하게 늘어져 있는 꿈은
    정치인이나 기업인이 될 자손이 태어난다.
20) 구렁이가 마루를 통해 지붕으로 올라가는 꿈은
    아이가 장차 외국을 드나들면서 큰 일을 성취하게 된다.
21) 금으로 만든 불상을 얻게 되는 꿈은

위대한 정신적인 지도자로 진리를 탐구할 인재를 얻게 된다.
22) 금반지를 얻는 꿈은
일반적으로 여아 출산을 뜻하며 원만한 성품으로 장차 사회적인 지위를 얻게 된다.
23) 금붕어가 서로 뒤엉켜 있는 것을 보는 꿈은
사회에 공을 많이 쌓고 큰 기업가가 될 아이를 잉태하게 됨을 의미한다.
24) 금붕어가 땅에 떨어져 어항에 집어 넣는 꿈은
예술적 능력이 뛰어난 아이를 출산하게 됨을 뜻한다.
25) 금비녀를 보는 꿈은
나라의 녹을 먹는 관리가 되거나 집안을 부흥시킬 귀한 자식을 얻는다.
26) 금빛 태양이 자신을 향하여 이글거리는 꿈은
문제아 자식을 낳지만 나중에 부모의 이름을 크게 빛나게 한다.
27) 까치가 우는 꿈은
수까치는 남자, 암까치는 여자를 상징하며 기쁜 일이 생길 징조이다.
28) 꼭지가 있는 사과나 배를 따는 꿈은
틀림없이 아들을 낳을 징조이다.
29) 꽃을 보고 꺾어 드는 꿈은
장차 사회적으로 크게 이름을 떨칠 아들을 출산할 징조이다.
30) 꽃이 활짝 피었는데 그 꽃을 타인이 꺾는 꿈은
태아가 유산이 되거나 태어난 후 얼마 되지 않아 사망할 징조이다.
31) 꾀꼬리가 방 안으로 날아드는 꿈은
장차 무관으로 크게 성공하거나 인기 있는 사람으로 출세할 아들을 출산할 징조이다.

ㄴ

1) 나무 아래에 커다란 동물이 앉아 있는 것을 보는 꿈은
   신분, 지위가 높은 사람 밑에서 일을 배우게 되거나 사업가로 대성할 자식을 출산하게 됨을 의미한다.
2) 난초나 죽순을 보는 꿈은
   자손이 귀한 집에서 어렵게 자손을 얻을 수이다.
3) 노란색 국화꽃을 한 다발 꺾어 드는 꿈은
   아들, 딸 상관없이 명예로운 자식을 얻게 됨을 뜻한다.
4) 누런 암소가 얼룩무늬 송아지를 낳는 것을 보는 꿈은
   장차 아이가 말썽꾼이 될 수 있으나 나중에 집안을 빛내게 된다.

ㄷ

1) 달리는 말을 보는 꿈은
   호탕하고 쾌활한 정치인 또는 그룹이나 회사의 총수가 될 아들을 출산하게 된다.
2) 대추를 따서 먹는 꿈은
   건강하고 영리한 자식을 출산하게 됨을 의미한다.
3) 더러운 장소에서 용의 실체를 보게 되는 꿈은
   장차 앞에서 사람들을 이끄는 지도자적인 인물을 출산하게 된다.
4) 동자가 학을 타고 내려오는 것을 보는 꿈은
   장차 이름난 학자 또는 그룹의 지도자가 될 인물을 출산하게 된다.
5) 돼지의 새끼를 어루만지는 꿈은
   풍족한 생활을 영위하게 되지만 부모나 배우자에게 근심거리가 생긴다.
6) 돼지 우리에 돼지가 가득 차 있고 돼지 새끼가 우글거리는 꿈은
   작가나 교육자로서 크게 정진하며 교육자나 사업가로 이름을 날

린다.
7) (산)돼지가 떼를 지어 부엌으로 들어오는 꿈은
   관직에 높이 오르거나 학문에 종사하게 된다.
8) 떡시루에 있던 떡을 다 먹어치우는 꿈은
   장차 아이가 정신적인 지도자로서 이름을 날리게 된다.
9) 떨어지는 포도송이를 받고 먹지 않고 쳐다만 보는 꿈은
   장차 교육자나 정신적인 지도자로 크게 이름이 날 아이를 출산한다.

ㅁ

1) 먹은 음식을 토해 내는 꿈은
   태아가 유산될 우려가 있고 일시적인 성패로 인해 명예와 이익을 모두 잃을 아이를 출산한다.
2) 무지개를 향하여 달려가는 꿈은
   아이가 장차 인기인이나 유명인이 되어 대중 매체에 오르내리게 된다.
3) 물건을 안고서 산에 오르는 꿈은
   험한 고생이 있은 후에 아들을 얻게 되지만 초년 고생이 심하다.
4) 물 속에서 잉어나 용, 뱀이 안개를 헤치며 나타나는 꿈은
   위대한 작품이 나오거나 세상에 감동 줄 일이 생기며 학자나 무관으로서 명성을 떨칠 아들을 얻는다.
5) 밑에서 열매를 따는 꿈은
   서민 생활 내지는 하층 생활을 하게 될 자녀를 출산한다.

ㅂ

1) 방안이나 마루에서 물고기가 노는 것을 보는 꿈은
   작가나 지도자가 될 인물을 출산하게 된다.
2) 알밤이 광에 가득 차 있는 것을 보는 꿈은

여자 아이가 태어날 수 있으며 재물로서 가문을 빛내게 될 것이다.
3) 뱀이 우글거리는 것을 보면서 미소를 짓는 꿈은
   교육에 종사하면서 많은 사람을 계몽, 선도하는 훌륭한 인물을 출산하게 된다.
4) 뱀이 덤벼들어 물어뜯으려는 것을 밟아 죽이는 꿈은
   잉태된 태아를 유산하게 된다.
5) (큰)뱀을 보는 꿈은
   효심이 지극한 여아를 출산하게 된다.
6) 번갯불을 보는 꿈은
   자손이 귀한 집에 자식이 생긴다.
7) 법회에 들어가서 경을 읽는 꿈은
   나라에 크게 이바지할 귀한 아들을 출산하게 된다.
8) 벚꽃이 만발하여 화창함을 보는 꿈은
   부모에게 효도하는 미인을 출산하게 된다.
9) 별이 떨어진 자리에 나비가 날아드는 꿈은
   매스컴에 오르내리는 인기인 혹은 유명인을 출산하며 여자 관계가 복잡해질 수 있다.
10) 별이 품속으로 떨어지는 꿈은
    선구자적인 인물이나 성직자가 될 인물을 출산하게 된다.
11) 봉황새 한 쌍을 보는 꿈은
    두뇌가 명석한 자식을 출산하게 되며 그 활동 범위가 매우 넓어 모르는 사람이 없다.
12) 비둘기가 날아가는 것을 보는 꿈은
    박애주의를 가진 여자 아이를 출산하게 된다.
13) 빨간 실뱀이 치마폭으로 들어오는 꿈은
    친절하고 상냥한 아름다운 여자 아이를 출산하게 된다.
14) 빨간 나비가 푸른 산 계곡을 날아다니는 꿈은

태아가 장차 관직에 높이 오르고 권세를 누리게 된다.

ㅅ

1) 산신령이 동자를 데리고 나타난 꿈은
   장래에 학자로 크게 명성을 떨칠 아이를 출산한다.
2) 살고 있는 집의 우물물이 넘쳐 흐르는 꿈은
   돈을 많이 벌 아들을 출산하게 된다.
3) 상어를 그물로 잡아 배에 싣는 꿈은
   공직에 나아가 권세를 누릴 자녀를 출산하게 됨을 뜻한다.
4) 상한 음식을 얻거나 먹는 꿈은
   임신 중에 태아가 유산되거나 연약한 자녀를 출산하게 된다.
5) 새가 많이 날아가거나 앉아 있는 것을 보는 꿈은
   많은 집단을 뜻하며, 장래에 많은 사람을 거느릴 인물을 출산하게 된다.
6) 새 떼가 날아오는데 그 중 가장 큰 한 마리가 방으로 날아드는 꿈은
   적극적이고 쾌활한 지도자가 될 인물을 출산하게 된다.
7) 직장에서 새롭게 승진하거나 인정을 받는 꿈은
   명예로 가문을 빛낼 자녀를 출산하게 된다.
8) 새집에 문패를 다는 꿈은
   훌륭한 자녀를 낳게 된다.
9) 샘물을 마시는 꿈은
   감정이 섬세한 아이를 잉태하게 되고 장래에 작가나 예술가로서 크게 성공할 수 있다.
10) 서산으로 해가 지는 것을 보며 안타까워하는 꿈은
    여자 아이를 출산하게 된다.
11) 선녀가 아이를 안아다 주는 꿈은
    정부 기관, 공직에서 중요한 일을 맡게 될 아이를 잉태하게 된다.

12) 속이 빈 짚이나 나무가 물에 떠다니는 꿈은
    딸을 잉태한다.
13) 스님이 문 앞에서 염불하는 것을 보고 시주를 하려고 뛰어나가는 꿈은
    장래에 문관으로 크게 이름이 날 남자 아이를 출산하게 된다.

ㅇ

1) 아내가 남편의 옷을 입는 꿈은
   아들의 출산이 있다.
2) 아카시아꽃이 만발한 오솔길을 걸어가는 꿈은
   아이가 집안의 명예를 빛내게 된다.
3) 앙상한 나무를 흔들어 과일을 따는 꿈은
   출산시에 산모의 건강이 걱정됨을 나타낸다.
4) 앵두나무의 꽃을 벽장 안에 보관하는 꿈은
   직계 자손에게 아들이 생길 징조이다.
5) 열심히 공부하는 꿈은
   장래에 아이가 학자나 연구 방면에 종사하게 된다.
6) 오색 찬란한 빛이 나오는 사슴을 보는 꿈은
   예술적 재능이 뛰어나며 명예를 얻을 아들을 출산하게 된다.
7) 오색 찬란한 물고기를 앞치마에 받쳐 드는 꿈은
   유명한 작가 혹은 예술가를 출산한다.
8) 오이를 먹는 꿈은
   뛰어난 미인을 출산하게 된다.
9) 왕궁에서 도포 자락을 잡고 매달리는 꿈은
   정치에 명성을 떨칠 남자 아이를 출산하게 된다.
10) 용이 손가락을 무는 꿈은
    아들을 출산하나 그 아들이 문제아가 된다.
11) 용이 죽어 있는 것을 보는 꿈은

다른 사람에 의해서 유산될 수 있다.
12) 우물가에서 뱀과 지네가 어울려 노니는 꿈은
   장래에 태아가 사회 사업가나 정치가로서 놀라운 재능을 나타내게 된다.
13) 우물가에서 용과 구렁이가 어울려 하늘로 오르는 꿈은
   정치권이나 정부 기관에서 강력한 힘을 행사할 아들을 출산하게 된다.
14) 우박이 갑자기 지붕을 뒤덮는 꿈은
   아들을 출산하게 된다.
15) 월척 붕어를 두 팔로 안고 있는 꿈은
   작가가 되거나 명예와 재물을 획득할 아들을 출산한다.
16) 은수저를 받게 되는 꿈은
   인품이 준수하고 잘생긴 아들을 낳는다.
17) 임산부가 구렁이에게 물리는 꿈은
   국가에 이바지할 아이를 잉태하게 된다.
18) 임신 중에 무덤 위에 꽃이 피어나는 꿈은
   외롭게 자수 성가하여 크게 이름이 날 태아를 출산한다.
19) 임신 중에 다른 남자와 간통하는 꿈은
   나중에 자식이 부모를 배격하게 됨을 뜻한다.

ㅈ

1) 자기의 몸에서 빛이 나오는 꿈은
   높은 관직에 오를 아이를 출산한다.
2) 작은 실뱀이 우글거리는 꿈은
   뜻밖의 재산이 생기고 장래에 교수나 군인으로서 많은 사람을 거느릴 인재를 출산하게 된다.
3) 잔디밭에서 풀을 뜯어 먹고 있는 말을 보는 꿈은
   장래에 교육자로서 사회에 이바지할 아들을 출산한다.

4) 절에 살고 있는 자신이 임신하는 꿈은
고귀한 자식을 얻게 되어 그 덕을 보게 된다.
5) 제비가 가슴으로 날아드는 꿈은
영리하고 재주가 많은 아이를 출산하게 된다.
6) 조상과 함께 소가 보이는 꿈은
사업가로 주위의 도움을 많이 받아 크게 성공할 아이를 출산한다.
7) 조약돌을 손에 쥐고 만지는 꿈은
여러 명의 형제를 출산하게 된다.
8) 죽은 잉어를 보는 꿈은
태아를 유산할 우려가 있다.
9) 집안에 호랑이가 있거나 혹은 들어오는 것을 보는 꿈은
여러 사람을 즐겁게 해주는 인기인이나 권위 있는 정치가 혹은 사업가가 될 아들을 출산한다.

츠

1) 참새 한 마리가 방으로 날아오는 꿈은
평범한 여자 아이를 출산하게 된다.
2) 창문에서 안을 들여다보는 꿈은
출산할 때 산모의 건강이 우려된다.
3) 청색의 구렁이가 산꼭대기에서 아래를 향해 몸을 늘어뜨리고 있는 꿈은
군중의 지도자가 될 아이를 출산한다.
4) 침실에 빛이 스며드는 꿈은
귀여운 옥동자를 출산하게 된다.

ㅋ

1) 큰 장독이 여러 개 뒤집혀 있는 것을 보는 꿈은
   하려고 계획했던 일에 변동이 생기고 유산될 우려가 있다.
2) 큰 잉어가 연못에서 놀다 사라지는 꿈은
   태아가 유산될 우려가 있다.
3) 큰 짐승이 집안으로 들어오는 꿈은
   풍요로운 부를 축적하며 명예를 얻을 수 있는 자손을 출산하게 된다.

ㅌ

1) 파도가 힘차게 몰아치는 꿈은
   매우 용감하고 혁신적인 남자 아이를 출산하게 된다.
2) 푸른 빛을 내는 열매를 보는 꿈은
   남자 아이를 출산하게 된다.

ㅎ

1) 학이 가슴 안으로 날아드는 꿈은
   여자 아이를 잉태하며 아이는 장래에 학자나 성직자가 되기 쉽다.
2) 해를 손으로 따거나 만지는 꿈은
   큰 부자가 되거나 큰 권세를 누릴 아들을 출산하게 된다.
3) 해가 강에서 떠오르는 것을 계속 지켜보는 꿈은
   아들을 출산하게 되지만 금방 헤어질 우려가 있다.
4) 해 두 개가 붙어 보이는 꿈은
   쌍둥이를 낳거나 두 가지의 사업을 동시에 이룩할 사람을 출산하게 된다.
5) 해를 치마폭에 받는 꿈은

아이가 장차 국가나 사회적인 권세, 사업체, 학문적, 종교적인 성과를 얻게 된다.
6) 호랑이의 꿈을 꾼 뒤에 여자 아이를 낳으면
여성 사업가로서 크게 이름이 나거나 거물을 배우자로 맞이하게 된다
7) 호랑이가 안개에 쌓여 눈을 번뜩이는 꿈은
인기인, 유명인이 되거나 사업체를 경영하게 될 아들을 출산한다.
8) 화려한 공작새가 날개를 펴는 꿈은
인기인으로서 상당한 재력을 축적하게 된다.

꿈의세계

황홀하리 만큼 다양한 신비의 세계! 꿈으로 들여다 본다.

보이지 않는 자신의 운명 해몽경(解夢鏡)으로 비추어 보는 신비한 세계와의 만남!!

어젯밤 어떤 꿈을 꾸셨습니까? 좋은 꿈, 불길한 꿈, 애매한 꿈이라는 생각만으로 넘겨 버리지 말고 명쾌한 해몽을 하십시요.

사차원의 세계에서 벌어지는 그 모든 것을 믿으십니까? 자신의 운명이 미리 꿈이라는 거울을 통해 나타난다면 이제 해몽경을 펼쳐 예측할 수 없는 미래를 내다 보십시오.

靑林居士 저

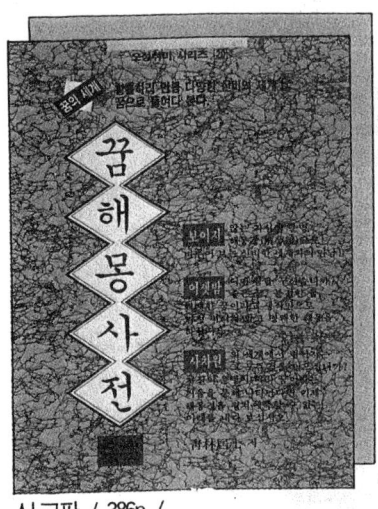

신국판 / 386p /

우리는 밤마다 사차원의 세계에서 꿈을 꾸고 그것을 이야기 합니다. 개꿈이니 하는 말도있지만 신기하게도 꿈이 맞는다는 사람도 있습니다. 당신의 미래는 무심코 지나치는 중에 꿈으로서 미리 보여졌던 것입니다. 이제는 꿈해몽 그야말로 꿈풀이를 해야 할 때입니다. 결코 어떤 꿈도 그냥 지나쳐 버리지 마십시요. 여기에 당신의 꿈의 세계가 파노라마 되어 펼쳐집니다.

[판 권 본 사 소 유]

꿈풀이 백과

2015년 9월 15일 1판 3쇄 발행

엮은이 : 유 화 정
발행인 : 김 중 영
발행처 : 오성출판사

서울시 영등포구 영등포 6가 147-7
TEL : (02) 2635-5667~8
FAX : (02) 835-5550

출판등록 : 1973년 3월 2일 제 13-27호
http://www.osungbook.com

※파본은 교환해 드립니다
※독창적인 내용의 무단 전재, 복제를 절대 금합니다.